Cozinha Clássica

A HISTÓRIA DAS RECEITAS MAIS FAMOSAS DA HISTÓRIA

Livros do autor publicados pela **L&PM** EDITORES:

100 receitas de carnes
100 receitas de macarrão
100 receitas de patisseria
100 receitas de pescados
160 receitas de molhos
Cozinha clássica
Honra ou vendetta
Tony Castellamare jamais perdoa

SÍLVIO LANCELLOTTI

Cozinha Clássica

A HISTÓRIA DAS RECEITAS MAIS FAMOSAS DA HISTÓRIA

L&PM EDITORES

Texto de acordo com a nova ortografia

1ª edição: primavera de 1999
Esta reimpressão: primavera de 2019

Capa: Ivan Pinheiro Machado. *Ilustração*: iStock
Revisão: Delza Menin e Patrícia Yurgel

L247c
Lancellotti, Sílvio
    Cozinha clássica: a história das receitas mais famosas da história / Sílvio Lancellotti. – Porto Alegre: L&PM, 2019.

    240 p; 21 cm.
    ISBN: 978.85.254.1011-5
    1. Arte culinária-Receitas. I. Título.

                                CDU 641.55(083.12)

        Catalogação elaborada por Izabel A. Merlo, CRB 10/329

© Sílvio Lancellotti, 1999

Todos os direitos desta edição reservados a L&PM Editores
Rua Comendador Coruja, 314, loja 9 – Floresta – 90.220-180
Porto Alegre – RS – Brasil / Fone: 51.3225.5777
PEDIDOS & DEPTO. COMERCIAL: vendas@lpm.com.br
FALE CONOSCO: info@lpm.com.br
www.lpm.com.br

Impresso no Brasil
Primavera de 2019

GALERIA DE AGRADECIMENTOS

Aos meus filhos, Eduardo, Daniela, Renato, Giulia e Luisa, pela inabalável parceria e pelo vigor estelar que me passam, na cobrança ou no sorriso. A eles devo o meu rejuvenescimento e a minha mansa reeducação.

À Vivi, pela tranquilidade, pela ternura, pela suavidade, pela presença, pela paciência e pelo encontro de um sonho que eu já acreditava inatingível.

À *mamma* Helena, pela impermeabilidade com que recebe os meus rompantes e pela atenção com que escuta os meus reclamos todos.

À dona Lourdes e ao Waldemar Cury.

À Márcia, à Fifa, ao Rica, ao Tiano, ao Bruno, à Mari – e ao Luís.

À grande dama Alba Barboza e ao Hotel Glória de Caxambu, onde este livro, muito bem atendido e bem alimentado, nos intervalos das águas e da sinuca, dos leilões e dos bingos, chegou quase ao seu fim.

À memória de meu pai Edu, do meu querido Gigio, e de meu *gemello*, o conde Leonardo Alfredo Dominic Regazzoni di Salaparuta, *ciao* e *arrivederci*.

E, enfim, ao Telmo, à Maria Amélia, ao Markun, à família Monteiro Alves, ao Michel Chelala, ao Roberto Oropallo, ao Ronaldo Wickbold, ao Danilo, ao Júnior, ao Cláudio Perissinoto, ao Giba, ao Benê e ao Gaspar.

EM NOME DOS PRATOS

Uma coleção de receitas clássicas, a grafia exata dos seus apelidos, a relação precisa dos seus ingredientes, de acordo com as suas origens e conforme exige a verdadeira tradição. Mais: a história real da criação de cada uma delas, com a homenagem merecida aos seus autores e com a desmistificação das lendas vãs. Ainda: um dicionário de macarrões, ao menos aqueles que se conhecem e se utilizam no Brasil, além de um glossário, pequenino mas suficiente, de termos importantes de cozinha e de explicações malfornecidas nos menus de tantos restaurantes deste país.

SUMÁRIO

Para abrir o apetite, 9
Informantes indispensáveis, 14
Preparações básicas, 21
Aperitivos, escoltas & lanches..., 29
Entradas frias, 38
Entradas quentes, 50
Sopas & cremes, 61
Ovos etc., 76
Cereais vários, 82
Massas & molhos, 91
Peixes etc., 134
Crustáceos, 139
Aves, 143
Carnes, 152
Sobremesas & recheios, 170
As palavras dos menus, 190
Bibliografia, 210
Índice geral de termos e de referências, 216
Índice de alquimias e de receitas, 222
Índice de nomes, 229

PARA ABRIR O APETITE

Tenho já os 54 anos de idade. Tenho, ao menos na data em que reescrevo esta apresentação, o décimo quarto livro que assino, numa noite insuportavelmente quente de um verão paulistano, depois de comer arroz/feijão/e/um bife/e/batatas fritas. Talvez eu não seja mais um cozinheiro doméstico como antigamente. Do meu repasto, só cometi a carne. Minha mulher produziu os cereais, que só me coube aquecer num micro-ondas. As tuberosas, ela me deixou, prontinhas, num nicho protegido do meu fogão.

Em minha casa eu quero a simplicidade extrema, coisa que não desfruto mais num trafegar intenso pelos restaurantes do Brasil e longe dele. Dia desses, fiz as contas, aleatoriamente. Estive em mais de dois mil comedouros profissionais neste planeta. Às vezes desembarco no limite da exaustão. Mas, dizia, tenho 54 anos e, desse tempo suficientemente aproveitado, resguardo grandes recordações, inclusive nos meus pratos. Meu pai, Eduardo Lancellotti, sobrinho antes que um vingador clandestino eliminasse um *zio-nonno* de nome igual, o meu *babbo* Edu foi um homem absolutamente justo e fascinantemente exemplar. Logo depois da sua morte, em agosto de 86, muito além de emocionado escrevi um artigueto na *Folha de S. Paulo* a fim de agradecer o seu ensinamento mais indispensável e crucial – ser rigoroso na cabeça e generoso no coração.

Sob esse mote, creio, amadureci como indivíduo e como cidadão. Eu me desenvolvi profissionalmente, a mergulhar eternamente com paixão em todos os meus afazeres, na arquitetura, na imprensa e na gastronomia.

Menino ainda, o precioso Dom Edu me carregava consigo a casas ótimas e a botecos desprezíveis. Nas nossas férias veraneiras, num apartamentico em São Vicente, ele mesmo me ensinava a manejar o forno e as panelas, uma experiência que a cada noite eu sonho em recuperar.

Resta-me fantasiar de volta os pontos todos que nós juntos visitamos.

O Da Giovanni da família Ruocco e do primeiro Fernet Branca que eu tomei, num azar de indisposição. O só Giovanni, de um falsário maravilhoso, que cometia as massas no salão e o dinheiro frio no quintal. O Barba Azul e o Fasano dos meus inefáveis casadinhos de camarão. O Jardim de Napoli do esverdeado caramanchão no viaduto Maria Paula. Os Don Fabrizio dos Tatini de Santos e da homônima alameda paulistana. Pizzarias como a Castellões de João Donato, a 1020 dos Nenê/Morselli, a Uei Paisano de Giovanni Tusatto. O Bambi no charco do Paraíso. A Guacyara de Belarmino Iglésias. A Cabana de Felice Ferrari. A Speranza do tenor Ciccio Tarallo. E o Binder's Bar e o Leão-de-Ouro e a Cantina do Lucas nos caminhos da praia de Itararé.

Em casa, prevaleciam a mesa farta e as muitas conversas no almoço e no jantar. Mineira de Passos, dona Philomena Pereira pilotava o fogão, sob a supervisão da *mamma* Helena e com a ajuda da Therezinha de Jesus. Quantas relíquias saboreei! As macarronadas capitosas das quintas e dos domingos. O peixe com os crustáceos das sextas. O virado das terças. O risotão com *mozzarella* dos sábados, antes das minhas peladas nos terrenos baldios da Cia. Antarctica Paulista na Vila Clementino. O bife com coradas das segundas. As sopas de massinha de todas as noites – e eram sopas tão complexas que a gordura correta da sua composição, às vezes, por atraso meu, se soldava à superfície dos seus recipientes.

E eu possuía ainda o privilégio de ostentar três avós. Não gastarei o tempo do leitor a explicar o insólito mistério nesta obra. Apenas me limito a memorizar que a Adelaide perpetrava um filé à milanesa e acebolado insuperável. A Chiquinha me servia um picadinho de sangue de frango e uma *crostata* de uvas pretas de alevantar defunto. E a Synésia, sempre às tardes, depois que ao seu lado eu estudava a escutar as noveletas das rádios de então, a Synésia se enfronhava na cozinha e enfileirava à minha frente bolos marmorificados, peças de fubá com parmesão, terrinas de pão de ló com limão e as suas insuperáveis meias-luas, biscoitinhos recheados de mel que hoje em dia ainda encantam os meus cinco filhos.

Aprendi em demasia e atenciosamente com essa gente toda. Desculpem-me os outros, basicamente com Dom Edu. Mais rigoroso em seu estômago no que em seu raciocínio, ele não hesitava em devolver uma travessa de *Vermicelli alle Vongole* ao constatar a massa além do ponto ou os moluscos sem o sabor da sua fresca naturalidade. Admito que me constrangia, que me envergonhava ao escoltar o *babbo* naquelas ocasiões em que ele reclamava da textura de um peixe passado, da mastigação de um conjunto de lasanhas, do tempero de uma carne-sangrenta, é óbvio e evidente.

Eu me humilhava, que tolice. Pois hoje agradeço ao Dom Edu pelas lições de precisão e de compostura que me transmitiu, talvez sem saber que eu me dedicaria à comilança, ele que me queria um artista, um pintor. Agora, é inspirado no cartesianismo de meu pai que aqui cometo esta ousadia, um compêndio de receitas clássicas, nas suas versões praticamente originais. Atravessei dez anos de pesquisas, mensalmente espremido pelo meu editor, Ivan Pinheiro Machado, também ele um bom *gourmet*. Ocorreu, no entanto, uma investigação sem fim. Quando eu iniciei minha procura, imaginava recolher duas centenas de receitas, encontrar as suas raízes, desvendar as suas histórias integrais, desmistificar as suas deturpações. Haverá quem considere petulante a minha intenção. Talvez. Tudo bem.

As laudas que entreguei ao editor não partem, creiam os meus detratores, de nenhuma aleivosia, qualquer gênero de provocação. Aqui, apenas respondo aos desrespeitos que fazem parte da incultura do Brasil. Aqui, apenas constato uma realidade. Não é culpa minha que inúmeros dos melhores chefes de panelas do país sequer conheçam a verdade de um *Béchamel*, de um *Stroganov*, de um mero prato de *Spaghetti alla Bolognese*. Realizei aquilo que o meu impulso e o meu esforço exigiram. Eu só li os livros. Fisguei as suas meadas.

Não é culpa minha que inúmeros dos melhores restaurantes do país sequer se preocupem em redigir corretamente os seus menus. E não me refiro apenas à troca de apelidos e à confusão de ingredientes, à insistência com que se escreve e se fala *molho sugo* por aí. Diabos, ninguém sabe que *sugo* significa "molho" e que *molho sugo* não passa da bobagem do *molho molho*?

Contente com o resultado, mas desalentado com as perspectivas, juro, juro mesmo, não acreditar que o meu empenho, um livro de pesquisas e de investigação, consiga solucionar o problema infernal dos equívocos de cardápio e da dilapidação das alquimias tradicionais. Espero, entretanto, que ele possa funcionar como um resgate dos termos de referência do passado, um superego dos restaurantes e dos seus chefes, um dicionário de auxílio aos meus colegas dos jornais e das revistas.

Deixo claro: nenhuma das receitas é minha. As fórmulas que publico vêm da História, o *H* em caixa alta, por favor. Reescrevi todas na primeira pessoinha do singular por uma razão de estilo, de hábito, de conveniência e de ideologia. Não compartilho dos fascismos do verbo no imperativo: corte, misture, acrescente, cozinhe, retire.

Ainda: a primeira pessoinha tem a ver com uma questão de honestidade. Quase todas as alquimias relatadas são seculares, de épocas em que se utilizavam caldeirões de barro ou de ferro fundido, o calor da lenha, os tempos muito além de demorados. Precisei adaptá-las à modernidade dos equipamentos da década de 90. Obviamente, me obriguei a reformular alguns passos, a adaptar dezenas de procedimentos. Ao meu jeitão. Sim, ao meu jeitão e com o apoio de alguns amigos inseparáveis. O doutor Erro. A professora Nova Tentativa. A minha dulcíssima Dona Paixão. A mestra Paciência. E o anjo da guarda de todos os cozinheiros que se prezam, o Nariz. Lembre-se, leitor, de não se orgulhar com os aromas que as suas comidinhas possam espalhar através de sua residência. Saiba que o cheiro é um aviso. Subiu o perfume, o prato está pronto. Daí em diante, os nutrientes se desperdiçam e o próprio paladar se esvai.

Refinalizo. As fórmulas que publico vêm da História. Selecionei as sobreviventes de acordo com dois critérios: o meu prazer particular e o desejo de auxiliar os restaurantes e seus chefes exatamente através da exposição de receitas que eles não mais realizam como deveriam. Dois critérios e um sonho: o compromisso de que na História permaneçam, sem máculas, as suas preciosidades de antologia. Ao término do tomo, o leitor encontrará a farta bibliografia em que me baseei. Mergulhe nela, caso deseje, como eu, aprimorar o seu conhecimento. (SL)

P.S.: Na sua imensa maioria, as alquimias sucedentes foram explicitadas para uma única porção/pessoa. Com a opção, meramente satisfaço às solicitações de uma infinidade de solteiros, descasados, egoístas e individualistas. Além de solver um problemeto matemático que eu mesmo enfrento ao produzir as receitas dos outros: fica mais fácil multiplicar os pesos isolados pelo número de comensais do que fazer regras de três a fim de encontrar, ao contrário, as dosagens exatas através de fórmulas para quatro ou para mais convivas. Os ingredientes, de todo modo, estão todos protegidos por um razoável coeficiente de segurança. Deve sobrar, antes de faltar.

    Em raros casos, como aqueles dos molhos básicos e de preparações que podem ser guardadas, adotei a medida de um litro. O meu leitor, indubitavelmente, dispõe em sua casa de uma botilha de uísque, de refrigerante ou até de água mineral, com que fará a mensuração precisa do volume. Os molhos e as preparações podem ser resguardados num refrigerador ou mesmo em um freezer. Uma exigência solitária: permita o leitor que eles desembarquem, primeiro, à temperatura ambiente. Caso contrário, azedarão. Uma engenhosa sugestão: acomodar as sobras numa dessas gavetinhas de gelo, em plástico inócuo, que se vendem nos supermercados, o seu espaço dividido em cubos. O leitor, assim, retirará, exclusivamente, as pedras de que necessitar.

    Nas páginas, desponta o nome original da iguaria, no seu idioma patriarcal. Abaixo, aparece a minha tradução, livre e descompromissada, coisa da métrica e da mania de quem assina. A discordância permanece, democraticamente, ao alcance dos carinhos e das iras de quem me lê. No final deste volume, a soma de vários índices, do óbvio ao analítico por matérias-primas, se encarregará do máximo possível de combinações e de matrimônios.

Primavera de 1999 (SL).

INFORMANTES INDISPENSÁVEIS

Com a devida vênia dos não entronizados, o meu proscênio aqui se abre a uma recordação de oito mestres, todos fundamentais num universo de trezentos, menos ou mais, a cuja competência eu recorri na investigação das minudências deste livro, conforme atestará a bibliografia em seu final. Os oito serão citados, no desenvolver do meu receituário, como os seus idealizadores ou os seus aperfeiçoadores. Acho correto e justo descrever um pouco das suas existências e das suas excelências.

BRILLAT-SAVARIN
Nome de batismo: Jean-Anthelme Brillat-Savarin. Nasceu em Belley, em 1755, e morreu em Saint-Denis, em 1826, sempre na sua doce França. Filho de uma grande cozinheira, *madame* Aurore, desde pequeno se interessou pela gastronomia. Formou-se advogado em Dijon, brincou de alquimista e de pré-médico, foi eleito à Assembleia Nacional dos revolucionários de 1789, lutou contra a pena de morte na guilhotina e por isso acabou exilado, torpemente acusado de ser "um fraco e um moderado".

Acomodou-se na Suíça, na Holanda e nos EUA. Trabalhou até como o segundo-violinista de uma orquestra de Nova York. Na amargura e na saudade, reaprendeu a cozinhar. Em 1797, pôde retornar ao seu país. Mesmo sem as propriedades familiares e sem um belo vinhedo, que lhe tomaram, recuperou a sua animação política e virou juiz de uma corte superior. Paralelamente, se esbaldou em criticar e em comandar a culinária alheia.

Meros dois meses antes do seu falecimento, publicou um trabalho de título interminável, que eu reduzo ao essencial famoso: *Physiologie du Goût*. Segundo o *Larousse Gastronomique*, falta na obra um capítulo a respeito dos fermentados. Desnecessária colocação, quando se analisam a época e as dificuldades de Brillat-Savarin ao produzir o seu compêndio.

BUGIALLI

Nome de batismo: Giuliano Bugialli. Não assume publicamente a sua idade. Deve ostentar, porém, meia década mais do que os meus 54. Quando eu era um *fellow* de Comunicações, na Universidade de Stanford, Califórnia, em 1972-73, ele já lecionava inglês e outros idiomas nos EUA. Cruzamos os nossos caminhos num evento escolástico e gastronômico em Nova York, promoção do conde Leonardo Regazzoni di Salaparuta. Embora eu não passasse de um singelo amador, o conde, o meu irmão de alma, me agraciou com a realização da massa da celebração. Não me recordo a obrigação que coube a Bugialli.

Toscano de Florença, um excelente autopromotor, um *deliverer* de qualidade superior, Bugialli passou a ministrar aulas de culinária – e em meados da década de 70 se dedicou exclusivamente à gastronomia. Cresceu muito no departamento. Em 1980, recebeu da Bota o garboso prêmio Catarina de Médicis, pela sua contribuição à pesquisa cultural da alimentação em seu país. Além das obras brilhantemente ilustradas, dele eu invejo uma fotografia elegantérrima, numa plantação de girassóis, à página 17 do seu primoroso *Foods in Italy*. Hoje, Bugialli apresenta uma série de TV que a RAI da Velha Bota distribui pelo planeta inteiro.

BUONASSISI

Nome de batismo: Vincenzo Buonassisi. Mora em Milão, num *luogo* delicioso. Nasceu em L'Aquila, no coração da Bota, debaixo do Gran Sasso, o pico mais elevado da nação. Provém de uma família de *pugliesi*, do calcanhar da Itália. Quer dizer: ostenta, na sua biografia, uma viagem generosa e gloriosa pela península-padrão. Como Brillat--Savarin e Giuliano Bugialli, formou-se em uma profissão cartesiana.

Ostenta um doutorado em leis. A cozinha, porém, era o seu sonho, a fagulha que alimentava a sua fantasia, aquecia o seu sangue.

Eternamente engraçado, principalmente na companhia da mulher, a exuberante Anna Pesenti, a maior especialista da Bota em espumantes, chegou a ganhar um prêmio como escritor de bom humor, em Bordighera, 1968. Tornou-se um repórter ambulante do *Corriere Della Sera* e, desde três décadas atrás, escreve saborosamente a respeito de comida e de ópera. A idade de Vincenzo? Talvez 70. A de Anna? Menos do que a minha. E que importam tais registros no caso de uma personalidade fulgurante que consolidou a sua existência com vários livros, um deles indispensável, extraordinário, *La Cucina degli Italiani*, 2.500 alquimias em 887 paginetas. Comi todas as paginetas. As alquimias, não tive tempo.

CARÊME

Nome de batismo: Marie-Antoine Carême. Nasceu em Paris, em 1783, e morreu lá mesmo, em 1833. Foi-se embora moço, admitamos. Foi-se, contudo, glorificado por uma carreira espetacular. Carême, afinal, vinha de uma família miserável. No Brasil de hoje, seria um trombadinha, um cheirador de cola. Conseguiu vencer a desfortuna.

O proprietário de um restaurante popular lhe ensinou os rudimentos da cozinha, quando Carême tinha apenas dezesseis anos. Antes dos vinte, o jovem se transformou num dos melhores patisseiros da capital francesa. Com o apoio de muitos mecenas, estudou até na Biblioteca Nacional. Por um triz não virou um arquiteto. A sua paixão pelo desenho, todavia, auxiliou a sua evolução na confeitaria. Atento ao seu talento, Charles Maurice Talleyrand-Périgord (1754-1838), intelectual e diplomata poderoso, empregou Carême em seu palácio, onde o *chef* brilhou por doze anos.

Depois, ele serviu ao futuro rei Jorge IV da Inglaterra e ao czar Alexandre I da Rússia. Terminou o seu trajeto pela Terra entre os bilionários Rothschild. A Carême se devem a afinação e a ocidentalização de inúmeras receitas orientais. Modernos detratores o acusam de homossexualismo. E daí? Como disse o czar a Talleyrand:

"Nós custamos a perceber que ele nos ensinou a comer". Talvez nem Carême tenha vislumbrado a sua majestade.

CURNONSKY

Nome de família: Maurice-Edmond Sailland. Nasceu em Angers, em 1872, signo de Libra, ascendente em Leão. Morreu em 1956. Longo percurso, fantástica viagem. Informou-se da gastronomia menos com a família do que com uma cozinheira exemplar, Marie Chevalier, nada menos do que quatro décadas entre os Sailland. De qualquer modo, ele optou pela carreira jornalística. Estimulado a escolher um apelido, um hábito nobre naqueles idos, brincou com o idioma dos russos e o sufixo aparentemente imutável das suas palavras: "Cur non sky?" Está no latim. *Cur non* significa "por que não". O *sky* enfeita a anedota do mestre.

Enfim, Sailland virou Curnonsky. Em 1908, em *Le Journal* de Paris, inaugurou uma rubrica assinada, lidíssima, então. Depois da Primeira Guerra Mundial, com Marcel Rouff, iniciou uma publicação fascicular, inédita e sensacional, *France Gastronomique*, que chegou ao volume 28. Em 1927, pelo voto direto de 1.823 eleitores, no conjunto de 3.388 *chefs* e especialistas gastronômicos, maioria absoluta, ganhou o título, nunca mais disputado, de "Príncipe dos Gastrônomos". Como consequência, Curnonsky fundou uma academia de especialistas, com a anuência dos seus derrotados.

A revista *Cuisine et Vins de France*, fundada em 1947 e existente até hoje, foi ideia de Curnonsky e de uma amiga sua, Madeleine Decure. Despediu-se da Terra octogenário, mas lúcido – e boêmio. Curnonsky adorava dormir de madrugada e acordar ao meio-dia. Não tomava o café da manhã.

ESCOFFIER

Nome de família: Auguste Escoffier. Nasceu em Villeneuve-Loubet, em 1846, e morreu em Monte Carlo, em 1935. Principiou na cozinha menino ainda, aos treze anos, no restaurante de um tio, em Nice. Num estágio em Monte Carlo, ficou amigo de Cesar Ritz (1850-1918), o filho de um pastor, posteriormente um dos maiores hoteleiros do planeta. Juntos eles abririam o hotel Savoy de Londres, em 1890. Divergências pessoais com um terceiro sócio, Jean Echenard, provocaram a separação.

Ritz inaugurou um albergue espetacular em Paris, na Place Vendôme, com o seu próprio nome. Escoffier se transferiu para o Carlton, o grande rival do Savoy na capital da Inglaterra. No trajeto, Guilherme II da Alemanha lhe concedeu o título honorário de "Imperador das Cozinhas do Mundo". Escoffier escreveu oito livros e criou mais de cem receitas em honra de personalidades famosas, como algumas que eu alinhavo neste livro.

Em 1921 se aposentou, aos 74 anos de idade. Viveu até os 89, invariavelmente atendendo outros *chefs*, que o procuravam para os seus conselhos. A casa em que nasceu foi transformada em um museu.

GRIMOD DE LA REYNIÈRE

Nome de família: Alexandre Balthasar Laurent. Nasceu em Paris, em 1758, e morreu em Villiers-sur-Orge, em 1837. Neto de um açougueiro, filho de um administrador de fazendas com uma bilionária, padecia de males congênitos em ambas as mãos. A mãe não quis assumir o menino defeituoso. E o garoto Alexandre logo se tornou independente, um rebelde, um excêntrico.

Estudou Direito, ganhou fama como orador nos tribunais e como patrocinador de festas memoravelmente estranhas. As suas maneiras quase insanas lhe asseguraram a amizade dos intelectuais mais agressivos de seu tempo, como os poetas André Chénier e Restif de La Bretonne, e como o escritor Pierre Augustin Caron de Beaumarchais, o autor de *O Barbeiro de Sevilha*. Uma das exigências que fazia aos candidatos ao seu grupo era pateticamente cruel: o cidadão se comprometia a tomar, de um só lance, nada menos do que dezessete xícaras de café fervilhante.

As suas ligações fizeram de La Reynière um jornalista e um crítico teatral. O lado materno de sua família, de pendores aristocráticos, não resistiu aos seus escândalos e conseguiu da coroa que ele fosse internado em um mosteiro em 1786. Ironicamente, na cozinha da abadia, La Reynière se apaixonou pela gastronomia. De volta ao mundo livre, passou a redigir textos deliciosos a respeito dos restaurantes de Paris. De 1804 a 1812 ele publicou, regularmente, o seu *Almanach des Gourmands*.

Faleceu em plena véspera de Natal, durante um magnífico banquete.

La Varenne

Nome de família: François Pierre La Varenne. Nasceu em Dijon, em 1618, e morreu na mesma cidade, em 1678. De uma família de profissionais, cartesianíssimo, destacou-se já em seus idos como o primeiro gastrônomo da história a escrever um livro capaz de sistematizar a operação da culinária, *Le Cuisinier Français*, de 1651, logo seguido por *Le Patissier Français*, de 1653, *Le Confiturier Français*, de 1664, e *L'École des Ragoûts*, de 1668. A sua obra definitivamente consolidou os métodos e os procedimentos que, até La Varenne, eram dispersos e, em muitos casos, controvertidos e/ou conflitantes.

Taillevent

Nome de família: Gillaume Tirel. Nasceu em Pont-Audemer, em 1310, e morreu lá mesmo, em 1395. A sua carreira de cozinheiro começou tarde, quando ele já ostentava 36 anos, e passou a ajudar na cozinha do príncipe Filipe de Valois. A sua competência e a sua exatidão, porém, lhe propiciaram um sucesso de longo alcance como o *chef* do duque da Normandia (1359-1361), de Carlos V (1368-1373) e de Carlos VI (1381-1392). O apelido, também grafado Taillevent, provavelmente adveio do tamanho enorme de seu nariz, o "cortador de vento".

Carlos V praticamente obrigou Taillevent a escrever *Le Viandier*, nos arredores de 1370. No francês daqueles tempos, a expressão *viande* não significava apenas "carne", como hoje, mas todas as matérias-primas. A obra detalha, curiosamente, os hábitos alimentares do século 14, que incluíam cisnes, pavões, pouquíssimos vegetais, muitas especiarias e um batalhão de queijos e de vinhos de inúmeras variedades.

Taillevent desenvolveu um método sensacional de perpetrar frutas glaceadas. Fervia o líquido, apagava a chama e deixava os produtos na infusão até que a temperatura se rebaixasse ao normal do ambiente. Quase quinhentos anos depois, o estilo foi recuperado por Escoffier. No século 16, um outro francês, Taboureau, também redigiu um opúsculo de título *Le Viandier*. Por um bom tempo os dois trabalhos confundiram os pesquisadores, até que o barão Jérome Pichon, em 1889, descobrisse os manuscritos reais de Taillevent e os publicasse, com o apoio do editor Gabriel Vicaire, em 1892. Taillevent bateu Taboureau por uns vinte a zero.

PREPARAÇÕES BÁSICAS

Inúmeras das receitas que virão, no corpo crucial deste trabalho, se fundamentam em preparações básicas, molhos matrizes e, eventualmente, as suas combinações. A fim de simplificar o esforço e a operação de quem me lê, eu preferi concentrar todas as referências em um capítulo só, este. Sempre que necessário, na relação de ingredientes da alquimia, farei uma chamada com o nome da montagem e com o número da sua página de encontro. Nos casos interessantes, também relembrarei a historieta da iguaria. As quantidades são suficientes para aproximadamente um litro, ou um quilo. Todas as básicas podem ser congeladas, depois de retornarem à temperatura ambiente. Os molhos devem ser reaquecidos em banho-maria.

Fumê de Peixe

Numa caçarola grande, coloco 1kg de sobras e de espinhas de peixe, mais 1 cebola grande em fatias, 1 macinho de salsinha verde e 10 grãos de pimenta-branca. Cubro com água fresca e declorada. Tampo a panela. Em fogo bem baixo, cozinho por uns quinze minutos. Acrescento 1 litro de vinho branco bem seco e cerca de 1 ½ litro de água. Misturo e remisturo. Levo à ebulição. Rebaixo o calor. Tampo. Cozinho, mansamente, até obter aproximadamente 1 litro de líquido. Passo numa peneira e num filtro de pano.

Manteiga clarificada

Derreto 1kg de manteiga em calor bem suave, de preferência no banho-maria, durante pelo menos meia hora. No intervalo, o soro do produto deverá se separar da parte gordurosa, ficando no fundo da panela. Retiro do calor e aguardo a sedimentação. Com uma escumadeira, recolho o creme de cima, ignorando e eliminando o soro. Filtro cautelosamente o creme.

Molho Béchamel

Cozinho, meigamente, 1 colher de sopa de cebola micrometricamente picadinha em 100g de manteiga clarificada. Não permito, em hipótese alguma, que a cebola chegue a dourar. Acrescento 80g de farinha de trigo triplamente peneirada. Mexo por alguns segundos, começando a amalgamar. Então adiciono, pouco a pouco, 1 litro de leite amornado. Misturo bem. Levo à ebulição. Rebaixo o calor e mantenho por mais quinze minutos. Passo numa peneira bem fina. Frio, o *Béchamel* se coagula, adquirindo a textura de uma pasta densa. Reaquecido, porém, ele retorna à justa cremosidade.

Diz a lenda que tal alquimia foi idealizada pelo marquês Louis de Béchameil (1630-1703), um financista francês, especialista em agricultura e assessor do rei Luís XIV. Na verdade, na Itália, o molho já existia desde o século 14, uma especialidade da região de Cesena, nas imediações do mar Adriático, sob o nome de *balsamella*. O marquês, efetivamente, apenas utilizou a coisa antiga numa receita de frango. Provavelmente motivado pela coincidência incrível das nomenclaturas, assumiu o molho como seu.

Molho Mornay

Numa caçarola, aqueço ½ litro de *Béchamel*. Incorporo 250g de creme de leite. Misturo bem. Acrescento 150g de parmesão raladinho. Mexo e remexo. Lentamente, incorporo 100g de manteiga, em pelotinhas. Misturo muito bem. Cozinho por dez minutos. Passo numa peneira bem fina.

Joseph Voiron, o *chef* do restaurante Durand, na Paris do final do século 19, consta das enciclopédias como o inventor deste molho, uma homenagem ao seu filho mais velho, de nome precisamente Mornay. A receita, no entanto, já era comum na Itália duzentos anos antes, nos gratinados da Emilia-Romagna, de Bolonha até Parma. A

Voiron apenas coube agregar gemas de ovos à alquimia peninsular, uma forma de adensá-la melhor.

Molho Holandês

Coloco 1 xícara de chá de água fresca, levemente salgada, para aquecer em banho-maria. Paralelamente, derreto 600g de manteiga clarificada. Bato 6 gemas de ovos em ½ xícara de chá de água fria. Com cuidado, vou despejando as gemas na água em banho-maria. De novo, bato e bato, até obter uma textura bem cremosa. Mansamente, sem parar de mesclar, vou agregando a manteiga liquefeita. Enfim, despejo, rigorosamente, gota a gota, 3 colheres de mesa de água. Bato e bato durante a operação inteira. Completo com 2 colheres de sopa de suco de limão. As propriedades óxido-redutoras do ácido cítrico auxiliarão a engrossar o molho.

Mirepoix

Numa caçarola, em azeite de excelente qualidade, douro ½ xícara de chá de toicinho, até que a gordura se derreta. Incorporo 1 colher de mesa de cebola picadinha, outra de cenoura idem e mais 1 de salsão. Pulverizo um tico de tomilho fresco. Mexo e remexo. Agrego 1 folha de louro fresco. Mexo e remexo. Cubro com ½ xícara de chá de água. Incorporo 1 colher de sopa de manteiga. Levo à fervura. Rebaixo o calor. Tampo a panela e reduzo, até que a água se evapore totalmente.

Uma criação do duque de Lévis-Mirepoix, militar de grande coragem, marechal dos exércitos de Luís XV e também um seu embaixador. Trata-se de um glorioso refogado de fundo, excelente para os assados ou ensopados.

Molho de Tomates

Em um caldeirão, aqueço um fundo de azeite de olivas e de manteiga, em partes iguais. Nele, refogo 200g de cebolinhas verdes, picadinhas. Adiciono 200g de rodelinhas de cenoura e 50g de salsão em pedacinhos. Agrego 1 colherada de salsinha e algumas folhas de sálvia e de manjericão. Mexo e remexo. Incorporo 1,5kg de tomates bem vermelhos, sem as sementes. Mexo e remexo. Cozinho por quinze minutos em fogo forte. Mexo e remexo. Rebaixo o calor. Tampo a panela. Mantenho, até que os tomates se desmanchem. No intervalo, mexendo e remexendo, impeço que eles se preguem ao fundo da panela. Passo tudo numa peneira bem fina. Recozinho, até obter cerca de 1 litro de molho.

Molho à Armoricana

Aqueço 300g de camarões miúdos, inteiros, apenas eviscerados, num fundo de azeite e de manteiga em partes iguais. Adiciono 1 xícara de chá de cebolinhas verdes, picadinhas, e 1 xícara de chá de conhaque. Inflamo. Apago o fogo do conhaque com 3 xícaras de chá de vinho branco, bem seco. Misturo e remisturo. Levo à fervura. Reduzo, por quinze minutos. Agrego 1 litro de molho de tomates. Retomo a ebulição. Rebaixo o calor. Cozinho por trinta minutos. Passo tudo numa peneira e num filtro de pano, comprimindo com vigor. Reaqueço. Fora do calor, aveludo com 1 colherada de manteiga e ¾ de xícara de chá de creme de leite bem batido. No momento de usar, acrescento, a gosto, estragão fresco, bem batidinho.

Também se perpetra este molho com lagosta. Optei pelos camarões por uma questão de economia. A raiz do nome é duvidosa. Há mil anos, se chamava de Armórica à atual Bretanha francesa. Os tomates, entretanto, só apareceram por lá no século 18. Mais viável me parece uma versão bem curiosa. Criou o molho um cozinheiro provençal, que sabia das origens novo-mundistas dos frutos vermelhos, por volta de 1750. Ao batizá-lo por escrito, o cidadão se equivocou. Em vez de anotar *sauce à l'américaine*, pôs no papel *sauce à l'armoricaine*. O tempo se encarregou de corrigir o erro, e o molho, divertidamente, se tornou "à americana", mesmo.

Molho Rôti

Pulverizo cerca de 2kg de pedaços de carne de boi, alguns com os seus ossos, preferivelmente canela e costela, com bastante farinha de trigo. Levo ao forno até que a farinha se escureça bem. Num caldeirão, derreto um pouco de manteiga. Nela, bronzeio totalmente as carnes previamente queimadas. Agrego 1 cebola grande, cortada em quartos, 1 cenoura em rodelas e algumas folhas de salsão. Cubro com água. Levo à fervura. Rebaixo o calor. Mantenho, no mínimo, por 24 horas, escumando as gorduras que subirem à superfície. Peneiro. Volto a cozinhar, em chama suave, até obter a redução necessária, aproximadamente 1 litro.

Molho Demi-Glace

Aqueço cerca de 1 litro de *Rôti*. Agrego 2 xícaras de chá de vinho do tipo Madeira ou Marsala. Reduzo por trinta minutos.

Molho Duxelles

Em ½ litro de *Demi-Glace*, coloco 200g de cogumelos frescos. Levo à fervura. Agrego 200g de purê de tomates. Misturo e remisturo. Retomo a ebulição. Despejo $1/5$ de litro de vinho branco, bem seco. Volto à fervura. Cozinho por dez minutos. Bato num liquidificador e passo numa peneira. Acerto o ponto do sal. Uso um *Duxelles*, solitariamente, em ovos, carnes brancas e peixes grelhados – no caso, termino a operação com um pouco de cebolinha e de salsinha verdes, em partes iguais. As ervas, porém, não entram em ação quando um *Duxelles* entra em outra alquimia.

A preparação foi inventada por La Varenne, nos seus tempos de cozinheiro-chefe do marquês d'Uxelles, em meados do século 17. A formulação está presente em *Le Cuisinier Français*, o que demite a informação de vários enciclopedistas, localizadores da sua origem no lugarejo de Uzel, situado nos Côtes-du-Nord da França. D'Uxelles, aliás, adorava os *champignons*.

Massa de Brioche

Trata-se, por exemplo, da massa que envolve um *Coulibiac*, da massa que realiza uma carolina, que faz parte da estrutura de um *Saint-Honoré*. O nome talvez pareça inapropriado a um patisseiro radical. Eu admito: neste departamento, não me apego à precisão infame de tantas outras alquimias. A sobremesa exige uma arte superior àquela dos pratos principais. Humildemente, para fechar este livro, simplifiquei as diversificações. Reuni numa só, por exemplo, as muitas proposições da *choux pâte* da França, ou da *cream puff* da

Grã-Bretanha, ou da *Windbeutei* dos tedescos, ou das *bignole* dos italianos. Retranquei a coisa com o nome de "massa de *Brioche*" em homenagem à média e à sua versatilidade rara. Serve para tudo. A combinação, bem-feitinha, dá para 1 quilo de utilização.

Derramo 1 xícara de chá de leite integral numa panela e amorno levemente. Pulverizo com ¹/₃ de xícara de chá de açúcar, 4 tabletes de fermento e 1 colher de café de sal. Dissolvo tudo, muito bem, tomando o cuidado de não passar de cinco minutos. Numa batedeira, coloco 6 xícaras de chá de farinha de trigo. Ponho mais sal, no caso de perpetrar uma receita de prato principal. Evito, no caso de um *dessert*. Misturo. Agrego o leite fermentado, 12 gemas de ovos e 8 colheres de sopa de manteiga. Bato suavemente, a fim de apenas amalgamar os ingredientes. Isso realizado, bato bem forte, ainda pressionando com as mãos, se necessário. Retiro. Ponho a massa numa superfície enfarinhada. Comprimo e recomprimo até que ela exiba uma textura bem brilhante e bem lustrosa, cerca de quinze minutos. Coloco numa vasilha untada com manteiga. Cubro com um pano seco e deixo repousar em lugar morno, até que tudo dobre de tamanho. Recomprimo por um minuto. Reguardo na vasilha untada. Embrulho com um celofane e levo à geladeira, por no mínimo uma noite. Na manhã seguinte, adoto a atitude de amassar a cada duas horas, guardando na geladeira, durante os intervalos, até o exato instante de utilizar a preparação.

Massa de Crostata

Também se trata, eu aceito, de uma denominação forçada. A tradução ensina *shortcrust* ou *shortcake*, no alemão *Kuchen*, meramente *tarte* no francês. Tudo bem. Novamente, proponho uma versão intermediária e corriqueira – melhor, talvez, do que a superlativa e não realizável. São absolutamente tão medíocres as sobremesas dos restaurantes do Brasil que mesmo a minha versão mais óbvia irá pairar acima do trival. Quanto ao abuso italiano da expressão, eu explico a sua razão no capítulo da *Tatin*.

Infantilmente, com dedos de menino, ou de menina, misturo 750g de farinha de trigo peneirada a 12 gemas de ovos, batidas a mão, a ½ xícara de chá de banha de porco, sem sal, e a 1 xícara de chá de açúcar. Em hipótese alguma eu comprimo os componentes. Apenas vou amalgamando os pedacinhos com os dedos e com uma infatigável paciência. Apenas, no final da operação, sobre um celofane ou um papel aluminizado, maciamente eu abro a massa com um rolo, ao limite de 1cm de espessura. Pronto. *Presto.*

O meu leitor, *per favore*, me desculpe, *please*, vamos lá, *je vous remercie*, não se assuste com a tranquilidade com que eu expus as preparações de base. Nos alicerces, um direito, você e todos usem a sua fantasia. Resguardem entretanto o seu respeito máximo para aquilo que virá a seguir.

APERITIVOS, ESCOLTAS & LANCHES...

HOT-DOG
Cachorro-Quente

    Este trabalho, tão cioso em sua pesquisa e na sua compulsão de homenagear as tradições, não pode ignorar o movimento pseudoculinário que o planeta batizou de fast food, a partir da sua procedência norte-americana. Aqui, ao menos, quase como uma trivialidade, abro espaço à mais maravilhosa das bobagens que a velocidade ianque inventou. Zombaria à parte, a citação vale pela história deliciosa da criação do hot-dog.

    As salsichas datam dos romanos. A obra de Marcus Gavius Apicius está repleta de receitas de preenchimento de tripas animais. Algumas, aliás, bastante ricas na qualidade e na quantidade de ingredientes – além da carne, geralmente de porco, bem batidinha com uma faca ou um macete, levavam várias gorduras, pimentas, cominho, pinóis, salsinha, sálvia e até as uvas secas. O conjunto ficava horas, às vezes dias, num defumador. Até mesmo com moluscos marinhos, o polvo, a lula, os mexilhões, Apicius fazia os seus embutidos.

    A palavra, aliás, vem do latino salsisium, que vem de salsus, que significa "salgado". Em séculos de viagens através da Europa o produto assumiu milhares de vestimentas e de formatos diferentes. Na Itália, por exemplo, surgiu a luganega, a mamãe da linguiça. Aliás, a propósito: o idioma inglês não estabelece uma distinção precisa entre a salsicha e a linguiça. A confusão só serve para trair os tradutores dos livros de cozinha que não dispõem do conhecimento necessário ao seu labor. Já capturei muita pizza de salsicha em versões pífias por aqui.

No seu departamento específico, os alemães, os austríacos e os poloneses se tornaram imbatíveis. A coloração característica não surge necessariamente da química ou da artificialidade. Ocorre quando se mistura salitre à pasta do recheio, um casamento de carne de porco com peito de boi. O salitre ajuda na conservação e, de certo modo, resgata a matriz do nome.

Paralelamente, a ideia de colocar um ingrediente qualquer entre duas fatias de pão também é antiquíssima. Os escravos dos romanos, nas galeras dos Césares, recebiam uma ração de picea, *um disco de massa de farinha e água, dobrado sobre vegetais e, em dias de glória, sobre um peixe. O termo sanduíche, de todo modo, brotou graças a um viciado. Inglês, devasso, frequentemente acusado de corrupção, ainda assim John Montagu (1718-1792), o quarto lorde de Sandwich, mereceu da sorte e de amigos poderosos uma carreira longa na marinha britânica. Entre outras tarefas, nem sempre bem--sucedidas, ele chegou a comandar as forças navais de sua pátria na Guerra de Independência dos Estados Unidos. Em 1762 permaneceu por 24 horas sem se despregar da mesa de jogo, apenas se alimentando de rosbife embrulhado em fatias de pão. Um parceiro, ironicamente, batizou o alimento de* sandwich. *A alcunha pegou.*

A expressão hot-dog, *por sua vez, surgiu em 1900, no Polo Grounds, em Nova York, então o mais importante estádio de beisebol dos EUA. Harry M. Stevens detinha a concessão de exploração do bar das galerias. A sua especialidade: refrigerantes. Certa ocasião, porém, um dia muito frio, Stevens resolveu fugir do risco de um fracasso em suas vendas. Encomendou todas as salsichas que podia nas mercearias das vizinhanças do estádio, assim como comprou centenas de quilos de pão.*

Nos mesmos tachos em que perpetrava os refrigerantes, manteve aquecidas as salsichas. Aos berros, passou a estimular a freguesia: "Get'em while they're hot". Ou: "Aproveitem, enquanto elas estão quentes". Um celebrado cartunista, T. A. Dorgan, pseudônimo Tad, aproveitou o mote para publicar uma charge num jornal da cidade – um cão bassê no Polo Grounds. A alcunha também pegou. Obviamente, depois deste intermezzo *supostamente cultural, eu me abstenho de recontar como se monta um cachorro-quente.*

PISSALADIÈRE
Torta de Cebolas da Provença

Basta examinar o resultado desta receita para compreender que a pizza *italiana, em suas origens, era efetivamente uma torta, de massa espessa, generosa – ao contrário das finuras e das transparências exibidas por zilhares de forneiros paraquedistas do Brasil e até mesmo da Itália.*

Não, eu não enlouqueci. A Pissaladière *representa o elo perdido entre a* pizza *de antigamente e a sua história cada vez mais desperdiçada. Trata-se, este, de um teorema complexo, e eu vou demonstrá-lo.*

O pão faz parte da Bíblia, desde que Abraão pediu a Sara que moesse o trigo e a ele misturasse água fresca, obtendo um impasto que seria seco e assado ao sol. Seguramente, por outras descrições, o resultado se parecia bastante, ao menos no formato, no jeitão, com o pão árabe de agora. A romanização do Levante, nos idos do nascimento de Cristo, carregou a preciosidade até onde hoje se localiza a bela Itália.

Naquela época, a coisa se chamava picea*. Servia para tudo. Comia-se a* picea *ao natural, de manhã, ou nas refeições normais de cada dia, ao lado de um copo de vinho ou correlato. Mas também se temperava a* picea *com azeite, sal, especiarias, e ela se tornava uma parte importante de um repasto. Desde aqueles tempos, a* picea *se mostrava mais grossa nas regiões de maior pobreza, ao sul da Bota. Coisas da fome, de encher o bucho.*

Quando o tomate aportou na Europa, no século 16, pioneirissimamente os napolitanos entenderam a sua versatilidade. E um dos seus usos iniciais para o produto foi, exatamente, a sua colocação na picea*. Assim nasceu a* pizza*. Da formulação e da palavra* picea*. E não, como insiste tolamente o* Larousse*, de "um verbo que significa condimentar". E a* Pissaladière*, como entra nesta tese? Trata-se de um prato da Provença, que fez parte da Itália. O grande Giuseppe Garibaldi nasceu em Nice, a principal cidade da região, e o seu sonho, ao atravessar a Bota e expulsar o invasor gaulês, era mesmo recolocar o lugar na geografia peninsular. Não deu certo. De* qualquer modo, o eterno tráfego entre a Itália e a Provença carregou a picea-pizza até lá. Aliás, eu não necessito observar ao meu leitor que Pissaladière obviamente vem de picea-pizza.

INGREDIENTES PARA UMA FORMA: 300g de farinha de trigo, bem peneirada. 180g de manteiga. Sal. Água fresca e declorada. 1kg de cebolas brancas, grandes, as mais doces. Açúcar. 16 filés de anchovas, bem lavados, dessalgados e sem as espinhas. Algumas azeitonas pretas, sem caroços, cortadas na horizontal. Pimenta-do--reino. Azeite de olivas.

MODO DE FAZER: Deixo as cebolas, já descascadas, de molho por quinze minutos em bastante água fria, com um pouco de açúcar. Fatio. Pico, finerrimamente. Numa frigideira, aqueço um pouco de azeite. Refogo as cebolas, sem permitir que elas se bronzeiem. Diminuo a chama, quase que completamente. Cozinho, mexendo de quando em quando, por mais alguns instantes. Tempero com o sal e a pimenta-do-reino. Reservo. Preparo a massa da torta com a farinha, a manteiga, uma pitada de sal, outra de açúcar e a água necessária para obter um conjunto bem amalgamado, liso, brilhante. Unto, sempre com azeite, uma forma de uns 20/25cm de diâmetro. Abro a massa, cerca de 1cm, no mínimo, de espessura. Comprimo bem, junto às bordas, com a ponta de um garfo. Transformo o restante da massa em tirinhas com 1cm de largura. Disponho alguns dos filés de anchova no fundo, à maneira dos raios de uma roda. Recheio a torta com as cebolas. Cubro com as anchovas restantes e com as azeitonas. Enfeito com as tirinhas de massa. Levo ao forno moderado até que a massa atinja um ponto agradavelmente dourado. Sirvo a *Pissaladière* fria ou quente. No caso de ela funcionar como uma entrada solitária, acompanho com um molho fresco de tomates.

POMMES FRITES

Batatas Fritas

Filha das bordas do Pacífico, a batata começou a ser cultivada pelos incas, talvez um milênio atrás, como uma alternativa para o milho que não crescia nas terras mais elevadas dos Andes, acima de três mil metros de altitude. Um navegador espanhol, Francisco Pizarro (1475-1541), foi o seu descobridor, por volta de 1530, provavelmente nos arredores de onde hoje se localiza Quito, a capital do Equador. Um visceral adversário dos ibéricos, porém, foi o responsável pela sua denominação.

Um jovem de impressionante liderança, de enorme ousadia, Francis Drake (1540-1596), com pouco mais de trinta anos de idade, recebeu da rainha Elisabete I da Inglaterra a incumbência de espicaçar como pudesse as tentativas de instalação das colônias da Espanha nas costas de Cartagena, na Colômbia. Numa de suas investidas, bem acolhidos pelo povo de um lugarejo qualquer, Drake e os seus homens decidiram interromper por um tempo a sua missão.

Entre a coleta de água e de mantimentos, um dos imediatos de Drake, o seu ultra-amigo Malcolm Marsh se envolveu com Potato, a bela filha de um chefe local. Quando Drake anunciou a sua partida, semanas depois, o chefe exigiu que Marsh permanecesse na tribo. Drake, então, coordenou com os seus homens uma grande fuga noturna, enquanto os nativos dormiam. Os escaleres dos britânicos já levavam vinte ou trinta metros de vantagem quando os nativos iniciaram a perseguição. Esgotadas as suas flechas, desandaram a arremessar batatas na nave do corsário.

Obviamente, o inglês escapou e Marsh se livrou do casamento indesejável – melhor, Drake carregou de volta à Inglaterra centenas de quilos do produto. Em Londres, vitorioso, foi homenageado pela rainha, e provavelmente sua amante, com um banquete monumental. Entre outros pitéus, serviram-se as tuberosas, exatamente à moda dos nativos, assadas na brasa. Elisabete, deliciada, perguntou ao corsário como se chamava a iguaria. Drake não sabia. Eternamente bem-humorado, porém, brincou com Marsh, afinal o responsável pela confusão. Sem graça, o imediato respondeu com o primeiro nome que lhe apareceu na cabeça, aquele da sua pobre namoradinha: "Potato, madam!".

Apesar da sua facilidade de reprodução, a batata não recebeu dos europeus uma acolhida digna de um produto, digamos, da real gastronomia. Além de considerá-la de raiz egípcia, o enciclopedista Denis Diderot (1713-1784) humilhou as suas qualidades. Brillat--Savarin afirmou que a batata servia apenas como um mata-fome. Só nos arredores de 1770, graças a Antoine Augustin Parmentier, sobre quem eu falarei no capítulo da potage *em sua honra (página 69), ela passou a receber um tratamento mais nobre. Além de grelhada ou enfornada, então a batata era cozida, meramente. Durante a pesquisa do seu trabalho* Examen Chimique de la Pomme de Terre, *o formidável Parmentier decidiu experimentá-la também frita. Adorou o resultado, crocante por fora e macio no interior. Logo a sua audácia se espalhou, inclusive graças ao apoio pessoal do rei Luís XVI, aquele que acabou na guilhotina. Rapidamente, toda a França assumiu as* pommes frites *como uma escolta obrigatória para um exército de alquimias.*

Fritar batatas, entretanto, exige mais habilidade e/ou mais paciência do que parece. Passo adiante o método ideal.

INGREDIENTES PARA UMA PORÇÃO: 100g de batata do tipo *Bintje*, a holandesa, de casca escura e espessa, farinhenta, sem brotos ou machucaduras. Água fervente, previamente salgada. Óleo de milho, bem quente.

MODO DE FAZER: Corto a batata, em rodelas, palitos ou palitinhos, de tamanhos e espessuras precisamente iguais. Banho na água, por cerca de segundos. Retiro. Escorro. Seco, meticulosamente. Coloco no óleo, separando e revirando com a escumadeira até atingir o ponto desejado.

•

Aproveito o segmento para descrever e explicar alguns outros processos antológicos e importantes de se prepararem as batatas.

Pommes Anna

Criação de Adolphe Dugléré (1805-1884), um cozinheiro bordalês, pupilo de Carême, *chef* dos já milionários Rothschild e, posteriormente, diretor do celebrado Café Anglais de Paris. Apelidado de "O Mozart dos Fogões", em 7 de junho de 1867 ele montou um rebuscadíssimo menu para um banquete nobilérrimo. Entre os seus convidados estavam o czar Alexandre II da Rússia, o seu filho também Alexandre (futuro III), o imperador Guilherme I da Prússia e o seu chanceler Otto von Bismarck. As *Pommes Anna* são realizadas ao forno, com bastante manteiga. Cortam-se as batatas em rodelas espessas, ao menos um dedo. Com uma espátula, elas são comprimidas uma às outras e, então, várias vezes reviradas na gordura, enquanto se assam, em forno bem forte, até que se mostrem bem bronzeadas.

Pommes Dauphine

Basicamente, uma mistura de três partes de purê de batatas com uma de massa de *Brioche* (preparação básica na página 25). Transforma-se o resultado em pelotas do tamanho de uma bola de golfe. Depois de algum descanso na geladeira, as pelotas são fritas em óleo neutro, preferivelmente o de milho, muito quente. No Brasil, a crônica mandriice faz com que muitos restaurantes ofereçam as *Pommes Dauphine* apenas cometidas com o purê – ou, no máximo, com o purê mescolado a um pouco de farinha. As *Dauphine* com presunto moído na sua composição se chamam *Pommes Bayonne*. Aquelas com um pouco de queijo incorporado ao purê, *Pommes Lorette*.

Pommes Duchesse

Neste caso, às três partes de purê se combina uma de gema de ovo e manteiga amolecida à temperatura ambiente. Pode-se moldar a pasta resultante nos mais diversos desenhos. Em vez de fritas, as *Duchesse* são assadas em forno forte. Com trufas, viram *Berny*. Com presunto, *Saint Florentin*. Obviamente, existe quem prefira fritá-las em algum tipo de gordura. O resultado, no forno, contudo, me parece vastamente superior.

Pommes Soufflées

Aquelas que fazem lembrar travesseirinhos. A sua perpetração é bem mais singela do que se imagina. Basta cortar as batatas de maneira detalhadamente igual, cerca de 3mm de espessura. Numa primeira etapa, colocam-se os pedaços em óleo medianamente quente. Aos poucos, se levanta o calor. Num certo instante, os pedaços subirão à superfície. Então, basta escumá-los e refritá-los numa segunda gordura, superaquecida.

WELSH RAREBIT

Bocado de Queijos Picantes à Moda Galesa

GRAÇAS À PRESENÇA *de Escoffier em Londres, no final do século passado, e graças aos herdeiros que ele deixou por lá, a culinária inglesa atravessou um bom período de apogeu, entre oitenta e cem anos atrás. Depois, porém, desandou a decair, a ponto de quase não mais existir, hoje, como uma manifestação cultural. O seu melhor símbolo, na atualidade, é uma mulher, Prue Leith, que infelizmente se dedica ao* catering *e não tem tempo de revolucionar o seu mercado. Há muito celebrados, dois* chefs *importantes, os irmãos Roux, recentemente se desmoralizaram numa sucessão de escândalos e de punições ferozes aos seus restaurantes.*

Mais. Além da invenção do sanduíche, as ilhas de Sua Majestade praticamente não injetaram iguarias de respeito na história da gastronomia. Uma das suas raridades, inclusive, vem de Gales, e foi tão deturpada, por este planeta afora, que perdeu o seu caráter de sobremesa salgada e digestiva, ao final de uma refeição mais impactante. Seu nome, Welsh Rarebit, *não sugere uma tradução literalmente inteligível. Por isso tomei a liberdade de optar pela versão, digamos, descritiva, embora bastante extensa. Um* Rarebit, *aceito o inevitável, funciona saborosamente como um* appetizer *ou como uma entrada sem complicações num repasto de vários pratos. Ainda, pode participar de um* breakfast *mais refinado, dos chamados* brunches *hoteleiros ou de um lanche vigoroso de meio de tarde. Fundamental, porém, é respeitar a sua personalidade, que exige a mistura de dois queijos, o* Gloucester, *o* Cheddar *ou o* Cheshire, *de paladares picantes. A formulação que exibo foi colhida com Mrs. Leslie Miller, dona de um restaurante em Hitchin, Hertfordshire, Inglaterra.*

Trata-se de uma receita ancestral, dos entornos de 1700, coisa de família, citada inclusive por Brillat-Savarin numa das suas obras.

INGREDIENTES PARA UMA PORÇÃO: 1 colher de chá de manteiga. 1 colher de sopa de queijo tipo *Cheddar*, grosseiramente ralado. 1 colher de sopa de queijo tipo *Gloucester*, *Cheshire* ou qualquer outro amarelo, de massa compacta e de gosto forte. 1 colher de café de mostarda. Sal. Pimenta vermelha, em pó. 1 colher de sobremesa de cerveja preta, bem pesada. 1 fatia grossa de pão branco, de forma, sem as cascas.

MODO DE FAZER: Amoleço a manteiga, à temperatura ambiente. Agrego os queijos, a mostarda, o sal necessário, a pimenta e a cerveja. Trabalho vigorosamente, até obter um creme bem amalgamado. Paralelamente, em forno brando, apenas endureço a fatia de pão. Retiro. Espalho a pasta sobre o pão. Devolvo ao forno, de maneira a gratinar os queijos.

•

Erroneamente, André Castelot informa que Brillat-Savarin, em viagem até Boston, nos EUA, na época da independência norte-americana, lá se encantou com a iguaria, típica do lugar, e a carregou de volta consigo à sua França. Inclusive porque Castelot se refere a um tal de welsh-rabbit – ou o "coelho galês". Ninguém está ao abrigo de uma barbeiragem.

ENTRADAS FRIAS

CAPONATA ALLA SICILIANA
Embolada de Legumes à Siciliana

A cozinha dos pobres também é capaz, genialmente capaz, de produzir receitas de um resultado superior. Esta, por exemplo, provém da ilha da Sicília, a região menos privilegiada da Itália, e no entanto um território lindo, rico em paisagens e principalmente no respeito às tradições. Originária do Oriente, provavelmente da Índia, que já cultivava a sua planta quatro mil anos atrás, a berinjela, alma e matriz de uma Caponata, *entrou na Europa precisamente através da ilha, graças aos navegantes mouros, nos entornos do século 13. E desde então significa um dos pilares da culinária local, pela facilidade com que soluciona a questão imediata da fome.*

Por se tratar de uma alquimia familiar, casalinga, *como se diz por lá, a* Caponata *se multiplica em infinitas e diferentes versões. Desde a mais simplificada, apenas com as berinjelas e um porcentual menor de abobrinhas, até as ultrarricas, com um batalhão de ingredientes, reservadas para as grandes comilanças, a Páscoa, o Natal, os casamentos e os batizados – festas fundamentais no sonho dos meridionais.*

De uma dúzia de formulações que conheço, inclusive as duas publicadas pelo santo Vincenzo Buonassisi na sua obra máxima, La Cucina degli Italiani, *abuso do meu direito ancestral e revelo aquela que me ensinou, aos oitenta de idade, a senhora Freda Pignatello, a quem auxiliei no banquete de casamento de seu neto, o saudoso conte*

Leonardo Regazzoni di Salaparuta, impecável jogador de bridge e criador de pastores alemães.

INGREDIENTES PARA UM QUILO DE CAPONATA: 500g de berinjelas bem firmes. 200g de abobrinhas, idem. 2 pimentões amarelos. 2 pimentões verdes. 2 pimentões vermelhos. 2 cebolas brancas, bem grandes. 2 litros de vinagre de vinho branco. 1kg de açúcar. Sal grosso. 20 azeitonas verdes, sem caroços. 20 azeitonas pretas, idem. 1 xícara de chá de alcaparras. 1 xícara de chá de nozes, descascadas. Orégano. Azeite de olivas. Gomos de laranja.

MODO DE FAZER: Corto as berinjelas em cubos grandes, cerca de 3cm de aresta. Deposito num escorredor de macarrão. Por cima, espalho sal grosso, de modo que as berinjelas transpirem o seu amargor. Paralelamente, corto as abobrinhas em rodelas de 1cm de espessura e, depois, ao meio. Esvazio os pimentões de suas sementes e de seus brancos e então corto cada qual em fatias de 2cm de largura. Numa panela bem ampla, fervo o vinagre e, nele, dissolvo completamente o açúcar. Despejo os cubos de berinjela, os pedaços de abobrinha e as fatias dos pimentões. Corto as cebolas em oitavos. Incorporo ao conjunto. Cozinho, até que as berinjelas e as abobrinhas se mostrem macias. Retiro e recoloco tudo no escorredor, de modo a eliminar a calda desnecessária. Agrego as azeitonas, as alcaparras e as nozes. Misturo e remisturo. Espero que a *Caponata* esfrie. No momento de servir, tempero com o orégano, o azeite e enfeito com os gomos.

•

Uma *Caponata* fica ainda mais bonita com tomates, rubros, livres de suas sementes e talhados em oitavos. Como, porém, os *pomidoro* se desmancham rapidamente, apenas os deponho na panela nos últimos minutos da preparação, de maneira a exclusivamente aquecê-los no conjunto agridoce, operação que lhes permitirá absorver melhor o sabor pungente da alquimia. Come-se a beleza sob a escolta de fatias de pão torrado com azeite. Da *Caponata Siciliana* nasceu a *Ratatouille* da Provença francesa, um prato que subiu o Mediterrâneo no correr do Renascimento, até aportar em Nice, nos tempos da dominação italiana. A *Ratatouille*, de qualquer modo, leva alho, não ostenta vinagre e nem açúcar e é mais frita do que cozida, conforme indica, aliás, a raiz de seu nome, *touiller*, que significa "remexer".

CHAMPIGNONS À LA PROVENÇALE
Cogumelos à Moda da Provença

Meigamente colonizada, preparada, ensinada, pelo invasor romano, e depois pelo sitiante italiano, a província da Provença, na França, é a região gaulesa que mais lembra, ou mais sugere, a influência peninsular. O tomate e o alho subiram do Mediterrâneo a partir da Velha Bota. Assim como o azeite de olivas e as suas filhas, as azeitonas, mais o orégano, o açafrão e uma variedade generosa de especiarias.

Na Provença, todavia, os cogumelos ostentam um tamanho e um sabor especiais. Ao pé dos Alpes, debaixo das copas dos pinheiros marinhos, ou marítimos, como exigem alguns puristas, eles exibem uma textura mais afeita à absorção dos seus temperos, como esponjas, inenarrável condição. Esta alquimia tem praticamente meio milênio. E hoje prolifera em quase todo o Mediterrâneo ao norte, da Espanha à Velha e Boa Bota.

Fica melhor com os champignons gigantes, os cèpes, *perdão pelo excesso de estrangeirismos, na ciência os* Boletus edulis. *Vale, contudo, com quaisquer fungos, desde que sejam frescos, desde que não se cozinhem em água ou em outro líquido, e desde que vão à mesa sobre lâminas de pão, torradinho no azeite ou na manteiga, ao exemplo dos* crostini *da Itália.*

INGREDIENTES PARA UMA PESSOA: 50g de cogumelos frescos, apenas limpos com um pano delicado. Sumo de limão, bem coado. Azeite de olivas. Um pouco de manteiga. Sal. Pimenta-do-reino. 2 dentes de alho, micrometricamente batidos. 2 colheres de chá de salsinha verde, bem picada.

MODO DE FAZER: Numa panela funda, coloco os cogumelos e banho, generosamente, com o sumo de limão. Despejo um fio de azeite, disponho uma colherada de manteiga e tempero com sal e pimenta-do-reino. Mexo e remexo com as mãos, abraçando bem todos os fungos. Levo ao calor manso, com o alho incorporado, a caçarolinha tampada. Apenas permito que os cogumelos transpirem, sacudindo a panela pelo cabo. Apago o fogo. Pulverizo tudo com a salsinha. Espero que o conjunto se resfrie.

MAYONNAISE
Maionese

Já houve tempo, no Brasil, em que cada festinha de aniversário, batizado ou casamento principiava com uma travessa monumental de maionese. Então, proliferaram os produtos industrializados e a vovó e a mamãe indolentemente desistiram de produzir as suas versões. Pena. De todos os molhos cruciais da alta gastronomia (e a maionese, em essência, é um deles), nenhum outro é cometido e é servido assim, a frio.

Pena que os restaurantes também se utilizem da coisa comercializada. Eu mesmo, testemunha de boca, comi em ótimas casas a maionese de vidro. Claro, evidente, que eu não abomino o progresso. Apenas, veemente, não posso compartilhar da massificação da arte da grande culinária. Pergunto, no entanto, de que forma encontrar a fonte de tal receita. São inúmeras as versões, controvertidas, inimigas, incapazes de uma lógica e de um afinamento final. Tentemos a melhor resposta, juntos.

1) *A maionese surgiu na cidade francesa de Bayonne e assumiu o seu nome num engano de pronúncia, a corruptela; deveria chamar-se* bayonnaise. *Solução poética, charmosa, mas extremamente e tolamente provinciana.*

2) *Proveio, segundo o genioso Marie-Antoine Carême, do verbo gaulês* manier, *que significa "misturar". Obviamente, adoro e respeito Carême, uma das fontes deste livro. A sua tese, contudo, força demais a barra.*

3) *Nasceu, segundo Prosper Montagné, o inventor do* Larousse, *do francês arcaico* moyeu, *que significa "gema de ovo". Bom tiro, a*

um palmo do alvo. Carême e Montagné, com certeza, prefeririam ser eles os criadores antológicos da eterna alquimia. Por isso, diminuem o seu efeito.

4) *Em 20 de setembro de 1589, o duque de Mayenne, na véspera de uma batalha contra Henrique II, o marido de Catarina de Médicis, exigiu do seu cozinheiro um jantar bem leve. O cuca, no afã de maravilhar o patrão, realizou uma salada fria de frango num molho de ovos e azeite e lhe deu, imediatamente, o nome de* mayennaise. *O repasto, no entanto, pesou em demasia na digestão do nobre, que levou uma surra no campo de Arques. Boa história. Uma derrota, contudo, não eterniza um cozinheiro azarado.*

5) *Em 28 de junho de 1756, durante o cerco de Port Mahon, em Minorca, nas ilhas Baleares, em pleno Mediterrâneo, o cozinheiro do multipoderoso cardeal e duque de Richelieu, aquele dos* Três Mosqueteiros, *viu-se diante de um problema impiedoso: cometer um molho sem fogo, de maneira a não informar o inimigo inglês da posição das suas tropas. A misturação era uma* mahonesa, *sim, uma invenção ibérica, que redundou em* mahonnaise. *Pela aventura e pela lógica, cravo secamente esta como a minha opção.*

Resta então resgatar a formulação da alquimia. Vamos lá.

INGREDIENTES PARA UMA PORÇÃO: 2 gemas de ovos. Sal. Pimenta-branca. 1 colher de chá de qualquer vinagre claro, aromatizado, preferivelmente de estragão. Azeite de olivas, em quantidade suficiente.

MODO DE FAZER: Numa terrina de vidro ou porcelana, com uma colher de madeira, desmancho as gemas e tempero com o sal e a pimenta-branca. Agrego o vinagre. Delicadamente, o batedor se remexendo numa direção só, a favor ou contra a ordem do relógio, tanto faz, começo a despejar, em fio, o azeite de olivas. Aos poucos, as gemas e o azeite se emulsionarão. Indispensável é mover o batedor sempre e sempre na mesma direção. O ponto fica a critério de cada freguês. A maionese estará pronta no instante em que a mistura se mostrar bem pregadinha aos fios do batedor.

•

Maionese pode talhar, se desmanchar, fracassar. Para compensar o acidente, basta depositar, num cantinho da terrina, algumas gotas mais de vinagre – e ir puxando, com a colher, eternamente na mesma direção, a pasta bem amalgamada no rumo daquela que desandou. Maionese também pode se combinar a qualquer coisa, do atum ao macarrão, das batatas ao frango desfiado. Inúmeras saídas se acham no meu *O Livro dos Molhos*.

MELON ET JAMBON
Melão com Presunto

Quem se diverte com esta trivialidade, comunérrica em restaurantes e principalmente nos bufês de casamento ou de aniversário, não imagina que ela tenha completado mais de quatro séculos de vida. Originário do Oriente Médio, muito provavelmente da antiga Pérsia, o melão fazia parte dos menus dos gregos trezentos anos antes de Cristo. Os Césares romanos não hesitavam em importá-lo da Armênia. E quando o melão escasseou, por volta de 200, se publicou na Cidade Eterna um completo manual a respeito da sua semeadura e do seu cultivo. Um detalhe, en passant*: o melão faz parte da mesma família da melancia, claro, e também do pepino.*

Na França, sabe-se lá por que razão, demorou muito a merecer respeito. Possivelmente, entrou no rol de fascinações dos gauleses só ao redor de 1400. Foi um professor de Lyon, de todo modo, Jacques Pons, o responsável pelo primeiro tratado universal sobre o assunto, em 1538. Na obra, o melão já aparece como hors-d'oeuvre, *antepasto ou entrada, na companhia do* jambon, *o presunto cru.*

Aliás, Jacques Pons relata, em seu esforço, mais de cinquenta formas diferentes de se utilizar o melão na culinária.

A combinação não exige explicações, além de dois conselhos e de uma sugestão. Depois de colhido, o melão continua amadurecendo. Portanto, é excelente consumi-lo bem depressa, a fim de que não passe de seu ponto justo. Na geladeira, inclusive, ele perde boa parte do seu aroma e do seu paladar. Qualquer que seja o tipo, o melão responde com um som seco de atabaque a uma pancadinha leve em sua casca. O ruído menos agudo, mais grave e mais choroso significa um produto já em degeneração – porque o tecido que embrulha as suas sementes, em estado de ressecamento pela falta de irrigação, se contrai e forma um oco indesejável em seu interior.

Finalmente, não custa nada, além do dinheiro gasto com vinho, dar um banho de Madeira, Marsala ou Porto no melão antes de casá-lo ao presunto. Valem o cru e o cozido. O cru, com um resultado muito superior.

SALADE NIÇOISE
Salada à Moda de Nice

Faz séculos que a gastronomia da região francesa da Provença, na Côte-d'Azur, glorifica o alho e o azeite de olivas, espetacular combinação, como os ingredientes primaciais de praticamente todas as suas mais pujantes e iluminadas alquimias. Some-se a essas matérias a majestade dos tomates do Mediterrâneo, a cidade de Nice em particular – e, pronto, se obtém a base da celebrada e já internacionalizada Cuisine du Soleil.

Do bravo trio, curiosamente, a Salade Niçoise *desdenha o perfume vigoroso do* Allium astivum. *Sinto bastante, mas eu não descobri as razões de tal desprezo nos compêndios e nas enciclopédias que arregacei na pesquisa deste trabalho. Conforto-me, em contrapartida, em informar que da receita também não participam a alface, o pimentão, o salsão, o pepino e muito menos as alcachofras que costumo encontrar, absurdas intromissões, em sucedâneos imperfeitos da vera* Niçoise *no Brasil.*

Nem mesmo o Larousse, *com tantas possibilidades de investigação e de referência, respeitou a iguaria original, datada do século 18, relatada por Brillat-Savarin e enfim encantada pelas mãos de Escoffier.*

INGREDIENTES PARA UMA PORÇÃO: ½ xícara de chá de favas verdes, bem frescas e pré-cozidas. ½ xícara de chá de cubinhos de batata, igualmente pré-cozida. 2 tomates maduros, bem firmes, sem as peles e sem as sementes, cortados em quartos. 1 colher de sopa de alcaparras. Algumas azeitonas pretas, bem firmes e bem pungentes, sem os caroços. 3 filezinhos de anchovas, lavados, dessalgados e sem as espinhas. 1 colher de mesa de azeite. 1 colher de chá de vinagre de vinho tinto. Sal. Pimenta-do-reino.

Modo de fazer: Numa terrina de porcelana, vidro ou madeira, misturo delicadamente as favas, as batatas e os tomates. Preparo um molho bem emulsionado com o azeite, o vinagre, o sal e a pimenta-do-reino. Incorporo, em fio, mansamente. Mexo e remexo com a maior ternura. Espero cinco minutos. Ao servir, agrego as alcaparras, as azeitonas e as anchovas.

SHRIMPS COCKTAIL
Coquetel de Camarões

Por todo o século 18, antes da eclosão da sua Revolução, em 1789, a aristocracia da França exagerou, absurdamente, na opulência dos seus banquetes. Qualquer coisa servia de pretexto para uma grande bouffe, *uma comilança monumental. Dezenas de cozinheiros se revezavam na feitura de um batalhão de pratos, verdadeiras esculturas, como as cascatas de camarões que pendiam de animais de puro gelo cristalino. Os crustáceos, então, eram meramente cozidos no vapor de água com algum* brandy *qualquer. Faltava, todavia, uma maneira de enriquecê-los, um molho, por exemplo.*

Habitualmente, se utilizavam várias maioneses, aqui e ali revigoradas por temperos, ervas, especiarias, um licor, sumo de frutas. No começo do século 20, também para escoltar os camarões no bafo, um cozinheiro anônimo de Paris testou uma combinação arriscada, a mistura da maionese com uma receita importada desde a China, o Coe Chap, *espécie de marinada de peixes, outros frutos do mar e purê picante de tomates. Deu certo. Estava inventado o Coquetel de Camarões, um* hors-d'oeuvre *de sucesso enorme na Europa e nos EUA até meados da década de 50. A iguaria caiu em desgraça quando, em vez do* Coe Chap *e do seu sucedâneo inglês, o* Catsup, *os chefes mais preguiçosos desandaram a perpetrar o molho com o industrializado* ketchup *em garrafinhas, aquele que se coloca no cachorro-quente, o* hot-dog *dos norte-americanos. Não pude coletar a relação precisa do* Coe Chap. *Mas capturei a do* Catsup. *Por isso eu ouso, aqui, resgatar o Coquetel de Camarões do seu esquecimento.*

INGREDIENTES, PARA UMA PORÇÃO: 6 camarões bem grandes, cozidos no vapor, completamente limpos e eviscerados. ¼ de xícara de chá de maionese (receita na página 41). 3 tomates bem vermelhos, bem firmes, sem as sementes. 3 cogumelos frescos, *champignons* de tamanho médio. 1 colher de mesa de conhaque de vinho. 1 colher de mesa de vinagre de vinho tinto. 1 colher de chá de açúcar. Sal. Noz-moscada. 2 nozes, descascadas, moídas.

MODO DE FAZER: Numa caçarolinha, aqueço o conhaque e o vinagre. Despejo o açúcar. Levo à fervura, de maneira a obter uma calda rala. Incorporo os cogumelos, os tomates e as nozes moídas. Cozinho, em fogo baixo, por dez minutos. Passo num processador e numa peneira fina. Acerto o ponto do sal e da noz-moscada. Misturo completamente. Espero que o molho esfrie. Combino a maionese, amalgamando com extremo cuidado. Sirvo os camarões, à temperatura ambiente, com o molho por cima.

•

Um Coquetel de Camarões também pode desembarcar na mesa num recipiente de vidro ou cristal, composto de uma taça, na qual se põe gelo colorido, e de uma cumbuca, encaixável por cima. Nessa cumbuca vão o molho e dois dos camarões, cortados nas suas juntas anatômicas. Os outros quatro são presos, com a elegância possível, nas bordas do recipiente.

VITELLO TONNATO
Vitelo Marinado em Atum

Os gauleses, invariavelmente, assumem como seus os pratos anônimos que são inventados no resto do planeta. Em mais uma década se dirão os criadores dos sushis *e dos* sashimis *do Japão. Ao menos na literatura séria, entretanto, não poderão açambarcar esta receita do Piemonte italiano, com pelo menos três séculos de tradição. Como, espero, depois deste livro, não poderão os restaurantes brasileiros de novo vulgarizá-la como costumeiramente acontece em tantos carrinhos de antepastos frios. Senhoras solenes de Turim habitualmente servem o* Vitello Tonnato, *ou* Vitel Tonné, *na entrada dos seus repastos – e eu mesmo saboreei um deles, superlativo, no impecável Whist Club da cidade, Piazza San Carlo, num salão exuberante em que não faltou a tropa mandatária da Fiat local, com direito a um sorriso acolhedor de Giovanni Agnelli. O pé-direito do lugar subia além dos cinco metros – e o forro era todo afrescado, coisa recente, dos 1700.*

Fundamental, no caso, me parece, me desculpem os mistificadores, utilizar vitelo, mesmo, em vez de carne de boi, e um atum de qualidade irrepreensível. Até porque a preparação é singela e elementar.

INGREDIENTES PARA UMA PORÇÃO: 6 belas fatias de carne macia de vitelo, livres de gorduras, cerca de 2mm de espessura. 1 lata de atum, conservado em seu suco natural. ¼ de cebola branca, normal, bem picadinha. ½ cenoura pequena, jovem, macia, bem picadinha. ¼ de talo de salsão, idem, batidíssimo. 2 anchovas, bem esmagadas à ponta de um garfo. 1 copo de vinho branco. 1 folha de louro. 1 ramo de salsinha, ultratriturado. Sal. Pimenta-do-reino. ¼ de xícara de chá de maionese (receita na página 41). Sumo de limão. Algumas alcaparras dessalgadas, como guarnição.

MODO DE FAZER: Parto de um princípio elementar: as fatias de vitelo provêm de um pedaço já cozido, ao ponto de carne assada. Paralelamente, numa terrina de vidro ou porcelana, amalgamo o atum, a cebola, a cenoura, o salsão, as anchovas, o vinho branco, o louro, a salsinha, o sal, a pimenta-do-reino, a maionese e o sumo de limão. O vitelo bem frio, ao menos à temperatura ambiente, monto um prato com as suas lâminas suficientemente recobertas pela pasta resultante. A carne tem de assimilar o paladar do resto, cerca de duas horas, no mínimo. E o conjunto necessita ser guardado numa geladeira até o momento de chegar à mesa. No derradeiro instante, se despejam o sumo de limão e as alcaparras, a gosto.

WALDORF SALAD
Salada Waldorf

Eis um dos casos mais tenebrosos de apropriação conscientemente indébita da história da gastronomia sem que os especialistas no tema, inclusive o Larousse, *bradem em honra da verdade. Sobram as versões no mercado das lendas. Por divertimento, reconto a principal delas.*

Inúmeros enciclopedistas asseguram que a receita foi criada por um chef *norte-americano, a fim de celebrar a inauguração do então majestoso e nobre hotel Waldorf-Astoria, de Nova York, em 1931. Pobre memória. O alemão John Jacob Astor (1763-1848), nativo de uma cidadezinha de nome Waldorf, nas redondezas de Heidelberg, deve estar tremendo em sua tumba. Imigrante pioneiro na América, ele enriqueceu com o comércio de peles e com a especulação de terras. Como o seu sonho maior, no fim da vida inaugurou o seu albergue – que apenas foi reformado e ampliado um século depois, de modo a atingir a marca inacreditável de 1.300 aposentos sempre chiques, um modismo universal até por volta de 1950.*

A receita efetivamente proveio de Escoffier, uma homenagem ao alojamento gigantesco. Fazia parte do seu livro Ma Cuisine, *escrito entre as décadas de 10 e 20 e enfim editado em 1934, pelos seus herdeiros, quando o mestre já sucumbia, desafortunadamente esclerosado e cego.*

Muito amigo de um certo Oscar Tschirsky, simplesmente o "Oscar of the Waldorf", magnífico maître *principal do hotel, o seu soberbo condutor de 1893 a 1943, Escoffier lhe ofereceu a alquimia, a partir de uma sugestão do outro, que adorava maçãs com maionese. De Escoffier surgiu o enriquecimento com o salsão e principalmente com as nozes.*

INGREDIENTES PARA UMA PORÇÃO: 50g de maçã verde, do tipo *Granny Smith*, sem a casca, cortada em dadinhos. 50g do branco de um salsão, idem. 30g de nozes. 1 colher de mesa de maionese (receita na página 41).

MODO DE FAZER: Misturo, delicadamente, todos os ingredientes. No prato de servir, enfeito com uma rosinha de tomate e uma folha de hortelã.

ENTRADAS QUENTES

ASPERGES À LA CRÈME
Aspargos ao Creme

Um livro de gastronomia fina não pode dispensar um capituleto em honra dos aspargos. Sim, eu sei, no Brasil eles não ostentam a mesma sensibilidade do produto estrangeiro – e, claro, eu não me refiro aos enlatados. Mesmo aqueles que alguns malucos importam já chegam neste país tropical integralmente descoloridos. Os veros são brancos no talo e apenas nas suas inflorescências, as suas pontas deslumbrantes têm uma coloração musguenta.

Na Roma antiga, eram comida dos ricos. Vinham provavelmente do norte da Europa, plagas mais frias, onde se ambientam melhor. Custavam o salário de um general. Na França do século 18, de todo modo, por eles magnetizado, o rei Luís XIV mandou plantá-los em seu país. Hoje, ao menos no Velho Continente existem três variedades básicas: os levemente roxos, mais vibrantes no sabor porém mais rijos na textura; os absolutamente brancos, quase fálicos, enormes, que lembram no sabor o coração de uma alcachofra; e os verdes-dourados que se oxidam com enorme rapidez. Por isso, ou se comem frescos, ou desperdiçam o seu valor.

François Pierre de La Varenne (1618-1678) inventou esta receita. Falo dele no apêndice inicial deste trabalho. La Varenne produziu, em honra de um patrão, o molho básico, apelidado Duxelles, com cogumelos frescos. A alquimia é elementar. Como deveria ser a gastronomia inteira.

INGREDIENTES PARA UMA PORÇÃO: 100g de aspargos frescos, livres de suas nervuras, apenas lavados em água corrente e completamente secos. 1 colher de sopa de manteiga. ½ xícara de chá de creme de leite. 1 colher de sobremesa de salsinha bem picada. 1 colher de chá de cebolinha verde, idem. Sal. Noz-moscada, ralada no momento.

MODO DE FAZER: Corto os aspargos em pedaços de 3cm cada qual. Numa frigideira, aqueço a manteiga. Lanço os pedaços e as ervas. Em fogo suave, mantenho por cinco minutos. Despejo o creme. Mexo e remexo. Apenas esquento, até que o vegetal se mostre tenro. Acerto o ponto do sal e da noz-moscada. Sirvo, imediatamente, com uma lâmina de pão torrado.

COQUILLE SAINT-JACQUES AU GRATIN
Vieira Gratinada em sua Concha

Existem no planeta apenas duas variedades efetivamente comestíveis, sem perigos, deste molusco bivalve cuja habitação calcária inspirou o logotipo de uma transnacional petroleira. A mediterrânea, Pectem jacobeus, *e a batizada de* Pectem maximus, *esporadicamente espalhada nas costas atlânticas. Ambas são extremamente semelhantes no formato e na disposição, embora a superfície protetora das* coquilles *europeias ostente colorações mais escuras, entre o bege e o ocre-acastanhado, contra o refulgante laranja-esbranquiçado das encontráveis no Brasil, as raríssimas vieiras.*

Do bicho se come exclusivamente o miolo branco e arredondado, além do coral no desenho de meia-lua que o envolve. Ao contrário das ostras e dos mexilhões, que se ingerem inteiros, nas Saint-Jacques *obrigatoriamente se descartam os arredores transparentes da sua noz central. Em compensação, só as* coquilles *possuem o coral, belíssimo, na realidade uma combinação providencial de ovas e de esperma fertilizante.*

Em tempo, em honra da precisão, podem-se achar coquilles *sem o coral, precisamente aquelas que acabaram de procriar. Por azar ou por incúria, no Brasil, inúmeros restaurantes oferecem* Saint-

Jacques *mentirosas em seus menus, conchas meramente recheadas com sobras de carne de siri ou aparas não aproveitadas de filés de peixe ou correlatos. Também, ao contrário das ostras e dos mexilhões, as* coquilles *não se pregam aos rochedos ou às formações vegetais. Vivem nas areias mesmo e se locomovem, fascinantemente, abrindo e fechando as suas carapaças. Essa propriedade lhe concedeu o curioso codinome de "concha peregrina". E de fato a* Saint-Jacques *acabou servindo de emblema para as tropas dos cruzados, na Idade Média, e para as levas de romeiros que procuravam, naquela época, as bênçãos dos céus na rota de Santiago de Compostela, na Espanha.*

Como alimento, o seu uso data igualmente de seis ou sete séculos atrás. Devoravam-se o miolo e o coral apenas azeitados, com algumas gotas de sumo de laranja ou de limão. A receita da coquille *gratinada vem de Curnonsky e oferece uma peculiaridade radical nela, o queijo de praxe se mistura ao molho da alquimia. Bem diferente do que se perpetra no Brasil, quando os cucas desinformados apenas pulverizam o parmesão por cima.*

INGREDIENTES PARA UMA PESSOA: 1 vieira, inteira, preferivelmente com o miolo e o coral, livre dos seus arredores gelatinosos. Sal. Pimenta-do-reino. 1 colher de chá de manteiga. 1 colher de mesa de molho *Mornay* (preparação básica na página 22). 1 colher de sopa de molho *Duxelles* (preparação básica na página 25). 1 colher de chá de queijo *Gruyère*, ralado.

MODO DE FAZER: Numa frigideira pequena, aqueço a manteiga e nela refogo a vieira, levemente, no máximo um minuto. Tempero com o sal e a pimenta-do-reino. Com a mesma gordura, unto a concha do molusco. No fundo, deposito o molho *Duxelles*. Remonto a vieira, o miolo no centro e o coral dos seus lados. Cubro com o *Mornay* devidamente misturado ao *Gruyère*. Levo ao forno bem quente, até que o creme se gratine bem.

ESCARGOTS À LA BOURGUIGNONNE
Caracóis à Moda da Borgonha

Por mais que os criadores nacionais se esforcem, não existem no universo escargots *iguais ou sequer assemelhados aos* Helix pomathia, *aqueles legítimos que os borgonheses/franceses degustam no outono e no inverno, as suas temporadas ideais. Com efeito, saiba o leitor, no hemisfério norte, é no calor que se multiplicam os riscos de uma intoxicação. Refiro-me, claro, aos caracóis frescos, impossíveis, aliás, de se encontrarem espontaneamente por aqui. Acham-se os* pomathia *pré-cozidos, enlatados ou encasados, já desprovidos do seu privilégio de sabor e de textura originais. Nada como o efetivo ou o real.*

De qualquer maneira, o Brasil já ostenta o achatine *e o* petitgris, *menorzinhos e acinzentados, que precisam permanecer ao menos uma hora em água abundante, à temperatura ambiente, levemente salgada e avinagrada, de forma a se eliminarem as secreções gosmentas que facilitam a sua aderência durante o seu processo lentérrimo de locomoção vida além.*

Extraem-se as suas antenas, a glândula nojenta a ela acoplada, mais o nódulo enegrecido que se encontra na extremidade da cauda. E se comete, para a companhia dos moluscos, uma receita de manteiga enriquecida que virou o seu sinônimo, mesmo sem eles.

INGREDIENTES PARA UMA PORÇÃO: 12 *escargots.* 1 cebola média, micrometricamente picada. 1 dente de alho, idem. 1 colher de mesa de salsinha verde, também. 12 colheres de café de manteiga. Sal. Pimenta-do-reino. Sal grosso, cristalino, em grãos lavados e bem secos. Água.

MODO DE FAZER: Numa terrina, deposito a cebola, o alho, a salsinha e a manteiga. Trabalho até obter uma pasta bem homogênea e equilibrada, a chamada *beurre d'escargots*. Tempero com sal e pimenta-do-reino. Reservo. Em água fervente, cozinho os *escargots* por trinta minutos, se forem frescos. Os enlatados já vêm pré-preparados. Retiro. Escorro. Recoloco os caracóis em suas conchas respectivas. Preencho completamente o espaço remanescente nas conchas com partes da manteiga trabalhada. Forro uma travessa refratária com o sal grosso, abundante. Sobre esse leito, deposito as conchas – assim, a manteiga em fusão, depois, não irá escorrer ao fundo do recipiente. Levo ao forno médio, por quatro, no máximo cinco minutos.

•

Através do mesmo procedimento, com uma cobertura equivalente e um tempo de forno igualzinho, se perpetram os *moules,* os mariscos, os mexilhões *à la Bourguignonne*. As costas brasilianas oferecem dois tipos básicos deles. Os de pedra, que se desenvolvem pregados à superfície dos recifes semissubmersos. E os de mangue, colhidos em cachos enormes, unidos entre si por fibras parecidas com cipós. Apesar dos riscos de contaminação, pela proximidade dos despejos dos esgotos praieiros, os de mangue são sempre muito mais macios e também mais saborosos.

Mais a respeito dos *escargots* no glossário que encerra esta epopeia.

OYSTERS ROCKEFELLER
Ostras à Moda dos Rockefeller

Pela sua grana e pelo seu poder, a família Rockefeller talvez merecesse mais do que uma receita universal – e neste livro. Pessoalmente conheci dois dos seus componentes, o Nelson, que foi governador do Estado de Nova York e candidato a candidato à presidência dos EUA em 1986, morto num entrevero sexual, e o David, que ajudou o Brasil, como banqueiro, a amplificar, gloriosamente, a sua dívida multinacional em dólares.

Pareceram-me charmosos, ambos. Não me queixo dos contatos. Apenas me irrito ao constatar o desrespeito com que os restaurantes do país cometem esta alquimia ao mesmo tempo tão simplória e tão sofisticada. A fórmula data de 1899, quando escasseavam, numa recessão, os escargots *que os norte-americanos importavam da Europa, mais especificamente da França.*

Certa ocasião, pressionado pelo homem mais rico da América, então John D. Rockefeller, o avô dos supracitados, o chef *do precioso Antoine's de Nova Orléans, Louisiana, criou em sua honra esta entrada deslumbrante. Na época, no sul dos EUA, as ostras abundavam tanto que com elas se cometiam sanduíches nas ruas. Méritos ao inventor, cujo nome eu eternizo no papel, Jules Alciatore, de origem italiana, pois não.*

Ingredientes para uma porção: 6 ostras, frescas, recém-abertas. Sal grosso. O verde de uma cebolinha, micrometricamente picado. 1 talo de salsão, idem. 1 colher de café de cerefólio fresco, idem. 1 colher de café de estragão fresco, idem. 1 colher de sopa de farinha grossa de rosca, aquela perpetrada com pão torrado. Gotas de molho de pimenta forte. 1 tico de manteiga, amolecida à temperatura ambiente. Gotas de licor de anis. 1 colher de chá de vinho branco, bem seco.

Modo de fazer: Numa terrina refratária, coloco o sal grosso necessário e, sobre ele, deposito as ostras, nas conchas respectivas. Preaqueço o forno à temperatura mais alta disponível. Noutra vasilha, combino a cebolinha, o salsão, o cerefólio, o estragão, a farinha de rosca, a manteiga suficiente, a pimenta, o licor e o vinho, até obter uma pasta bem espessa. Caso precise, bato num processador e passo numa peneira. Cubro cada ostra com uma parte do resultado. Levo ao calor, até bronzear.

PIPERADE

Pimentões à Moda de Béarn

De todas as traduções e de todas as interpretações que os outros povos da Europa construíram sobre os alicerces da pioneira e sicilianíssima Caponata*, esta me parece a mais nobre e mais vibrante, sobrepujando inclusive, à fartura, a comuníssima* Ratatouille*.*

O prato nasceu na Espanha, mais precisamente no País Basco, em torno de 1650, mas foi assimilado pela França, mais precisamente a região de Béarn – aliás, uma das raras plagas da nação que aceitaram a intrusão de seu produto básico, o pimentão.

Historicamente, os gauleses são impermeáveis às importações do Novo Mundo. Por exemplo, em relação aos italianos, abusam pouco do prazer dos tomates. Demoraram bem mais do que os alemães na assimilação da versatilidade das batatas.

Ironicamente, foi graças à Piperade *que a França conseguiu se inscrever na "Internationale du Poivron Doux", a organização que congrega os produtores mundiais da maravilha. A alquimia pode ser servida fria, como um antepasto ou um contorno, ou quente, em meio a ovos mexidos.*

INGREDIENTES PARA UMA PORÇÃO: 2 fatias de presunto cru. 1 ovo. ½ pimentão amarelo. ½ pimentão verde. 1 pimentão vermelho. ¼ de cebola branca, grande, finamente laminada. 1 tomate maduro, sem a pele e sem as sementes, cortado em dadinhos. ½ dente de alho, em lascas finérrimas. Açúcar. Sal. Pimenta-do-reino. Pimenta vermelha. Azeite de olivas.

MODO DE FAZER: Coloco os pimentões numa travessa refratária e levo ao forno médio, até que as suas peles se escureçam e comecem a se soltar. Retiro. Espero que se resfriem. Elimino as peles e as sementes. Corto as polpas em tiras de dimensões equivalentes. Numa frigideira, aqueço um pouco de azeite. Em chama suave, refogo a cebola até que se murche. Agrego as tiras de pimentão. Mantenho por dois minutos. Incorporo o alho, a pimenta vermelha e os tomates. Mexo e remexo, com muito carinho. Acerto o ponto do sal e da pimenta-do-reino. Pulverizo com um tico de açúcar. Mantenho por mais três minutos, misturando de quando em quando. Reservo. Em outra frigideira, aqueço mais azeite. Derramo o ovo, levemente batido. Só então mesclo com vigor, de maneira a obter um quase-creme. Incorporo o ovo aos pimentões. Sempre em chama baixa, sustento por mais dois minutos. Paralelamente, sempre em azeite, douro as fatias de presunto. Sirvo o conjunto com o presunto por baixo e os pimentões por cima.

QUICHE LORRAINE
Torta à Moda da Lorena

Atenção, paraquedistas de plantão: não existe queijo dentre os ingredientes de uma autêntica e verdadeira Quiche Lorraine. *Estabelecida essa premissa imprescindível, respeitada uma das alquimias mais clássicas e mais insinuantes da gastronomia da França, resta-me comentar, sardonicamente, perdão, que tal coisa tem as suas fundações na Alemanha.*

Coisas da geografia e de uma região eternamente disputada por duas nações. O nome do prato, por exemplo, vem do tedesco Küchen, *um dialetal que significa "bolo, molde, torta,* flan*". O seu aparecimento data do século 16, na cidade de Nancy, quando a iguaria se chamava* féouse. *Embora hoje se utilize a massa de pão, ou a folhada, a tradição exige, mesmo, aquela de* Brioche. *Pior, os desrespeitadores de plantão também perpetram a sua – falsa –* Lorraine *com bacon. Heresia atroz. A tradição solicita o toicinho fresco, não salgado e não defumado, da barriguinha do suíno, aquilo que os peninsulares apelidaram de* pancetta. *Localizada ao longo dos baixos cursos do rio Reno e do rio Mosela, província de vergéis maravilhosos e de pastos extremamente ricos, a* Lorraine *(ou Lorena) ostenta uma das mais importantes criações de bovinos de leite da Europa – e por isso a sua gastronomia se apoia gostosamente na utilização do creme fresco, quase inigualável.*

Lá o creme ganha o apelido de meurotte, *ou* murotte. *Misturado aos ovos da alquimia, ele se transforma em* migaine, *que pode, nas variações eventuais, se misturar a um* Gruyère, *às cebolas, ao presunto, aos cogumelos e até mesmo à mostarda.* Quiche Lorraine, *porém, é esta abaixo.*

INGREDIENTES PARA UMA FORMA: 250g de massa de *Brioche* (preparação básica na página 25). 250g de toicinho fresco, em lâminas bem delgadas. 4 ovos, desmanchados. 1 ¼ xícara de chá de creme de leite, fresco, levemente batido. Sal. Pimenta-do-reino. Noz-moscada. Manteiga. Farinha de trigo. Água fresca e declorada.

Modo de fazer: Abro a massa, à espessura de 5mm. Encaixo numa forma de cerca de 20cm de diâmetro, antecipadamente untada com manteiga e bem pulverizada com farinha de trigo. Corto as sobras da massa que se mostrar além das bordas da forma. Cubro, com papel aluminizado ou coisa equivalente. Levo ao forno médio, por cerca de quinze minutos. Retiro. Reservo em lugar protegido. Cozinho as lâminas de toicinho, em água fervente, por cinco minutos. Retiro. Escorro. Seco completamente. Douro em um pouco de manteiga. Retiro. Escorro. Espalho as lâminas no fundo da torta. Numa terrina de vidro ou porcelana, combino os ovos e o creme. Tempero com o sal, a pimenta-do-reino e a noz-moscada. Recheio a *Quiche* com a mistura. Levo ao forno médio, até que o topo se exiba bem bronzeado.

•

Não confundir, por favor, o substantivo *meurotte*, dos alsacianos e desta receita, com a *Sauce Meurette*, também conhecida por *Matelote Bourguignonne*, formulação à base de vinho tinto da Borgonha francesa.

SOUFFLÉ AUX FROMAGES
Suflê de Queijos

Cerca de vinte anos atrás, a data exata eu não me recordo mais, uma gourmet *norte-americana, Patricia Wells, colunista de* The New York Times, *me provocou com uma frase irretorquível, pela prioridade e pela sabedoria. Num debate sobre as dificuldades e as glórias da cozinha, depois que eu discorri sobre a* pizza, *e o prazer com que me inflama um* cornicione *a se enfunar, a fina Patty me rebateu: "Raríssimos pratos conseguem inflar tanto o ego de um cozinheiro de verdade como um suflê correto".*

Atesto. Não existe, na culinária universal, alquimia mais maldosa e traiçoeira e ao mesmo tempo mais deslumbrante e alvissareira. Quando ela funciona. Inclusive porque um suflê, jura a lenda, nasceu acidentalmente. E acidentalmente um suflê depende, ainda hoje, de uma infinidade de acertos ou de azares, para não murchar, calhorda, na face do freguês. A utilização das claras batidas na gastronomia é coisa de muitos séculos atrás. Mestres renascimentais já conheciam a ideia do merengue, as claras de ovo enfornadas até a sua douração e a sua solidificação. Nos idos de Luís XV, na França dos 1700, introduziu-se na mistura o açúcar, e ela virou suspiro depois de um banho de calor. O temor do erro, todavia, fez com que muitos chefes se preservassem do fracasso através de uma proteção crucial. Assavam-se as claras dentro de uma coroa de massa crocante.

No começo do século 19, um certo Carême ganhou de presente um equipamento inusitado, então. Um forno de convexão. Quero dizer, em vez das chamas normais, no chão do apetrecho, a sua temperatura se elevava indiretamente, através de tubos nas suas paredes, dentro dos quais passeava o ar antecipadamente aquecido numa caldeira, exterior ao equipamento.

Carême constatou que o apetrecho era forte em demasia. Determinada ocasião, as claras se queimaram sem que a proteção de massa atingisse o seu ponto ideal. Solução óbvia: Carême trabalhou o merengue sem nada ao seu redor, além de uma embalagem de cerâmica porcelanizada. Consequência: as claras cresceram muito mais, no calor de convexão. Literalmente se incharam. Bastante. Como o peito de um grande atleta que rouba o ar do concorrente numa final de Olimpíada. A propósito: souffler *= respirar.*

Aqui eu passo adiante a formulação ideal de Carême para um suflê de queijos. Valem a base e os procedimentos essenciais. Por exemplo:
1) *Evitem-se os ovos muito frescos, pois a gemas, ainda tenras, poderão deixar pigmentos seus nas claras, um desastre na composição final.*
2) *Use-se o mínimo possível de manteiga e/ou outras gorduras. O seu excesso retarda o processo de respiração de um suflê.*
3) *A combinação de claras e outros componentes precisa se mostrar bem firme, pregada à ponta do batedor. Isso significa a sua quase perfeita aeração. Quanto mais bolhas de gás carbônico houver na pasta, mais o suflê crescerá, como ocorre ao se abrir uma garrafa de* champagne *quente.*

4) *Deve-se acender um forno caseiro uma hora antes de fazer o suflê. E o ato de retirar o suflê do forno também representa uma obra de arte. Sem choques térmicos, por favor, portas e janelas bem fechadas.*

5) *Um suflê vai à mesa imediatamente depois de pronto, sem exceções.*

INGREDIENTES PARA UMA PORÇÃO: 1 colher de mesa de manteiga derretida. 1 colher de sopa de farinha. ¼ de xícara de chá de leite, amornado. 2 claras de ovos e uma gema, à temperatura ambiente, muito bem separadas. Sal. Pimenta-do-reino. Noz-moscada. ¼ de colher de café de maisena, já dissolvida numa colher de chá de água. 50g de queijo *Gruyère*, em cubinhos. 1 colher de sopa de queijo do tipo parmesão, finamente ralado.

MODO DE FAZER: Preaqueço o forno a 290 graus, quase forte. Com um pouco da manteiga, unto uma forma refratária de uns 15cm de diâmetro e uns 5cm de altura. Guardo na geladeira. Numa panela pequena, em fogo baixo, aqueço mais um tico da manteiga, o necessário para mesclar à farinha. Agrego o leite amornado. Mexo bem, até amalgamar. Tempero com um pingo de sal, de pimenta-do-reino e de noz-moscada. Levanto a chama. Espero as borbulhas, sempre e sempre remexendo sem cessar. Despejo a maisena diluída. Retiro do calor. Incorporo a gema, batendo com vigor. Reservo. Transformo as claras em neve ultrapegajosa. Incorporo ao resto, sempre e sempre remexendo sem cessar. Adiciono o *Gruyère*. Viro e reviro. Deposito tudo na forma reservada na geladeira. Com um dedo, afundo a coisa nas partes fronteiriças às bordas da terrina – dessa maneira, ao se multiplicar, o suflê não transbordará. Pulverizo com o parmesão. Coloco no forno, até que o topo do suflê se mostre bem bronzeado e gratinado. Retiro, meticulosamente, sem entortar a forma. Sirvo, fulminantemente.

•

Mamãe: jamais abra o seu forno a fim de verificar se o seu suflê se bronzeou e se gratinou. Muito menos altere a temperatura do equipamento, durante a sua operação. Finalmente, reze. Quem sabe Deus ajude.

SOPAS & CREMES

BISQUE DE CREVETTES
Bisque de Camarões

Por volta de 1500, quando a cozinha renascimental valorizou os camarões e outros crustáceos, pescadores de golfo de Biscaia, entre a Espanha e a França, inadvertidamente idealizaram uma das mais espetaculares preparações de toda a história da gastronomia. Sobravam em suas redes muitas cabeças e muitas cascas de tais bichos e, de maneira a utilizá-las otimamente, pois se tratava, já então, de um produto raro e caro, nos barcos mesmo os restos eram dourados em óleo e brandy, *um método precioso de conservação. Depois, de volta ao porto, tudo se transformava numa sopa.*

Obviamente, a expressão bisque *advém do nome do golfo e da sua região. E serve para caracterizar o método e não necessariamente o prato. Embora os dicionários e as enciclopédias circunscrevam a* bisque *aos crustáceos e eventualmente aos moluscos, o princípio também vale para certas aves como a codorna, o pombo e a rolinha. No caso, comete-se a base quase torrando os seus ossos, as suas carcaças e os seus miúdos.*

Hoje, dificilmente se encontra, num bom restaurante, a Bisque *como uma gestão de menu. Na verdade, ela se transformou em molho de base, componente de alguma outra formulação. Pena. Intraduzível como palavra, em sua textura uma* Bisque *ocupa um estágio intermediário entre uma sopa cremosa e um purê. Digamos que, no departamento das carnes escuras, molho* Rôti *e o* Demi-Glace *corresponderiam à* Bisque *de plantão. No Brasil, desafortunadamen-*

te, passam por Bisque *os caldos ralos que se cometem com lagostas, camarões, moluscos, na sua essência meros fumês.* Um erro e um desrespeito à tradição e à verdade. Afinal, um ou mais fumês podem e até devem fazer parte de uma Bisque*, além de vários outros itens, como o arroz, o leite ou o seu creme – e o conhaque indispensável.*

INGREDIENTES, PARA UM LITRO: 100g de *Mirepoix* (preparação básica verificar na página 23). 1 litro de fumê de peixe (preparação básica verificar na página 21). 1 litro de *Consommé* (receita na página 66). 100g de arroz. 1 kg de camarões, inteiros. 100g de manteiga. ½ xícara de chá de conhaque. ½ xícara de chá de vinho branco, bem seco. Pimenta-de-caiena. Sal. Salsinha verde. 1 xícara de chá de creme de leite bem fresco.

MODO DE FAZER: Numa caçarola funda, derreto a manteiga e agrego os camarões. Douro, por dois minutos. Retiro. Descasco e limpo. Elimino as vísceras. Reservo as carnes. Devolvo as cabeças e as carapaças à panela. Reaqueço bastante. Despejo o conhaque. Inflamo, mantenho o incêndio ao menos por trinta segundos. Apago com o vinho branco. Acrescento o *Mirepoix*. Mexo e remexo com vigor. Despejo o fumê e metade do *Consommé*. Levo à fervura. Rebaixo o calor. Incorporo o arroz. Cozinho até que o volume de líquido se reduza à metade. Retiro. Passo tudo numa peneira fina. Bato o purê restante, delicadamente, num liquidificador, sem permitir que ele espume. Coloco em outra panela. Reaqueço. Agrego o restante do *Consommé*. Levo à fervura. Diminuo a chama. Cozinho, mansamente, até que o volume da *Bisque* equivalha a aproximadamente $4/5$ de um litro. Incorporo o creme de leite. Acerto o ponto do sal da pimenta-de-caiena. Reintroduzo os camarões, cortados nas suas juntas anatômicas. Na mesa, sobre pratos respectivos, enfeito com algumas pitadas da salsinha, micrometricamente picada.

BISQUE D'HUÎTRES
Bisque de Ostras

Pode parecer incrível – mas o homem come ostras já faz mais de dois mil anos. Melhor, os gregos chegavam ao requinte de efetivamente cultivá-las artificialmente, em vastos leitos de pedras instalados em algumas das suas ilhas no Adriático. Como tais moluscos crescem e engordam melhor na boca dos rios, pois a mistura da água doce e da água salgada energiza o seu sistema hepático, os helênicos inclusive transportavam o líquido fresco em tonéis enormes, por barco, aos seus criadouros formidáveis.

Uma Bisque *de Ostras é uma entrada de enorme delicadeza. Assevera a lenda, inclusive, que ostenta propriedades afrodisíacas. Nas cortes francesas da decadência, no século 18, fazia parte, obrigatoriamente, dos repastos que redundavam em orgias. No caso, apenas me resta expor a melhor receita da iguaria que conheço, extraída da obra de Curnonsky. Aviso indispensável: esta* Bisque *exige ostras fresquíssimas e o seu passo a passo toma no mínimo quarenta minutos. Portanto, cuidado – e paciência.*

INGREDIENTES PARA UM LITRO: 48 ostras inteiras. 1 litro de fumê de peixe (preparação básica na página 21). 100g de arroz. 4 xícaras de chá de creme de leite bem fresco. Sal. Pimenta rubra. Noz-moscada. Manteiga.

MODO DE FAZER: Com uma escovinha de metal, limpo muito bem as cascas das ostras. Lavo em água corrente. Abro, uma a uma, separando o seu líquido interno. Filtro, através de um guardanapo. Reservo. Retiro os moluscos. Reservo. Numa caçarola, levo o fumê à fervura. Agrego o arroz. Cozinho os grãos, até que comecem a amolecer. Passo numa peneira fina. Deposito o resultado em outra panela. Incorporo o líquido das ostras. Retomo a ebulição. Rebaixo o calor. Reduzo até obter um volume de caldo equivalente a meio litro. Agrego o creme de leite. Misturo bem. Aqueço, com extrema suavidade, sem permitir a refervura. Coloco as ostras. Acerto o ponto do sal, da pimenta rubra e da noz-moscada. No derradeiro instante, dissolvo uma colherada de manteiga, a fim de aveludar bem a *Bisque*.

BOUILLABAISSE
Caldo de Peixes à Moda de Marselha

Cada esquina de Marselha, França, no extremo oeste do golfo do Leão, entre a Provença e o Languedoc, faz a sua Bouillabaisse *e considera a sua versão a mais potente do universo. Estive por lá, experimentei várias das opções, escolhi uma como a minha predileta – e da sua pátria eu dou até o nome e o endereço: Chez Michel, ou Les Catalans, da senhora Jeanne Visciano e do seu marido Antonine, que a Grande Sabedoria das galáxias abençoe a ambos, estejam por aqui ou lá no Céu.*

Neste livro, entretanto, eu preciso recorrer à velha história e à sempre atual bibliografia. Eu preciso rebuscar a alquimia original.

Para a lenda, foi Vênus, a deusa do amor, quem inventou a coisa. Patetice. Vênus nasceu com os romanos, e o açafrão, ingrediente indispensável na iguaria, surgiu gastronomicamente na Grécia, quinhentos anos antes dos cultos panteístas da Cidade Eterna. Claro que na Helênia e na Itália antiga já se cometiam os caldos capitosos com um batalhão de peixes. De todo modo, a vera formulação data dos idos do surgimento do comércio, na Idade Média, quando a moeda substituiu as trocas e o dinheiro se revelou.

Inúmeras fontes, variegados documentos falam do século 16, de uma primeira manifestação de rebeldia comercial. Então, pescadores marselheses, irritados com os preços baixos que os mercadores lhes ofereciam por determinados produtos, preferiam cozinhá-los, na praia mesmo, em enormes caldeirões comunitários, em vez de negociá-los por valores irrisórios. Faziam parte da receita, curiosamente, mercadorias que o futuro supervalorizou, como o linguado, o cação e o atum.

Correram os anos. Nos caldeirões entraram os moluscos e os crustáceos e, no século 18, as raspas secas de casquinhas de laranja. Em 1895, no seu opúsculo La Cuisine Provençale, *Jean-Baptiste Reboul alinhavou quarenta tipos de pescados capazes de integrar, dignamente, uma vera* Bouillabaisse. *Atualmente, os preciosistas preferem não exagerar. Valem apenas aqueles produtos da orla e das pedras que se fisguem com anzol. Não valem os capturados às pamparras, nas redes empresariais.*

Polêmicas à parte, eu fico com Curnonsky, que apelidou a Bouillabaisse *de* soupe d'or, *a sopa de ouro, e lhe impôs um caráter geral, algo a ser cometido, correta e justamente, em qualquer plaga do planeta. De certo modo, sempre mágico, o mestre devolveu a maravilha às suas origens.* Uma Bouillabaisse, *convenhamos, admitamos, se faz com as colheitas da jornada. Desde que seja* bouille *e* abaisse, *desde que seja inicialmente bem fervida e então tenha o seu calor diminuído, de forma que os nutrientes oceânicos somente se concentrem – e não se percam, pelo excesso de calor.*

INGREDIENTES PARA DOZE PESSOAS: 4kg dos peixes possíveis, limpos, livres de peles e de espinhas, em postas generosas. Sal. Pimenta-do-reino. 2 xícaras de chá de azeite de olivas. 2 cebolas, picadas grosseiramente. 4 tomates, sem as peles e sem as sementes. 10 dentes de alho. 4 folhas de erva-doce, ou funcho. 1 ramo de salsinha verde. 1 galho de cerefólio. 1 folha de louro. 1 bulbo de cebolinha verde. A casca de 1 laranja, sem os seus brancos internos. 2 colheres de café de fios de açafrão. 2 colheres de mesa de farinha. Fatias de pão. Batatas cozidas. Água fresca.

MODO DE FAZER: Num caldeirão enorme, aqueço o azeite. Nele, apenas murcho as cebolas. Agrego os tomates, o alho, as folhas de erva-doce, a salsinha, o cerefólio, o louro, a cebolinha e a casca de laranja. Misturo e remisturo. Paralelamente, tempero as postas com o sal e a pimenta-do-reino. Agrego ao caldeirão. Mexo e remexo. Cubro com a água, em plena ebulição. Espero o rebaixamento de temperatura e, pacientemente, retomo a fervura. Agrego o açafrão. Diluo a farinha. Espero sete ou oito minutos, dependendo do tamanho das postas. Acerto o ponto dos temperos. Paralelamente, bronzeio algumas fatias de pão com azeite. No derradeiro instante, escorro os peixes e despejo o resultado nas fatias de pão, elegantemente arrumadas numa travessa. Numa sopeira, sirvo o caldo, ao lado, com as batatas já cozidas em seu interior, absorvendo o sabor global.

•

Readvirto que esta não é a *Bouillabaisse* do meu amor, à maneira dos Visciano de Marselha. Procurei me comportar profissionalmente, rebuscando a razão de Curnonsky. Mais: existe uma *Bouillabaisse* negra, que se faz com lulas e com a sua sépia interna, o líquido da sua glândula de proteção, a tinta escura que o bicho expele quando se sente ameaçado. Receitas mais gordurosas utilizam sardinhas e até o bacalhau e o atum. Nessas situações, se chamam *Bourride* ou *Revesset*. Outras variações: a *Waterzooï* dos flandrinos, a *Ttoro* dos bascos, a *Bouillinade* do Languedoc, a *Cotriade* e a *Chaudrée* da Bretanha e de Saintonge – que o *Larousse Gastronomique* assevera serem as matrizes do *Clam Chowder* dos norte-americanos. Ainda, ineditamente, neste livro, ousei oferecer uma receita para doze pessoas. Ocorre, apenas, que uma *Bouillabaisse*, ao meu ver, é um prato comunitário, uma celebração de amigos. Como disse *don* Curnonsky.

Um passeio derradeiro sobre a raiz do nome. Conta André Castelot que, numa das tais sessões praieiras que levaram à consolidação do prato, um cozinheiro de plantão se distraiu e foi advertido por um outro: *"– Attention, ça bouille!... Baisse!"*. Talvez. Mas tem a sua graça.

CONSOMMÉ ESCOFFIER
Consommé à Moda de Escoffier

Como bisque, também é intraduzível a palavra consommé. Aliás, qualquer explicação talvez se prove insuficiente e até desnecessária, pois a expressão já se tornou francamente internacionalizada. No entanto, aos preciosistas segue uma singela tentativa. Um Consommé *(atenção, eu escrevi um, no masculino) vale bem mais do que uma mera sopa, embora ostente uma textura ultra-aquosa. Particípio passado do verbo* consommer, *ou consumar, o mote revela, no seu caráter, a sua explícita definição. Glória da culinária francesa, datado de mais de mil anos, o prato seguramente nasceu na pobreza, a sopa, sim, tudo bem, de carne e de legumes, os ingredientes de estação, os ingredientes à disposição. Um* Consommé, *porém, representa o caldo ancião em seu máximo de apuramento. Supõe um acabamento impressionantemente refinado e trabalhoso, principalmente na etapa apelidada de clarificação.*

Ou a filtragem portentosamente natural de todos os elementos de sua montagem, graças à ajuda de uma propriedade formidável da clara do ovo, que absorve as gorduras e outros elementos, não solúveis, em suspensão no conjunto da panela.

Um Consommé *pode ser saboreado quente ou mesmo frio. Pode ser adensado com gemas, creme de leite, fresquíssimo, fécula ou araruta. Em geral, exibe uma aparência gelatinosa, consequência da extrema concentração dos seus nutrientes. Um* Consommé *verdadeiro, todavia, passa obrigatoriamente pela etapa de clarificação. Muitos restaurantes do planeta cometem a falcatrua de oferecer, em seus menus, o* Consommé *simples e o* double *– este último mais bem operado que o primeiro. Tolice. Quase crime. Repito, um* Consommé *de fato, como dizia Escoffier, atravessou inteira a clarificação.*

INGREDIENTES PARA UM LITRO: 200g de carne magra, sem ossos, em cubos. 1 cenoura, em pedaços. 2 talos de alho-poró, em rodelas. ½ pimentão verde, sem os brancos internos e sem as sementes, cortado em tiras. 8 colheres de mesa de purê de tomates, a sua polpa, sem a casca, bem peneiradinha. 3 claras de ovos. 3 litros de caldo de carne bem coado. 1 tomate, sem a pele e sem as sementes, cortado em dadinhos. 1 colher de mesa de arroz, preferivelmente o convertido, previamente cozido. 4 brotinhos de salsinha crespa. 1 pimentão amarelo, sem os brancos internos e sem as sementes, cortado em tirinhas delgadíssimas. Sal.

MODO DE FAZER: Num panelão, deposito a carne, a cenoura, o alho-poró, o pimentão verde, o purê de tomates e as claras. Misturo veementemente, de maneira a espalhar bem as claras. Despejo o caldo. Levo à fervura, raspando de quando em quando o fundo da panela – mas tomando o cuidado de perturbar a mistura o mínimo possível. Rebaixo a chama. Mantenho o cozimento, em fogo manso, por noventa minutos, sem interferir. Essa cautela é indispensável na clarificação. A esse tempo, uma espécie de crosta se terá formado na superfície do líquido. Devagarzinho, meticulosamente, retiro o panelão do fogão e derramo o seu conteúdo em uma caçarola, através de um filtro de pano. Repriso a operação, utilizando um filtro novo. Separo um litro do resultado, reservando o eventual restante para uma outra preparação. Coloco o que vou utilizar em banho-maria. No momento de servir, acerto o ponto do sal, incorporo o arroz e enfeito os pratos respectivos com os brotinhos de salsinha, os dadinhos de tomate e as tirinhas do pimentão amarelo.

POTAGE CRÉCY
Creme de Cenouras à Moda de Crécy

Raladinha nas saladas, picadinha na base de molhos ou equivocadamente introduzida no Arroz à Grega, que não deveria contê-la, a cenoura viaja sempre como comprimária na culinária universal. Existem, no entanto, inúmeras receitas em que é protagonista – e, curiosamente, quase todas elas carregam o sobrenome francês de Crécy.

A expressão vem de uma cidadezinha famosíssima pela qualidade e pelo sabor, inolvidáveis, da sua cenoura, Crécy-la-Chapelle, na região gaulesa de Seine-et-Marne. Alguns autores, inclusive os do Larousse, *apontam como alternativa Crécy-on-Ponthieu, na província de Somme, e mesmo Crécy-en-Brie, nos limites da Île-de--France e da terra de Champagne. Na dúvida, se o leitor me permite a petulância, fui verificar, pessoalmente.*

Crécy-en-Ponthieu entrou na História através de outra porta, aquela da retaguarda. Lá, no século 17, as tropas de Filipe de Valois tomaram uma surra de antologia dos soldados ingleses de Eduardo III. Crécy-en-Brie, admitirei, ostenta uma cenoura formidável. Não se compara, porém, à de Crécy-la-Chapelle, macia, perfumada, uma gostosura, principalmente crua.

Para o melhor resultado desta alquimia, já que a cenoura do Brasil brota em terras menos nobres, sugiro que se usem as pequeninas e bem doces.

Ingredientes para uma porção: 150g de cenourinhas, ou das partes inferiores das grandes, cortadas em rodelas. ¼ de uma cebola branca, grande, picadinha. ½ litro de caldo de galinha. 1 colher de sopa de arroz, preferivelmente convertido. ½ xícara de chá de creme de leite. Manteiga. Sal. Pimenta-do-reino. Noz-moscada.

Modo de fazer: Numa caçarolinha com um pouco de manteiga, em fogo manso, murcho a cebola. Despejo o caldo de galinha. Levo à ebulição. Incorporo as cenouras. Retomo a fervura. Rebaixo o calor. Tampo a panela. Cozinho por 45 minutos. Retiro. Bato num liquidificador e passo numa peneira. Devolvo ao calor. Recupero a ebulição. Em chuviscos, despejo o arroz. Misturo. Diminuo de novo a chama. Espero que os grãos se amaciem. Agrego o creme e mais um pouco de manteiga. Mexo e remexo. Acerto o ponto do sal, da pimenta-do-reino e da noz-moscada. Pode-se enfeitar uma *Potage Crécy* com belas folhas de hortelã, sálvia ou manjericão.

•

Por que motivo eu traduzi *potage* em "creme" e não em "sopa". Simplérrima razão. Sopa é coisa familiar, coloquial, do dia a dia, até mesmo levemente vulgar. *Potage*, contudo, exige mais trabalho, mais charme e mais refinamento. Além disso, a *Crécy* tem mesmo a textura de um creme.

POTAGE PARMENTIER
Creme de Batatas à Moda de Parmentier

Agrônomo, alquimista, farmacólogo, militar, Antoine Augustin Parmentier (1737-1813) concedeu à sua pátria, a França, a sua mais importante e crucial vitória sobre a vizinha e rival Germânia. Na sua juventude, durante a Guerra dos Sete Anos, prisioneiro dos tedescos na região da Vestfália, Parmentier se fascinou com a versatilidade das batatas locais e se irritou ao relembrar que, em seu país, embora farto, o produto era invariavelmente malcultivado e também malconsumido.

Na verdade, os seus conterrâneos só utilizavam as batatas como alimento para o gado e para os miseráveis. Ou, na forma de farinha ou de fécula, como ingrediente para o pão. De volta à França,

Parmentier iniciou uma existência inteira em favor da proliferação das tuberosas. Houve uma época, inclusive, em que elas mesmas se chamaram parmentières, *em seu louvor. Nada mais justo do que a gastronomia honrá-lo com dezenas de pratos interessantes – todos eles, claro, baseados nas batatas. A sua sopa nasce de um purê. E nessa singeleza, tragicamente, reside o seu maior azar. Restaurantes, em geral, perpetram o purê de batatas às toneladas, com enorme antecedência, quando a sua essência exige a feitura no instante de servir. Tudo bem. Ao menos este segmento de meu livro me permite rememorar duas lições em uma só. O purê. E o creme.*

INGREDIENTES PARA UMA PORÇÃO: 150g de batatas holandesas farinhentas, do tipo *Bintje*, bem firmes, sem máculas na casca e sem brotos aparecentes. Água fresca. Sal. 30g de manteiga. 4 colheres de sopa de leite fervente. 1 ½ xícara de chá de *Consommé* (receita na página 66).

MODO DE FAZER: Descasco as batatas. Corto em fatias ou em quartos. Coloco em água já salgada e em plena ebulição. Cozinho por cinco minutos. Retiro. Escorro. Levo ao forno brando, por alguns instantes, até que a água remanescente se evapore. Esmago as batatas num passador apropriado. Deposito o resultado numa caçarola. Agrego a manteiga. Em fogo brando, com uma colher de madeira, começo a misturar, vigorosamente. Incorporo o leite e acerto o ponto do sal. Volto a mexer, com vibração, até obter uma pasta sedosa. Pronto o purê, ele pode ser levado assim à mesa ou, ainda, transformado na *Potage Parmentier.* Basta, de novo em fogo brando, mesclá-lo, ternamente, ao *Consommé* e, no final da operação, a mais um tico de manteiga, o que deixará a sopa mansamente aveludada. Uma escolta ideal: *croûtons* de pão, delicadamente fritos em azeite de olivas.

POTAGE SAINT-GERMAIN
Creme de Ervilhas à Moda de Versalhes

Classudíssima, esta entrada valoriza as hoje tão depreciadas ervilhas secas, matéria-prima que os restaurantes do Brasil não usam mais. Ainda me recordo, embasbacado, dos meus tempos de bambino, quando frequentava o armazém do meu bairro familiar e surrupiava mancheias delas, que mastigava escondido, à noite, cruas mesmo, sem riscos posteriores de indigestão.

Produtos de uma sensibilidade enorme, as ervilhas começam a se modificar, fisiologicamente, no instante da colheita. O seu açúcar bem depressa se transforma em amido. Por isso, mais frescas elas se mostram, mais suaves e mais sutis. Em contrapartida, secas, elas adquirem um sabor e um aroma pungentes, extremamente vigorosos, que já comovia os gregos e os romanos, seus consumidores habituais.

Apicius, nos arredores de Cristo, bolou para as ervilhas secas cerca de duas dúzias de receitas. Vem dele por exemplo a ideia da sopa com nacos de toicinho defumado.

De várias centenas de variedades, as melhores são aquelas que o francês chama de petits-pois, *no masculino, e que o italiano apelida de* piselli novelli, *também. Atingiram o seu apogeu no reinado gaulês de Luís XIV (1638-1715), um seu admirador fanático – a ponto de uma vez haver abandonado na cama a própria amante, a marquesa de Maintenon, apenas para desfrutá-las, numa remessa recém-chegada ao seu palácio de Versalhes.*

Os alfarrábios apontam para duas matrizes possíveis da receita. Um certo conde de Saint-Germain, aventureiro francês, ministro da Guerra de Luís XV, morto em 1784, mas nascido em data incerta e não sabida pelos literatos de plantão. E a cidade-castelo de Saint-Germain-en-Laye, junto a Versalhes, onde eram plantadas aos milhões. Também serve a terminologia Clamart, outro sítio de cultivo muito farto de ervilhas.

INGREDIENTES PARA UMA PORÇÃO: 100g de ervilhas secas, partidas ao meio. 20g de toicinho de porco, muito bem lavado, cortado em tirinhas finérrimas. ¼ de cenoura, bem macia, picadinha. 1 colher de mesa de cebola branca, micrometricamente batida. 1 colher de sopa de manteiga. 1 folha de louro. 1 raminho de salsinha verde. 1 colher de sopa de salsão, micrometricamente triturado. 1 dente de alho. 2 colheres de mesa de creme de leite, fresquíssimo. Sal. Pimenta-do-reino. Ervilhas cruas. Água.

Modo de fazer: Lavo as ervilhas secas em água corrente. Deixo de molho, por uma hora. Escorro. Coloco numa caçarola de bom tamanho. Cubro com água fria. Em fogo forte, levo à fervura. Cozinho por dez minutos. Retiro. Escorro. Reservo os grãos. Em água fervente, mergulho as tirinhas de toicinhos por trinta segundos. Retiro. Escorro. Seco completamente. Numa caçarola, derreto a manteiga e nela refogo o toicinho, cerca de cinco minutos. Agrego a cenoura e a cebola. Mexo e remexo por dois minutos. Despejo 2 xícaras de chá de água. Incorporo as ervilhas, o alho, o louro, a salsinha e o salsão. Misturo. Com a panela tampada, cozinho em fogo brandíssimo, até que as ervilhas comecem a se desmanchar. Elimino o que restar do alho, do toicinho e da salsinha. Passo o resto numa peneira fina. Bato o resultado num liquidificador e repasso na peneira. Devolvo à caçarola. Reaqueço. Agrego o creme. Acerto o ponto dos temperos. Enfeito com as ervilhas cruas.

•

Um *Saint-Germain* também pode ser decorado com croutonzinhos de pão e com novas lamínulas de toicinho, bem fritinhas em azeite de olivas.

SOUPE GRATINÉE À L'OIGNON
Sopa Gratinada de Cebolas

Uma entrada característica do inverno parisiense, com o rosto e o caráter da Cidade Luz. Qualquer bistrô da capital francesa consegue perpetrar a iguaria com talento e com sobranceria – embora as mais charmosas, pelo seu folclore, se encontrem nas madrugadas dos ancoradouros às margens do rio Sena e nos fascinantes, hipnotizantes, mercados da região central.

Les Halles é o mais importante de todos. Surgiu nos idos do reinado de Filipe Augusto, em 1183. Atravessou incólume quase oito séculos. E em 1958, depois de uma espécie de plebiscito nos seus arredores e entre os seus usuários e frequentadores, as suas seções de aves e de carnes foram transferidas a um subúrbio no arrondissement *de Rungis.*

Originária da Ásia, mais provavelmente da Mesopotâmia, onde era símbolo de adoração, a cebola tem cinco mil anos de existência conhecida. Atingiu a Grécia em torno de 500 a.C. e logo desembarcou na Itália e no resto da Europa. Foi sempre um produto popular, pela facilidade de plantio e de procriação e pelo número de espécies que ostenta, 325, entre as primas próximas e as mais distantes, no formato ou na cor.

A sopa, por sua vez, é uma criação estritamente francesa. Já nas redondezas do século 12, os gauleses iniciavam as suas refeições noturnas com uma fatia de pão depositada num prato fundo – sobre a qual se despejava o líquido do caldeirão comunitário de cozimento dos legumes e das carnes. Na verdade, dava-se o nome de soupe *exclusivamente à tal fatia, enquanto o líquido levava o apelido de* potage, *por provir de um* pot.

Selecionar a melhor receita de uma Sopa de Cebolas para este livro exigiu mais do que pesquisa e investigação. Doeu eliminar tantas possibilidades igualmente fascinantes. Apenas de Curnonsky eu capturei três variações. Enfim, optei por uma de acabamento refinado, visto que combina dois queijos de paladares contrastantes como condimentos primordiais. E nenhum deles se chama parmesão, matéria-prima que os restaurantes brasileiros equivocadamente enfiam na velha preciosidade.

INGREDIENTES PARA UMA PORÇÃO: 50g de cebolas amarelas, descascadas, finamente fatiadas. 1 colher de sopa de manteiga. 1 colher de chá de farinha de trigo, peneirada. 3 xícaras de chá de caldo de galinha, bem coado. Sal. Pimenta-do-reino. 1 colher de mesa de queijo *Gruyère*, finamente ralado. 1 colher de mesa de queijo *Emmenthaler*, idem. 2 fatias de pão *baguette*, semitorradas, com 1cm de espessura cada qual.

MODO DE FAZER: Numa caçarola, derreto a manteiga e murcho as cebolas, atenciosamente, até que comecem a se dourar de maneira uniforme. Despejo a farinha. Misturo e remisturo. Coloco um pouco do caldo. Mexo e remexo. Então, derramo o restante. Levo à ebulição. Tampo. Rebaixo a chama. Cozinho por vinte minutos. Acerto o ponto do sal e da pimenta-do-reino. Separo uma cumbuca de barro ou porcelana. No fundo, deposito uma das fatias de pão. Pulverizo com um pouco dos queijos, já mesclados. Cubro com as fatias de cebola. Preencho a vasilha com o caldo. Na superfície, disponho a outra fatia de pão. Pulverizo os queijos restantes. Levo ao forno forte, para que os queijos se derretam e se gratinem.

VICHYSSOISE
Sopa de Batatas e Alho-Poró

O nome honra um lugarejo francês, Vichy, localizado quase no miolo geográfico do país, às bordas da serra de Forez, num nicho de vale, famosíssimo pela sua água de excelente qualidade. Trata--se de termas que os romanos já conheciam e apreciavam, antes de Cristo. Eles, conquistadores, deram o nome original ao lugar, então apelidado de Vicus Calidus, *ou Bairro Quente.*

Apesar de toda essa antecedência, porém, a iguaria, que se consome basicamente fria, quase gelada, nasceu bem longe da Gália, em Nova York, precisamente em 1910, num verão de atemorizar o diabo. A pesquisa não revela o nome do seu inventor. No máximo, se sabe que o cidadão saiu da França, emigrado, e que se instalou nos EUA. De acordo com o Larousse, *seria um chef contratado pelo restaurante Bourbonnais. Segundo a investigadora e gourmet Mary Brandt Kerr, um cozinheiro do hotel Ritz-Carlton.*

Qualquer que seja a procedência, todavia, fica distante do texto a relação da iguaria com seu nome e com as águas bicarbonatadas de Vichy. Aliás, hoje se fazem sopas com a mesma alcunha e ingredientes bem diversos. Sempre as batatas – mas, ao lado delas, substituindo o poró, os verdes disponíveis de abobrinhas ou de pimentões.

INGREDIENTES PARA UMA PORÇÃO: 1½ xícara de chá de caldo de galinha. 1 batata grande, pelada, cortada em cubos. 1 talo de alho-poró, em fatias. ½ xícara de chá de creme de leite, muito bem batido. Sal. Pimenta-branca. 1 tico de noz-moscada. Menos do que 1 tico de canela.

MODO DE FAZER: Numa caçarola, coloco o caldo, a batata e o alho-poró. Levo à fervura. Reduzo o calor. Mantenho por vinte minutos a panela tampada. Passo tudo num processador e, depois, numa peneira. Fora do calor, incorporo o creme e os temperos. Guardo na geladeira, até servir.

●

Embora uma heresia, no inverno se oferece uma *Vichyssoise* quente. A iguaria, entretanto, precisa ser aquecida, obrigatoriamente, em banho-maria ou num micro-ondas.

OVOS ETC.

EGGS BENEDICT
Ovos à Moda dos Benedict

Surpreende este escriba que mesmo um grande profissional, fotógrafo de classe, gourmet de cultura, como o amigo David Drew Zingg, um dia tenha descrito a alquimia como Eggs Bénédictine. Afinal, Mr. Zingg veio ao mundo nos EUA. Deveria proteger as poucas iguarias de sua pátria-mãe.

O termo Bénédictine se aplica, primordialmente, aos pratos que se utilizam de alguma espécie de purê de bacalhau e de batatas, como explica o Larousse Gastronomique, uma referência à ordem religiosa que, sempre na suposição, teria inventado a combinação, três séculos atrás.

Os ovos do capítulo, porém, viajam longe do bacalhau e das batatas. Chamam-se, por favor, Benedict. E eu posso provar aos incréus.

A coisa surgiu no Delmonico de Nova York (leia, please, o capítulo dos Camarões à Newburg), exatamente em 1920. Despontaram por lá, numa noite outonal, o senhor e a senhora Le Grand Benedict, clientes tradicionais. A madame, mais do que exigente, protestou contra a imutabilidade do menu. Como resposta, o restaurante lhe ofereceu esta entrada belíssima.

INGREDIENTES PARA UMA PESSOA: 2 fatias de pão de fôrma, sem as cascas. Manteiga. 2 fatias de presunto cozido. 1 colher de chá de vinagre de vinho tinto. Sal. Água fresca declorada. 2 ovos. 2 colheres de mesa, generosas, de Molho Holandês (preparação básica verificar na página 23). Salsinha verde, micrometricamente picadinha.

MODO DE FAZER: Douro as fatias de pão num pouco de manteiga. Reservo. Em mais um pingo de manteiga, frito as fatias de presunto. Deposito cada qual sobre cada fatia de pão. Reservo. Numa caçarola, misturo o vinagre, o sal necessário e a água suficientemente para pochear os ovos. Levo à fervura. Quebro os ovos em cima da ebulição. Cozinho por cinco minutos. Retiro. Escorro os ovos. Deposito, delicadamente, sobre as fatias de presunto e de pão. Cubro com o Molho Holandês e a salsinha.

HUEVOS À LA FLAMENCA
Ovos Assados à Espanhola

Um quebra-cabeças hilariante de terminologias geográficas comprometeu por décadas a personalidade essencial desta receita de origens populares e que, mesmo sozinha, vale por uma refeição completa. Nascida na Ibéria, nos entornos de 1700, ao viajar o continente ela foi se embaralhando a outras, de apelidos semelhantes, e nesse percurso se conspurcou. Peço calma ao leitor a fim de explicar a confusão.

A expressão à la flamenca *designa um procedimento curioso de pocheamento dos ovos – em vez de simplesmente cozidos em seu molho, eles são levados, dentro do líquido, ao forno, e então assados.*

Muito bem. Acontece que, na Europa, existe também a expressão à la flamande. *E acontece que a expressão à* la flamande *se utiliza em duas situações diferentes. Primeiro, para indicar os pratos provenientes de Flandres, coisas da Bélgica e da Holanda – baseados nas pequeninas couves-de-bruxelas. Segundo, para indicar os pratos provenientes de uma região do norte da França, baseados fundamentalmente no repolho.*

No século passado, ao surgirem nos menus de vários restaurantes e bistrôs de Paris, os ovos da Ibéria já estavam misturados às couvinhas e mesmo aos repolhões. Pior ainda, em 1938, na sua edição inicial, o Larousse *consolidou o crime ao publicar uma receita equivocada da alquimia – precisamente sob o nome torto à* la flamande.

O pecado desapareceu na modernização do compêndio, em 1988. Sumiu da forma mais fácil, com a extirpação integral da alquimia. Porque ela é excelente, porém, faço questão de resgatá-la do esquecimento, inclusive como homenagem à sua pátria-mãe, pouquíssimo representada em meu livro.

INGREDIENTES PARA UMA PORÇÃO: ¼ de cebola branca, grande, cortada em fatias bem finas. ½ dente de alho, bem picadinho. 1 colher de sopa de azeite de olivas. Polpa de 2 tomates, em dadinhos. ½ xícara de chá de cubinhos de presunto cru. 2 ovos. Sal. Pimenta-do-reino. 1 colher de mesa de ervilhas frescas, pré-cozidas. ¼ de pimentão vermelho, já cozido, sem a pele, cortado em tirinhas. Algumas rodelas de *chorizo*.

MODO DE FAZER: Preaqueço o forno ao ponto meio forte. Aqueço o azeite e nele refogo a cebola e o alho. Incorporo os tomates e o presunto. Sustento, em fogo brando, mexendo e remexendo, por cinco minutos. Acerto o ponto do sal e da pimenta-do-reino. Deposito a mistura numa terrina refratária. Cuidadosamente, de maneira a evitar que as claras se toquem, quebro os ovos sobre os tomates. Condimento os ovos com mais um tico de sal e de pimenta-do-reino. Levo ao forno por cerca de sete minutos – ou até que as claras se embranqueçam totalmente. Enfeito, charmosamente, com as ervilhas, as tiras de pimentão e as rodelas de *chorizo*.

OEUFS MIRABEAU
Ovos Assados à Moda de Mirabeau

Honoré-Gabriel Mirabeau (1749-1791) entrou para a História através de duas portas simultâneas e diferentes. Foi o mais lancinante e impetuoso orador da bicentenária Revolução Francesa. Melhor, a sua particularíssima paixão por anchovas, azeitonas e estragão, na guarnição de pescados e de carnes várias, levou-o à criação de um molho exótico, pungente como o seu estilo de falar, relíquia que acabou por eternizá-lo nos menus de centenas de restaurantes do planeta inteiro.

Tristemente, por economia ou por estupidez, os cozinheiros do Brasil, quando conhecem um Mirabeau, *não hesitam em substituir as anchovas pelas sardinhas – ou, sumariamente, em ignorar a necessidade do estragão. A verdade, no entanto, aguarda os maus atrás da próxima esquina.*

Ingredientes para uma porção: 2 filés de anchova. 1 colher de mesa de manteiga, amolecida à temperatura ambiente. 2 ovos. 1 azeitona preta, bem grande, descaroçada e cortada ao meio, na horizontal. 6 folhas frescas de estragão, rapidamente banhadas em água fervente e, um instante depois, em água gelada. Mais 1 filé de anchova, talhado em tirinhas finas.

Modo de fazer: Esmago os dois filés de anchovas com ¾ da manteiga. Amalgamo bem e passo numa peneira superfechada. Com a pasta, forro o fundo de um prato de sobremesa, refratário. Por cima, delicadamente, quebro os ovos. Levo ao forno moderado por cerca de oito minutos, até que as claras tomem corpo. Recheio as meias azeitonas com o restante da manteiga. Enfeito os ovos, garbosamente, com as azeitonas, o estragão e as tirinhas da última anchova.

OMELETTE FINES HERBES
Omelete nas Ervas Finas

Descerrar o pano do mistério das origens deste prato é uma missão de arqueologia. Existem inúmeras possibilidades, todas elas lógicas e racionais. Por apego à precisão, revelarei o rol inteiro.

Os italianos reivindicam a primazia da invenção através da raiz supostamente latina da palavra, ova mellita, *uma alquimia dos tempos dos romanos, claras e gemas batidas com mel e enfim cozidas numa travessa de argila.*

Os franceses, com um pouco menos de profundidade, clamam que a expressão vem de lamelle, *ou lâmina pequena, interpretação visual do aspecto do pitéu. De* lamelle, *segundo eles, teriam brotado, em sequência, as corruptelas* alamelle *e* alumelle *e* alumette *e* amelette.

Os ingleses, com um tico generoso de folclore, juram que a coisa foi idealizada por um médico de nome Oswald Mellet. Obrigado a se formar pela pressão dos pais, Mr. Mellet, na realidade, queria ser cozinheiro. Diploma na maleta, de retorno à sua cidade, depois de seus estudos, em vez de um consultório ele abriu um restaurante com uma série de pratos à base de ovos. E, para contentar os genitores, à porta instalou uma plaqueta em que se lia, em letras bem floreadas: "Dr. O. Mellet".

A versão britânica me parece bem charmosa e não deve ser sumariamente desprezada, inclusive porque se inscreve num trabalho respeitável de pesquisa da gloriosa Universidade de Cambridge. De todo modo, creio que a italiana ganha a briga, até por uma questão de antiguidade.

De fato, a Omelete, no feminino, é uma das comidas mais venerandas da humanidade, citada por Apicius e por outros cronistas de dois mil anos atrás. Atravessou os séculos e, na Idade Média, ganhou algumas interpretações pessoais de Taillevent, provavelmente o primeiro chef *a realizá-las salgadas. Como o mestre preferia apelidá-las de* arboulastres *d'oeufs, retomo o fio das possibilidades e revalorizo a raiz da ova* mellita.

Sob a denominação, mesmo, de omelette, *o prato desponta no século 17. O grande Brillat-Savarin elogiava muito uma alquimia de seu tempo, cometida com caviar de carpas e filezinhos de atum. Já então ele sugeria um procedimento crucial: bater separadamente as claras e as gemas, de maneira a conseguir uma Omelete bem mais alva e bem mais fofa. Tudo combina com o pitéu. Vegetais. Pescados. Aves. Miúdos. Presuntos. Queijos. Até mesmo frutas, a alquimia como sobremesa. Neste segmento de meu livro, eu me limito a expor a relação mais tradicional de todas, de acordo com a metodologia meticulosa de Escoffier.*

Ingredientes para uma porção: 2 ovos, separados. Sal. Pimenta-do-reino. 1 colher de café de salsinha verde, micrometricamente picada. 1 colher de café de cebolinha verde, idem. 1 colher de café de cerefólio, idem. 1 colher de café de estragão, idem. Manteiga.

Modo de fazer: Independentemente, bato as claras e as gemas. Incorporo, com extrema delicadeza. Acerto o ponto do sal e da pimenta. Despejo as ervas. Misturo e remisturo. Unto uma frigideira com a manteiga necessária. Aqueço. Derramo os ovos já condimentados. Sacudo a frigideira, de modo a assentar bem a mistura. A Omelete estará pronta quando, encorpada por baixo e ainda úmida em cima, começar a se soltar da panela. Dobro, com ternura. Sirvo, imediatamente, numa travessa preaquecida.

•

Um profissional se utiliza, sempre, da mesma frigideira para realizar as Omeletes. Idealmente, jamais se lava o objeto. Apenas pronta a iguaria, basta eliminar o excesso de gordura com um papel absorvente. A formidável Antoinette Boutiaut (1851-1931), mais conhecida nas antologias hoteleiras como La Mère Poulard, o seu apelido no seu albergue parisiense, se transformou, no final do século passado, na maior especialista em Omeletes do planeta. Seu conselho: "Nada como o calor da lenha queimada".

CEREAIS VÁRIOS

BOSTON BAKED BEANS
Feijões Assados à Maneira Norte-Americana

Quando eu era um meninote, duas situações bem pouco gastronômicas me fascinavam de maneira absurda. Um comercial de dobradinhas na TV, alguns pescadores à beira de um rio, na sua refeição noturna, as latas aquecidas na fogueira, depois de uma jornada de anzóis mal-sucedidos. E os ajantarados campestres dos mocinhos do cinema, os feijões de frigideira.

Exigi, em casa, certa vez, as tais das dobradinhas. Gigantesca frustração. Odiei o cheiro, a textura e o paladar. Talvez por isso, o medo de uma nova decepção, também fugi dos feijões estadunidenses quando morei na Califórnia, entre 1972 e 1973. Anos depois, porém, numa visita a Boston, Massachusetts, não tive como escapar da iguaria. Ofenderia os meus anfitriões. Corajosamente mergulhei na coisa e, pasmo meu, me apaixonei.

Claro que, na ocasião, me ofereceram ao prazer os feijões assados e não os fritos. Na base da alquimia, porém, pairava a mesma relação entre o doce e o salgado, os grãos e o melaço dos caubóis. Historicamente, pratos irmãos no seu conceito, um casamento tradicionalíssimo na América do Norte. Por lá, misturar o doce com o salgado sempre foi um hábito natural, antes até que um certo Cristóvão Colombo aparecesse em seus arredores.

Na Flórida, faz séculos, os nativos seminoles cozinhavam o seu peixe num caldo de frutas silvestres. Mais acima no mapa, nos entornos de Nova York, os iroqueses e os sênecas recheavam os seus patos com amoras. Os penobscotes do Maine perpetravam os seus ensopados de carne em suco de framboesas. Do outro lado, no sudoeste, os engenhosos e avançadíssimos pueblos, capazes de verdadeiras cidades nos desertos, cometiam demoradas alquimias com feijões e uma essência xaroposa, extraída dos troncos das árvores locais – misturavam tudo num pote de barro, que era lacrado e então enterrado no chão, sobre um fundo de brasas incandescentes.

O tempo e a necessidade da madeira se encarregaram de aperfeiçoar a iguaria. Na passagem dos 1700 para os 1800, se multiplicaram nos EUA os acampamentos volantes com centenas e centenas de lenhadores que não dispunham de uma hora certa para a sua alimentação. Assim, o caldeirão com os feijões permanecia tardes inteiras ao lado do calor de uma fogueira, apurando e caramelizando mansamente o seu paladar.

Hoje, em minha opinião, a receita dos feijões ao forno é muito mais representativa da gastronomia norte-americana do que, por exemplo, a torta de maçãs ou o peru de Ação de Graças, cuja formulação eu desvendo no departamento apropriado. Talvez a torta ou o peru ostentem uma popularidade maior. Os feijões, contudo, já se transformaram em verdadeiros ícones.

A montagem que eu aqui revelo data de 1832 de um singelo livro intitulado The American Frugal Housewife – Dedicated to those who are not ashamed of economy. *Eu tentarei verter:* A frugal dona de casa americana – Dedicado àquelas que não se envergonham de economizar. *Autora: Lydia Maria Child. Ao ponto justo, mata a fome de um ogre. O nome não tem nenhuma conotação regionalística ou geográfica. Vem, sim, de um tipo peculiar de feijões, os* Phaseolus vulgaris, *vulgarizados como* Boston Beans *porque, no século 19, predominavam francamente na relação das matérias-primas que a frota naval dos EUA, estacionada na Nova Inglaterra, consumia em suas missões no oceano.*

Os Boston Beans *são brancos e pequeninos, os menores da família dos claros. Na sua ausência, porém, qualquer outro, alvo, pode servir.*

INGREDIENTES PARA UMA PORÇÃO: 150g de feijões brancos. 100g de toicinho fresco, cortado em minidadinhos. Sal. Pimenta-do-reino. 1 colher de mesa de açúcar mascavo. 1 colher de chá de mostarda em grãos.

MODO DE FAZER: Coloco os feijões numa terrina refratária. Cubro com água fervente. Tampo e guardo num lugar bem protegido. Deixo os grãos de molho, da noite para o dia. Escorro completamente e lavo os feijões. Ponho numa caçarola adequada. Cubro com água fresca. Levo à ebulição. Mantenho por dez minutos. De novo, escorro e lavo. Misturo os grãos e os minidadinhos de toicinho. Tempero, levemente, com o sal e a pimenta-do-reino. Quebro, grosseiramente, os grãos de mostarda. Mesclo ao açúcar e a mais uma xícara de chá de água, já fervente. Recoloco os feijões e o toicinho na terrina. Despejo a água condimentada. Cubro, com uma terrina maior, invertida. Asso, em fogo médio forte, por cerca de duas horas ou pouco além, até que os grãos e o toicinho se mostrem bem tenros.

•

Nos EUA existem os *Boston Baked Beans* em lata desde 1875, uma empreitada pioneiríssima no mercado das conservas. Em 1891, a indústria Van Camp, da cidade de Indianápolis, no meio-oeste norte-americano, introduziu a polpa de tomates na sua formulação, com um enorme sucesso de vendas. Hoje, existem mais outras versões, modernizadas, de outras marcas.

PILAFI

Arroz à Grega

Imediatamente, fique clara a mistificação: o Pilafi *dos helênicos, o verdadeiro Arroz à Grega, nem de longe se parece com a misturação de grãos e de legumes multicoloridos que se perpetra no Brasil. Não leva o pimentão verde e muito menos a cenoura. Não se trata de uma escolha de improviso, mas de um prato principal, com toda a sua dignidade. Os* Garidés, *os crustáceos gigantescos que praticamente todos os restaurantes internacionalizados do país também batizam de "à Grega", igualmente não são empanados com mozzarella – se casam, sim, com o Touloumisso, um queijo branco, supergorduroso, vigorosamente picante, proveniente das fraldas do monte Parnaso, com todas as bênçãos do bom Zeus.*

Pede a tradição, ainda, que um Pilafi *se aromatize, mesmo que delicadamente, com uma talagada de* ouzo, *a aguardente de anis que representa a bebida nacional daquele país. Afinal* Pilaf, Pilafi *ou* Pilau, *alquimias assemelhadas, existem desde a Ásia à Turquia, passando pela África do Norte, cada qual com os seus ingredientes peculiares. Eis a vera grega.*

INGREDIENTES PARA UMA PORÇÃO: 100g de arroz, preferivelmente o convertido. 250ml de caldo suavíssimo de galinha. 1 colher de mesa de uvas passas sem caroços. 1 colher de mesa de cebola micrometricamente picada. 1 colher de mesa de pimentão vermelho picado. 1 colher de mesa de ervilhas cruas. Sal. Pimenta-do-reino. 1 colher de chá de *ouzo*. Azeite de olivas.

MODO DE FAZER: Numa caçarola pequena, aqueço um fundo de azeite. Agrego o arroz. Mexo e remexo. Despejo o caldo de galinha, já fervente. Misturo e remisturo. Retomo a ebulição. Rebaixo o calor. No momento em que o líquido se reduz ao topo dos grãos, incorporo as passas, a cebola, o pimentão e as ervilhas. Acerto o ponto do sal e da pimenta-do-reino. Mexo e remexo. Despejo o *ouzo*. Remisturo. Cubro a panela. Termino o cozimento, como no caso de um arroz normal. Seco bem, fora da chama.

POLENTA

Polenta

Um belo provérbio do norte da Itália diz que a Polenta *representa o sol na mesa, durante o escuro do inverno. Na sua essência, todavia, a iguaria não nasceu na Velha Bota – mas na Grécia de Péricles, cerca de quinhentos anos a.C., quando tinha o nome de* poltos. *Não se usava, então, o milho, desconhecido na Europa até o século 15. Participavam do* impasto, *em seu lugar, outros cereais como o* orzo *ou o trigo sarraceno, na forma de uma sopa densa, praticamente uma papa, um mingau. Os romanos absorveram a alquimia e lhe deram o apelido de* puls. *Graças a ela, inclusive nos idos de Augusto, ao redor do ano zero, apareceu o primeiro prato com* griffe *em toda a humanidade, a* Puls Julia, *fundeada na região em que hoje se localiza Veneza, a papa enriquecida com mel e queijo. Logo a coisa se tornou obrigatória na ração das tropas de César. Durante a dominação do norte da África surgiu uma outra marca registrada, a* Puls Punica, *o mesmo* impasto *mesclado a partes de carneiro.*

Através dos marinheiros de Colombo, a Europa deparou com o milho sagrado dos astecas. Tanto na sua integralidade, as espigas que os nativos da América assavam num braseiro, como na forma de pó, que eles misturavam à água, transformavam em panquequinhas e, supercivilizados, douravam num óleo extraído da mesma matéria--prima. Único problema: muito adiantados, os astecas se esmeravam em ciências várias, da astrologia à climatologia, mas não dispunham da roda, inacreditavelmente, e por isso eram pobres, quase jejunos, nos princípios da agricultura, as terras aráveis.

O milho que viajou à Europa, dessa maneira, não passava de um produto primitivo, feio mesmo – e demorou bastante a ser aceito como item da gastronomia. De todo modo, semelhante ao grão turco que os mouros haviam implantado na Espanha, sobreviveu. Melhor, da mistura das espécies surgiu uma outra, superior, particularmente no nordeste da Itália, onde a vera Polenta *se tornou, nos últimos trezentos anos, uma comida crucial. A sua receita é rigorosa, ritualística, um símbolo da união familiar, pois habitualmente duas ou três pessoas participam da sua realização. De apetrechos, exige apenas dois, porém dois introcáveis – o paiolo de cobre, um panelão hemisférico, proibidos os cantos vivos, e a colher de madeira.*

INGREDIENTES PARA UM QUILO DE POLENTA: 1 litro de água fresca. 1 colher de mesa de sal. 500g de farinha de milho bem moída.

MODO DE FAZER: Salgo a água. Levo à ebulição. Aos poucos, em chuva, a fim de evitar os grumos e de impedir que a temperatura se rebaixe bruscamente, vou despejando a farinha e mesclando com rigor, sem uma única interrupção. No momento do cansaço eventual, entrego a colher a alguém. No processo, paulatinamente, a *Polenta* vai-se mostrando cada vez mais justa e mais espessa. Chega ao ponto quando principia a se soltar do *paiolo*, aproximadamente meia hora de operação. Os tradicionalistas, no entanto, ainda trabalham o *impasto* por outros trinta minutos. De fato, quanto mais cozida fica a iguaria, menos amargo é o seu resultado. Isso posto, lança-se a *Polenta* numa prancha arredondada de madeira e se cortam os seus pedaços em losangos, com um barbante, jamais uma faca.

•

Uma *Polenta* serve para tudo. Come-se assim, quente ou mesmo fria. Podem-se fritar os seus losangos. Podem-se assá-los ao forno. Uma *Polenta* participa do café da manhã, como prato de emtrada ou de escolta em todas as refeições. Vai de lanche à escola ou ao trabalho. Uma *Polenta* se combina a uma infinidade de outras alquimias. Idealmente se casa com os queijos. Fica delicioasmente rústica com o *Gorgonzola* derretido. Fica requintadérrima com o *Mascarpone* e lascas tenras de tartufos ou de cogumelos crus.

RISOTTO ALLA MILANESE
Risoto à Milanesa

A expressão risotto *significa, divertidamente, um diminutivo, "arrozinho". E na verdade este prato se originou, mais de quatrocentos anos atrás, depreciativamente, num risível acidente, um escorregão providencial, azar que transformou uma trivialidade em uma fantasia exuberante.*

Hoje o alimento mais comum no universo depois do pão, o arroz provém do Oriente, entre a Índia e a China, onde cresce praticamente como praga. A sua abundância impressionante, naquelas regiões, fez dele uma coisa quase sagrada, dominada a pulso de pedra pelos potentados locais. Exércitos controlavam as suas plantações, de maneira a impedir que um inimigo qualquer pudesse sequestrá-las ou no mínimo arruiná-las.

Datado da Idade do Bronze, o arroz apenas viajou à Europa nos idos do século 9. O seu meio de locomoção, porém, ainda permanece um mistério na avaliação dos bons pesquisadores. O principal deles, Waverley Root, aponta para os mouros, os seus introdutores na Espanha, a província da Andaluzia. Giuliano Bugialli concorda. De todo modo, a sua citação inicial, na bibliografia gastronômica, apenas surge em 1379, quando um certo abade de Lagny ofereceu a iguaria, misturada com amêndoas, em um banquete aos aristocratas de Paris. Na mesma época, 1380, Guillaume Tirel, apelidado Taillevent, mestre de cozinha do rei Carlos VI, enfim publicou o livro antológico Le Viandier, *contendo algumas receitas de arroz.*

Foi a Itália, todavia, que o arroz adotou como segunda pátria. Instalado na Sicília, nos arredores de 1400, o produto subiu a Bota até aparecer no vale do rio Pó, no Piemonte, na Lombardia e no Vêneto por volta de 1450. Sempre bem-humorado, Vincenzo Buonassisi atribui o trânsito a um missionário, carregador de um punhado de sementes no castão de sua bengala. Talvez. De qualquer forma, nenhum outro povo do planeta se esmerou tanto no aprimoramento das espécies como o norte-peninsular.

Ocorre que o arroz vive de ciclos. Um determinado tipo evolui, atinge o apogeu, e então decai. Nessa fase de cansaço precisa ser substituído. Na Itália, esse processo de câmbio se realiza cientificamente, e de maneira admirável. Lá existem três categorias essenciais: o arroz comum, o fino e o semifino. Para um risotto, *o melhor é o fino, que absorve muito bem os líquidos do cozimento e não perde o seu desenho, o seu aspecto. Os seus subtipos mais importantes:* Vialone, Arborio *e* Razza.

O Risotto alla Milanese, *símbolo da sua raça, nasceu em 1574, na preparação da festa de casamento da filha de Valério da Profondavalle, um artesão flamengo, encarregado da montagem dos vitrais do duomo da capital da Lombardia. Na época, se utilizavam os pistilos de açafrão como pigmento na pintura de afrescos ou na coloração de cristais. Por acaso, inadvertidamente, um dos ajudantes de Profondavalle deixou cair um pacotinho da preciosidade num panelão de arroz. Passado o susto, o chefe incumbido do repasto se admirou com o paladar da mistura e com a sua tonalidade soberbamente dourada. Além disso, havia a questão da economia. Embora raro e caro, o açafrão era mais acessível do que o pó de ouro – que em muitas vezes funcionava como elemento de decoração nas grandes receitas.*

Proliferam os estilos de feitura de um Risotto alla Milanese. *Fritam-se os grãos? Usa-se ou não o vinho no seu cozimento? O branco ou o tinto? E o queijo, parmesão, entra no meio ou no final da realização? As alquimias mais antigas seguramente não ostentam o fermentado na sua composição. O álcool, no entanto, auxilia na dissolução das gorduras e por isso torna o prato mais tranquilamente digerível, explica Buonassisi, o teórico que consolidou a história inteira das comidas na Itália. Passo adiante a formulação que ele considera a mais justa e mais correta.*

INGREDIENTES PARA UMA PORÇÃO: 100g de arroz. 20g de manteiga. 20g de parmesão, finamente ralado. 15g de tutano bem picadinho. 3 filetes de açafrão (ou ½ colher de café da especiaria em pó). 1 colher de sopa de cebola micrometricamente triturada. 1 ½ xícara de chá de caldo de carne ou de galinha, meticulosamente coado. ½ xícara de chá de vinho branco, bem seco. Sal. Pimenta-do-reino.

MODO DE FAZER: Numa caçarola, derreto metade da manteiga e, nela, rapidamente refogo a cebola, até que se murche. Agrego o tutano. Mexo e remexo, de maneira a dissolvê-lo. Despejo o arroz. Mexo e remexo, vigorosamente, evitando que se pregue ao fundo da panela. Banho com um pouco do caldo. Misturo e remisturo. Quando os grãos começam a assumir o líquido, incorporo mais caldo, já com o açafrão bem desmanchado em seu interior. Repriso e repriso a operação. Esgotado o caldo, derramo o vinho e acerto o ponto do sal e da pimenta-do-reino. No derradeiro instante, introduzo o restante da manteiga e o parmesão, a fim de amalgamar o risoto.

•

No Brasil, o arroz mais conveniente para a perpetração do prato é o convertido, que não se quebra e chega ao momento preciso sem virar papa. Aliás, também com o convertido se pode cometer um Risoto improvisado, com a matéria-prima já cozida. Quanto ao vinho, tem de ser, obrigatoriamente, de excelente qualidade, o mesmo que se leva à mesa para beber. Claro que um vinho seco, para não comprometer a sutileza do açafrão. Com um tinto se executa o legítimo *Risotto alla Piemontese* (Risoto à Piemontesa), que eu também aprendi com o caríssimo Vincenzo Buonassisi.

INGREDIENTES PARA UMA PORÇÃO: 100g de arroz. 30g de manteiga. 1 xícara de chá de vinho tinto, preferivelmente um Barbera. 1 colher de mesa de cebola micrometricamente triturada. 1 colher de mesa de purê de tomates. 1 xícara de chá de caldo de carne ou de galinha meticulosamente coado. 30g de parmesão, finamente ralado. Sal. Pimenta-do-reino.

MODO DE FAZER: Numa caçarola, derreto metade da manteiga e, nela, rapidamente, refogo a cebola, até que se murche. Despejo o arroz. Mexo e remexo, vigorosamente, evitando que se pregue no fundo da panela. Banho com um pouco de vinho. Misturo e remisturo. Quando os grãos começam a assumir o líquido, incorporo mais vinho, evaporando o seu álcool. Repriso e repriso a operação. Esgotado o vinho, derramo o caldo e acerto o ponto do sal e da pimenta-do-reino. No derradeiro instante, introduzo o restante da manteiga, o purê de tomates e o parmesão, a fim de amalgamar o Risoto.

MASSAS & MOLHOS

PASTE VARIE
Massas Várias/Macarrões

Apesar da insistência da pesquisa séria, apesar do desencontro irrefutável dos fatos e das datas, a grande parte do planeta, inclusive o Brasil, permanece acreditando que o macarrão nasceu na China e que o viajante Marco Polo foi o seu introdutor na Europa, através da Velha Bota. Eu chegarei rapidamente à destruição de tal mentira. Antes, prefiro discorrer um pouco sobre a raiz, a origem da expressão.

Pasta, *ou massa, o singular de* paste, *provém do grego* pastillos, *frequentemente encontrado nos poemas culinários de Horácio. Macarrão talvez derive do helênico* makària, *uma sopa de pelotinhas de cereais que um outro vate olímpico, Ésquilo, também citava em sua obra. Nova possibilidade é o latino* macco, *um caldo de favas e trigo de dois mil anos atrás, seguramente a matriz da hoje popularíssima* Minestra di Fagioli.

Muito mais correto, entretanto, me parece estacionar na ilha da Sicília e no dialetal maccaruna, *plural de* maccaruni, *filhos substantivos do verbo* maccari, *que significa "esmagar ou achatar com força", um termo utilizado na região desde o século 9. Os grãos da sêmola do trigo local, o* Triticum durum, *exigiam um esforço enorme na sua moagem, antes de serem mesclados à água fresca e a um pouco de vinho branco, a formuleta de então. Marco Polo entra na História pela porta equivocada e graças a um erro terrível de interpretação. Um aventureiro veneziano, ele viveu de 1254 até*

1324. Adolescente, partiu com o pai e com um tio, comerciantes poderosos, rumo ao Oriente, em 1271. Lá permaneceu mais de duas décadas, na terra de Fanfur, protegido pela monarca Kublai Khan, que o cobriu de honrarias e inclusive lhe entregou o comando de seus soldados.

De retorno à Bota, em 1295, começou a arquivar as suas rememorações num livro, Il Milione, *repleto de informações – e de um universo de fantasias. Para piorar a coisa, ao editar o volume, no século 16, o trevisano Giambattista Ramusio traiu o Polo com uma nota empulhativa de pé de página. Falava o aventureiro de uma planta, o sagu, com que os nativos de Fanfur perpetravam* "mangiari di pasta assai e buoni", *literalmente "comidas de massa suficientemente gostosas". A fim de, à sua infame moda, aclarar a explicação, Ramusio completou:*

"Com tal produto se faz uma farinha limpa e trabalhada, que redunda em lasanhas e nas suas variedades, elogiadas e levadas pelo Polo a Veneza em suas malas".

Ramusio cometeu um crime. De todo modo, deu a pista do seu desvendamento na sua própria intromissão. Ao anotar "lasanhas", ele admitiu, diretamente, que as mesmas já existiam na Itália. De inédito, mesmo, havia meramente a farinha de sagu colhida pelo viajante.

A palavra lasanhas, *no plural, vem do latino* laganum, *um milênio anterior a Marco Polo, como o dialetal* maccaruna, *mais antigo ao menos quatrocentos anos. Sempre e sempre,* paste *à base de trigo e não de sagu. Paralelamente, também é uma estupidez a lenda relatada pela jornalista napolitana Matilde Serao no final dos 1800, no seu texto* Il Segreto del Mago.

Serao ambienta a sua baboseira na Nápoles de Frederico II de Svevia, ao redor de 1220. Um feiticeiro de nome Chico (leia-se Kiko), depois de noites e noites de experiências infrutíferas, chegou enfim à composição do macarrão. Uma vizinha sua, no entanto, de nome Jovanella (leia-se Iovanela), roubou-lhe a iguaria para servi-la ao marido, cozinheiro do rei.

Beleza de historieta, não houvesse o cuca montado a alquimia sob um molho de carne e de tomates – que só apareceriam na Itália no século 17.

Encerra qualquer polêmica um tratado de geografia encomendado pelo monarca Rogério II, o Normando, o dominador da Sicília, no século 12, muito antes do Polo, ao filósofo árabe Abu Abdallàh Muhammad ibn Idrìs. Intitulado Nuzhat Al-mushtàq fi Ikhtiràq Aç-afáq, *ou "O prazer de quem se apaixona por conhecer o mundo", posteriormente mais famoso como* Il Libro di Ruggero, *o livreto foi completado em 1154, poucas semanas antes da morte do Normando. Insisto, muito antes de Polo. Num dos seus trechos, Idrìs afirma textualmente que, entre a ilha e a região da Calábria, travou contato com um produto batizado de itriya, um* impasto *de farinha, água e vinho, no formato de fios longos, deixado ao vento para secar e assim ganhar uma melhor conservação.*

A conexão com aletria, *o macarrão mais fino da família dos* spaghetti, *é óbvia e elementar. Aliás, no glossário levantino* Bar Alí, *também milenar, se explicita, claramente, a definição fatal: "Lâmina de massa cortada em tiras". Ok. Descartado sem remissão Marco Polo, me resta passear um pouco através dos métodos de preparação das* itriya, *ou* trujje, *no idioma siciliano, assim como dos seus sucedâneos, as outras muitas* paste varie.

A mais antiga combinação jamais codificada exibia, além dos fios de massa, o queijo de cabra raladinho, pimenta-do-reino e, no topo de tudo, um ovo frito que se rompia e se mesclava ao resto. Logo em seguida, nos séculos 12 e 13, entraram no palco o alho e o azeite. Com a difusão do alimento Itália acima, tornou-se imperiosa a criação de uma cozinha dedicada à massa. E também nesse departamento a Sicília foi a pioneira.

Ao alho e ao azeite se agregaram as anchovas e as sardinhas. As suas ovas. O atum fresco ou defumado. As verduras. Utilizava-se, inclusive, o mel, o macarrão na sobremesa. No século 15, a iguaria já cobria a Bota inteira. Vem de então a pasta com pesto *à moda genovesa da Ligúria, no extremo noroeste da península, quase a fronteira com a França. Depois, ocorreu no globo a revolução de um fruto capturado pelos espanhóis na costa do Pacífico das Américas, algo que os astecas apelidavam de* tomatl.

Quase uma praga, facílimo de se plantar, fulminante no crescer, o fruto desembarcou na Europa com bastante fama de beleza, mas, nos

seus tempos iniciais, sofreu até perseguição Devorava-se o tomatl, *já renomeado tomate, ainda verde, com os talos e com as folhas, que produziam indigestão e até mesmo, às vezes, a morte. Por volta de 1530, a coroa ibérica proibiu a sua comercialização como alimento. Tomate, apenas como elemento de decoração.*
    Deu-se o milagre. Desprezado, o tomate pôde amadurecer. Ficou ainda mais bonito e mais palatável. E em seu estado rubro dois povos italianos simultaneamente descobriram modos formidáveis para o seu aproveitamento. No século 17, o napolitano passou a colocar o tomate na sua picea, *a mãe da* pizza. *E o siciliano passou a colocar o tomate, em pedaços fritos com azeite, nas suas* trujje, *as avós dos* spaghetti.
    A receita mais antiga de que se tem notícia com tomate se chama Assassunata: *além do azeite, sal e especiarias como o orégano e outras ervas. A expressão* assassunare *é uma corruptela do francês que significa temperar, hábito implantado na Europa nos entornos do século 12, época da maior influência gaulesa na Sicília, com o pai de Rogério II. O ovo como ingrediente da massa? Essa, ao menos, foi uma ideia de um povo do norte, uma engenhosíssima solução para o problema da má qualidade da farinha setentrional. Nela há menos glúten, uma substância de natureza albuminoide, muito rica em proteínas, duas das quais, a gliadina e a gluteína, apenas se casam em contato com a água. Ainda: o glúten do trigo de grão mole não ostenta a mesma potência do meridional.*
    Descobriu o glúten um médico e naturalista peninsular, Jacopo Bartolomeo Beccaro, no século 18. Bem antes, todavia, a gente da Ligúria já tinha encontrado acidentalmente, inadvertidamente, um reforço natural para a fragilidade do seu glúten – precisamente o ovo, como complemento da água e do vinho ancestrais da formulação das trujje. *Do matrimônio desses elementos surge um coloide, uma espécie de rede que aprisiona as minipartículas de amido da farinha. Ao se secar a massa, a rede se contrai – mas não se rompe. Ao se cozinhar a massa, ela recupera e até mesmo multiplica a sua elasticidade. Por isso o macarrão cresce. Por isso o macarrão de trigo duro cresce bastante e permanece* al dente.
    Até o século 20, a secagem da pasta *transcorria ao ar livre, prejudicadíssima nas ocasiões de chuva ou de grande umidade. Em*

1919, enfim, um artesão mecânico inventou a primeira máquina de enxugamento artificial, em Torre Annunziata, nas proximidades de Nápoles e de Salerno, na região da Campânia. Fulminantemente proliferaram os pastifícios e, num lógico desdobramento, proliferaram os tipos de macarrão.

A explosão incontrolável se daria em 1933, quando Giuseppe e Mario Braibanti, dois manos de Parma, Emilia-Romagna, o centro--norte da Itália, criaram um equipamento de produção em série, da misturação à embalagem, com trafilas intercambiáveis. Uma única linha, assim, tornou-se capaz de fabricar dezenas e dezenas de desenhos diferentes.

Hoje, é impossível calcular quantos tipos de macarrão existem no planeta. Tanto que sequer se deve mais apelidá-los, todos, genericamente, por essa alcunha, macarrão. Na Bota, basta um mero par de quilômetros para o formato se alterar e a denominação também. Pior acontece quando determinado corte se muda de pátria e se descaracteriza. Já constatei eu mesmo que os parafusos no Brasil têm sete denominações diversas somente no sul da Itália: eliche, fusiddi, fusilli, incannulati, maccarrones-a-ferritus, tortiglioni e turciniateddi. *Para simplificar a vida, inclusive, dos proprietários e dos chefes dos restaurantes destas plagas, além, espero, para encantar a leitura do diletante e do descompromissado, alinhavo, logo adiante, uma relação quase completa de espécies, sempre e sempre com sua história acopladinha.*

AGNOLOTTI

Agnillini/Agnolini/Angiulottus/Anolini

Sem falar do resto da Bota, a família dos agnolotti, *datada do século 14, ostenta inúmeras variações apenas no seu original Piemonte. No departamento das massas recheadas, somente são mais antigos os* ravioli. *Alguns cronistas asseveram que o nome deriva de* agnello, *ou cordeiro, o ingrediente básico do seu suposto* ripieno, *seiscentos anos atrás. Tolice. Vem mesmo de* anôlot, *um termo regional que significa "aro ou anel", o instrumento que se usava, no passado, para cortar a massa.*

Os agnolotti, *então, eram redondos e dobrados ao jeitão de um pastel. Só no século 18 ficaram quadrados. No trajeto, de passagem pela Toscana, o* anôlot *absorveu o* g *entre o* a *e o* n *– daí a confusão. O seu* ripieno *clássico leva uma insignificância de arroz e um miolo de presunto e outros ingredientes. Atualmente, porém, é impossível estabelecer um padrão. Cada rua, cada bairro, cada lugarejo possui o seu e o considera imbatível – embora prevaleça, como molho de escolta, aquele das carnes bem assadas. A expressão* agnillini *representa o dialetal siciliano para os* agnolotti. *O seu desembarque na ilha ocorreu logo depois de 1713, quando o Tratado de Utrecht concedeu, ao setentrional Vítor Amadeu de Savoia, a coroa da província. O seu recheio utiliza carnes suínas e ricota fresca. O molho, muito pesado e gorduroso, se fundamenta na linguiça.*

Os agnolini *se localizam em Mântua, no sul da Lombardia, e são um tico menores do que os* agnolotti. *Participam do seu ripieno as carnes de boi ou de peito de frango. Servem-se geralmente num* brodo.

A palavra angiulottus *designa o produto na Sardenha. A sua chegada aconteceu no comecinho do século 19, quando Vítor Emanuel I de Savoia, acuado por Napoleão Bonaparte, fugiu de Turim e se refugiou em Cagliari, no mar Tirreno, levando consigo os seus patisseiros piemonteses.*

Os anolini, *os miudinhos da estirpe, se espalham de Piacenza a Parma, na fronteira da Lombardia com a Emilia-Romagna. Muito delicados, se preenchem com uma mescla de carne bem cozida, ovos e queijo curado. Assumem, respectivamente, os dialetais* anvèin *e* anolen.

AVE MARIA
Coralli/Ditali/Paternostri

Especiais para as sopas, estes tipos pequeninos são conhecidos há oito ou nove séculos – e nasceram naturalmente do corte de peças grandes em pedaços menores. A operação, inicialmente destinada a simplificar a refeição das crianças, logo agradou aos adultos, que consolidaram a ideia. Todos provêm da Sicília, onde receberam, lá atrás, o nome de curadduzzi, *o dialetal para os naquinhos com que se fazem colares ou pingentes de coral.*

Das peças inteiriças surgiram as furadinhas, mais convenientes ao prazer de um brodo *ou de um caldo qualquer. Aos mais espessos, o siciliano chama de* curadduzzi russi. *Aos mais delgados, de* curadduzzi mínuti. *Em Roma, ambos ganham, respectivamente, a denominação de* paternostri *e* avemarie, *uma sugestão dos grãos do terço dos católicos. Em praticamente todo o restante da Itália eles são, porém, os* coralli.

Os ditali, *acentuados tonicamente no* a, *participam da família como primos. Têm um tamanho ainda maior do que os* paternostri, *e o formato, literalmente, dos dedais utilizados pelas costureiras e pelos alfaiates. Existem os* ditali *lisos e os* rigati, *com a superfície estriada.*

Bucatini
Maccheroni/Forati/Fusilli/Perciatelli/Sedani

Na realidade, os chefes desta família são os sicilianos pirciateddi *– a expressão plural-diminutiva de* pirciatu, *que significa "furado". Eles possuem praticamente a idade das* trujje. *Seus primitivos fabricadores logo descobriram que os fios de massa ficavam secos mais depressa quando eram vazados em seu interior. Para obtê-los, basta abrir uma lâmina de massa e enrolar os seus pedaços, no sentido longitudinal, sobre um araminho qualquer.*

Da ilha o ramo subiu até Nápoles, por volta do século 15, quando o seu nome se adequou ao idioma da região e os pirciateddi *se tornaram* perciatelli. *Claro que Roma, nobre e formal, não aceitaria se submeter a uma invasão total. Quando os* perciatelli *aterrissaram na Cidade Eterna, ela imediatamente os rebatizou de* bucatini *– pois* buco *também é buraco.*

Curiosamente, neste departamento, foi triste o destino da palavra maccheroni, *que originalmente designava todos os gêneros de massa, inclusive as* trujje. *Com o desenrolar do tempo, os regionalismos açambarcaram o poder do apelido primacial. No século 14, à exceção do sul e de Roma, os vazados longos ainda se chamavam* maccheroni. *Hoje, contudo, a alcunha apenas subsiste no leste da Bota, da Apúlia aos Abruzos – e com um sentido totalmente diferente. Serve para caracterizar a massa cometida em um equipamento específico, por exemplo,* Maccherone alla Chitarra, *a lâmina do impasto cortada através de um sistema de cordas metálicas, como de um violão.*

No máximo, com o tal furo, sobrevive o pobre maccheroncino de algumas regiões centrais da nação, que se recusaram a adotar os bucatini *dos romanos. Mesmo o* maccheroncino, *no entanto, está desaparecendo sem prantos. Rompe-se a qualquer contato e, a fim de evitar reclamos e/ou desperdícios, por causa das dificuldades óbvias do seu embalamento, os grandes pastifícios vão paulatinamente retirando o tipo do mercado.*

Na Calábria, o pé da Bota, os velhos maccheroni, *ou* pirciateddi, *foram batizados de* fusilli. *Uma razão levemente lógica apoia o conceito. Em italiano, fuso quer dizer "eixo". A alcunha, de todo modo, me parece bem mais adequada a um outro estilo de corte, sobre o qual eu também discorrerei além, no departamento dos parafusos – os* tortiglioni.

Cannelloni

Embora exista gente que acredite vir a denominação de canela, Dio mio, *a expressão brotou mesmo de cano ou canudo – e, corruptelas à parte, tem os seus alicerces nos tempos dos romanos. Dois milênios atrás já se faziam panquecas – sem falar do* laganum, *a massa delicada e bem aberta e larga que um dia gerou as providenciais lasanhas. Já se faziam, também, os embriões dos* cannelloni, *inspirados no escorrimento da água pelos aquedutos que conectavam as nascentes altas com a Cidade Eterna.*

Mesmo atualmente se comete o tipo com os dois estilos – as lasanhas são pré-cozidas, as panquecas são pré-fritas. Tudo depende, na Itália, sempre e sempre, das idiossincrasias de cada região. Na Emilia-Romagna estão presentes os borlenghi. *Na Toscana, os* ciaffagnoni. *Nos Abruzos e no Molise, os* scripelli. *No Lácio, as* fregnacce.

O recheio clássico, mais tradicional, leva carne, ovos e queijo, o conjunto eternamente terminado no calor de um forno. Hoje, porém, tudo serve no interior de um cannellone *(singular) ou de vários* cannelloni *(plural), até mesmo os frutos do mar, novidade da cozinha moderna da Itália. Um sucedâneo dessa modernização são os chamados* tocccheti *– ou canudos cortados em pedaços menorzinhos. Embora* tocco, *na realidade, signifique "barrete, chapeuzinho ou carapuça", vale o lance de rejuvenescimento.*

CAPELLINI
Capelli d'Angelo/Capelvenere/Spaghettini

Os restaurantes brasileiros erram absurdamente na grafia desta expressão e de seus correlatos. Quantas vezes eu não deparei com cappellini, *um* p *agregado ao outro, sem razão. Fique eternizada esta regra de memorização: o que parecer com cabelo,* capello, *tem um* p *só. Aquilo que lembrar um chapéu ou sucedâneo, capacete, boné,* cappello, *precisa da consoante em dobro.*

Isso explicado, afirmarei que os capellini *são irmãos intimérrimos das* trujje *sicilianas. Ainda hoje, em muitos logradouros escondidos da ilha coração do mar Mediterrâneo, se realizam, como mil anos atrás, fantásticas competições entre as cozinheiras da região. Cada qual comete a sua massa e desanda a abri-la em fio e a enrolá-la em novelo, com uma rapidez que impacta o visitante sem informação. A ganhadora do troféu às vezes chega a perpetrar* trujje *finérrimas de 100 a 120 metros de comprimento. Importante: o fio não pode se partir. Quando o novelo se rompe, a humilhação é muito mais forte do que a eliminação.*

Leva-se a coisa tão a sério na Sicília que o estilo, por lá, ostenta um par de nomes diferentes: além de capiddi d'ancilu, *os cabelos de anjo, se usa a expressão* scuma, *de linda poesia. Scuma significa "espuma". Nada mais apropriado para representar a mágica leveza da iguaria.*

Um verdadeiro capellino *ostenta pouco menos de um milímetro de espessura. Aliás, mesmo essa dimensão é complicadíssima de se conseguir. No cozimento, basta um banho de poucos minutos em água já fervente e,* presto, *a massa fica pronta. Uma distração significa transformá-la numa papa.*

Na opinião dos tradicionalistas, com a qual eu concordo, deve-se oferecer o pitéu sob molhos descomplicados, como um sugo fresco de tomates, levemente temperado, ou um consommé, no máximo um caldo de carnes brancas. Mesclar os fiozinhos a um batalhão de queijos, como se abusa no Brasil, agrilhoa a alquimia. E a receita, num instante, vira cola.

Porque a nobreza do norte da Bota privilegia os escalões superiores, acima de Roma os cabelos de anjo se promoveram a capelvenere, *uma honraria a Vênus, a deusa do amor. Em cima do muro, os napolitanos e os seus circunvizinhos preferiram assumir outras terminologias diminutivas como* fidelini, spaghettini *e/ou* vermicellini. *Eu retornarei a elas nas páginas seguintes.*

Em algumas partes da Bota os capellini *são desidratados na forma de ninhos, os* nidi. *Povos do nordeste, em especial no Vêneto, não aceitam os tais fiozinhos de maneira diferente. Tanto que o sul do Brasil, onde a sua imigração foi mais forte, consome mais ninhos do que qualquer outra região do país. Trata-se, porém, de um preciosismo exagerado. Na panela, os* nidi *se desfazem e a pasta reassume o seu aspecto inicial.*

CAPPELLETTI

Tortellini/Tortelloni/Turtlein

Destrinchar este capituleto exige a meticulosidade quase neurótica de um ourives e, principalmente, a paciência de um diplomata.

Tudo começou no século 13, em Cremona, entre a Emilia-Romagna e a Lombardia, consequência da aparição dos ravioli, *a primeira das* paste *com recheio – e eu me aprofundarei no tema, na sua sede apropriada. Usava-se então um desenho quadrado e, no interior, ora o queijo ora a carne. A coincidência de aspectos, todavia, complicava o comedor. Às vezes, em um único prato, se misturavam desastrosamente as duas versões.*

No século 14, eu já disse, se criaram no Piemonte os redondos anôlot *ou* agnolotti. *Ambas as opções se espalharam desde a Úmbria até os Alpes. Lógica consequência, a ampliação da homenagem à geometria. Um patisseiro com o prazer da matemática resolveu manter os seus* ravioli *de queijo no quadrado e realizar os de carne no traçado de um triângulo. Melhor, talvez de brincadeira, decidiu enrolar o triângulo num dedo, retorcendo as suas pontas e concedendo à coisa o estilo divertido de um barrete.*

O nome da iguaria eclodiu espontaneamente: cappelletto, *chapeuzinho. Aconteceu, no entanto, que ao menos uma cidade da inteira região, Bolonha, a autoconsiderada capital gastronômica da Bota, se recusou a aceitar a novidade. Àquela altura, a sua elite já exigia dos seus mestres-cucas uma alquimia exclusiva e singular. Na ausência de um talento maior, Bolonha apelou para a imitação: um* cappelletto *perpetrado a partir de um* raviolo *de carne no formato de uma meia-lua e não de um triângulo.*

Duas lendas, igualmente charmosas, recuperam a raiz do nome.

A primeira fala de uma guerra entre deuses. De um lado, em favor de Módena, a terra de Luciano Pavarotti, também na Emilia-Romagna, se apresentaram Baco, Marte e Vênus. Em favor de Bolonha, Apolo e Minerva. Três contra dois, uma vantagem inútil, posto que Baco vivia embriagado. À noite, cansada, Vênus se recolheu à cama. Ao despertar, na manhã seguinte, sem notícias dos parceiros, trinou uma campainha em busca da sua servente. Apareceu no quarto o dono da hospedaria. Assustada com a entrada de um homem, Vênus tentou se recobrir com o lençol. Um golpe de vento, contudo, fez voar o pano, deixando à mostra a barriga da princesa. Empolgado com a erótica visão, o estalajadeiro velozmente acorreu à sua cozinha e se esforçou para reproduzir, com um punhado de pasta, nada mais do que o umbiguinho da linda Vênus. À falta de outra designação, digamos, digna do seu tesão, apelidou o macarrão de tortellino, *um tortinho em dobro. Quem duvidar que critique o bolador da legenda, o engenheiro bolonhês Giuseppe Ceri, lá de meados do século 16.*

A segunda versão foi cometida na mesma época pelo teatrólogo Ostílio Lucarini, uma comédia toda ela dialetal. Determinada madrugada, Minghein Brentazzol, um rico mercador de Bolonha, surpreendeu a mulher na cama com o seu cozinheiro Pirulein, que vasculhava o umbigo da dama com os seus dedos ágeis. A fim de se safar do flagrante, a mulher fingiu dormir. Arguto, rápido, Pirulein se explicou: procurava inspiração para a nova pasta de que a cidade necessitava. Brentazzol então desafiou o cuca a corporificar a sua ideia em uma hora. De volta à sua bancada, Pirulein tomou de um raviolo *de carne, aparou as suas bordas retas e montou uma esculturinha à imagem da lembrança de que dispunha, o recém-acariciado* bliguel *da sua patroa e cálida amante.*

Ousado, ou cínico, Pirulein até propôs que a nova iguaria recebesse o nome da senhora, Levraina. Para se livrar do problema e da cornamenta, o mercador achou melhor que a iguaria se chamasse turtlein, a expressão idiomática de Bolonha para tortinho, ou enroladinho. De turtlein, posteriormente surgiriam tortello/tortelli e tortellino/tortellini. Graças a Vênus, ou à infiel Levraina, a cidade enfim ganhou o seu rival dos cappelletti. O leitor está livre para escolher a sua interpretação mais cara. De volta à objetividade, fique claro que os tortelli são maiores do que os tortellini. Quanto aos tortelloni, esses não existem na bibliografia ou nas antologias culinárias da Itália. Surgiram bem recentemente, trinta ou quarenta anos, nos menus de Bolonha e circunvizinhanças. Claro que são maiores do que os tortelli e os tortellini.

Casônsei/Casonziei
Casoncelli/Cialzons/Culingiones/Culurzones/Marubini

Bérgamo, na Lombardia, por séculos disputou, contra Bolonha, a liderança cultural da alta culinária da Itália. Esta é a sua mais ilustre preciosidade – e uma relíquia com a genealogia e a idade devidamente documentadas. Castello Castelli reconta a criação dos casônsei no seu texto Cronaca di Bergamo, datado de 1390. O nome, no provincialismo local, brotou, possivelmente, do seu recheio de queijo, casôn, cacio.

Trata-se de uma iguaria essencialmente nortista, de formato retangular. Cortada, preenchida, montada e descansada a pasta, o patisseiro lhe dá um golpe seco que a entorta, como num cotovelo. Em viagem ao vizinho Vêneto, mais precisamente nos entornos de Belluno, os casônsei viraram casonziei – e trocaram de ripieno. No lugar do queijo, entraram os espinafres, o presunto cozido, um toque de canela. Em ambas as situações, a maneira mais digna de oferecê-los exige um molho de manteiga e ervas, um tico de ricota defumada. Em ocasiões particulares, os bergamascos apreciam devorá-los também com lascas de peras duras.

No Friuli, quase na fronteira da Bota com a Iugoslávia, os casonziei assumiram a designação de cialzons e um recheio exótico, à base de ricota, ovos, pão preto raladinho, uvas passas, várias frutas, *canela e até um pingo de chocolate em pó. Servem-se, invariavelmente, na Páscoa.* Os culingiones *representam a sua contrapartida na Sardenha, o interior forrado de queijos diferentes de leite de ovelhas. A palavra significa* calzoni, *ou calças largas, no dialetal de Cagliari.* Culurzones *seria a sua corruptela nas montanhas do centro-norte da ilha do mar Tirreno.*

Nápoles também possui o seu calzone *– no caso, porém, uma* pizza *que se fecha em cima do recheio, à maneira de um pastel gigante.*

Ultra na moda, no momento, lá na Bota, estão os marubini; *também em fase de implantação, no Brasil, em alguns restaurantes mais inovadores. Do mesmo estilo e da mesma família, os* marubini *provêm do sudoeste da Lombardia e se inspiram em* marù, *um tipo de castanha da região, a base do seu* ripieno.

Farfalhe/Farfalline
Cravatte/Cravattine

Um corte moderno, da fase do macarrão industrializado, a partir do século 20, mais especificamente na década de 40. Basicamente no desenho de uma borboleta, ou de uma gravatinha, se obtém o seu formato através da compressão de uma lamínula de massa na sua parte central. Os tamanhos maiores se utilizam com molhos suaves e cremosos. Os menores fazem parte de um brodo *ou uma sopa.*

Fettuccine
Tagliatelle/Taglierine/Taglioline/Tajarin/Paglia-e-Fieno

Na verdade, em honra da matriz histórica, este segmento deveria ser encimado pela expressão tagliatelle, *os talharins. Eu preferi, porém, abrir um verbete às* fettuccine, *visto que, por uma questão de modismo, nestes últimos tempos elas se tornaram muito mais disseminadas no Brasil.*

A sua origem também é siciliana, um sucedâneo das trujje, *meados do século 13, quando se chamavam, no idioma local,* tagghiarine. *Em essência, se cometia uma lasanha finérrima de* pasta, *que então se cortava, ou se talhava, em tiras longas e estreitas, cerca de cinco milímetros no máximo.*

Do sul ao norte, como de costume, as denominações se alteraram. Na Calábria, despontaram os machos tagliarini. *Na Campânia, em Nápoles, as femeazinhas* taglierine. *Da Úmbria até a Lombardia,* taglioline, tagliatelle. *No Piemonte, um tico mais sutis e mais estreitos, os* tajarin.

Fettuccina, *no singular, quer dizer "fitinha". Trata-se de uma designação tipicamente romanesca, dos idos mais modernos da capital e dos seus dialetos. Igualmente contemporâneo é o casamento* paglia-e-fieno *– um conjunto misto de massa com ovos e com espinafres, nas cores amarelo e verde. Os* paglia-e-fieno *convencionais exibem a espessura das* fettuccine. *No Brasil, contudo, os restaurantes usam tiras mais estreitas, no departamento dos* spaghetti *e até dos* capellini. *Solução tropical.*

Garganelli
Zitelli

  Desta majestosa criação ninguém pode tirar o mérito de Bolonha. E trata-se, efetivamente, de uma pasta *bem mais do que original. O nome advém de um dialetal emiliano, a palavra* garganel, *que poderia significar garganta, mas que, na realidade, quer dizer "esofaguinho".*

  Seu nascimento aconteceu no século 18, quando um cozinheiro da cidade involuntariamente misturou o queijo parmesão à liga que cometia com ovos e com farinha. Formidavelmente, além de um sabor peculiar, o laticínio deu um peso maior à massa. Tanto que foi muito difícil a operação de abri-la, pelo processo habitual do rolo de madeira.

  Provavelmente, na sua atrapalhação, o cidadão pensou em se limitar a uma alternativa para os bucatini *dos romanos ou para os* gnocchi *dos venezianos. Os* garganelli, *no fundo, combinam curiosamente os estilos de seus dois progenitores. Exibem um furo no meio e as ranhuras na sua superfície.*

  Produzi-los representa um divertimento. Cortam-se quadrados, cinco centímetros de lado, a partir de uma pasta lisa de farinha, ovos, parmesão ralado e uma pitadinha de sal. Colocam-se os quadrados, no sentido das suas diagonais, sobre uma pettina, *uma tela com a trama numa única direção – digamos, como dois pentes encostados um ao outro pelas suas bordas livres. Daí, basta enrolar os quadrados num cilindro de madeira, um poleiro de gaiola.*

Resultado: um canudinho gostosamente irregular, mais espesso no meio do que nas bordas, bicudinho em suas pontas. Come-se idealmente num caldo de galinha, ou em um molho denso, com ingredientes que possam penetrar nos seus vazios – por exemplo, a carne moidinha ou os petits-pois.

Os zitelli *são os correspondentes napolitanos dos* garganelli. *Exibe no máximo um dedo de comprimento, um furo no meio, o corte chanfrado nas extremidades – mas com a sua pele exterior bem lisinha. O nome vem de* zito, *o regional napolitano para* fidanzato, *o noivo. Na Campânia, uma* pasta *alcunhada de* zita, *ou* zitella, *a noiva, representou por séculos, entre o 16 e o 19, o prato de abertura dos cerimoniais de casamento.*

Gnocchi
Cavatelli/Cavatieddi/Macaroni/Malloreddus/Pisarei/Troffie

Um ancestral mote toscano, dos arredores de Florença, afirma com severa impiedade: "Ognuno può fare della sua pasta gnocchi". *Ou, literalmente, cada um pode fazer da sua massa um grude. Ou, poeticamente, que cada um disponha das suas coisas conforme indicar a sua crença.*

No princípio, de fato, os gnocchi *mais se adequavam à tradução literal. No singular, lá pelos séculos 14 e 15, no regionalismo longobardo, no norte da Bota, de* knohha *se chamava o pobre retardado, o estúpido, o imbecil. Em Veneza, a expressão virou* nodo *e* nocca. Em outras partes, gneco. *Paralelamente, se utilizava a palavra* nocchio, *ou* njocco, *a fim de descrever os relevos que se bordavam nos tecidos de cerimônia.*

Trata-se, mesmo, de um termo complicado de se interpretar – e de se pronunciar. Tanto que os puristas da Bota, os foniatras da gastronomia, sugerem aos fazedores dos cardápios que imponham um artigo à frente do substantivo, assim: lo gnocco. *O contato dá mais maciez à enunciação. Quanto ao nascimento do formato, duas versões batalham pela razão.*

O grande professor Giuliano Bugialli, florentino, doutor em línguas e excelente cozinheiro, assegura que os gnocchi advêm dos primitivos ravioli, quando eles eram só recheio, sem massa nenhuma ao seu redor. Bugialli chega mesmo a afirmar que ao tal pitéu a sua família deu o apelido de ravioli nudi, ou raviolos pelados. Neste caso, o mestre exagera, absurdamente. Já na Idade Média, nos séculos 13 e 14, sobravam as referências documentais a respeito do produto e da sua denominação, ravioli ignudi. Retomarei o tema num verbete mais adiante. Além disso, a verdadeira matriz dos gnocchi está na farinha mesmo, numa questão de mera economia.

Proliferavam as guerras, as invasões, as reações – e por extensão se multiplicavam as pestes e a fome. No centro de todos os movimentos militares da Europa e do Mediterrâneo, os povos itálicos se defrontaram com a imperiosidade da poupança. Principalmente nas grandes cidades, diariamente iam ao lixo toneladas de pão velho e seco. Num crime contra aquilo que se ensinava às criancinhas, jogavam-se fora as bênçãos de Deus.

Os ricos, como de costume, se alimentavam normalmente, com as suas paste de trigo de grão duro. Aos desprivilegiados, restou a alternativa do reaproveitamento do pão velho. Bastava moer ou ralar o produto desperdiçado e misturá-lo à farinha possível e à água em ebulição. Depois de bem trabalhada e firme, a massa se abria em cilindros longos, da espessura de um dedo ou mais, que então se cortavam em toquinhos. Cada pedaço, finalmente, era raspado num fundo de peneira, o que lhe propiciava uma textura crespa e irregular. Dessa maneira, nela se impregnavam melhor os seus únicos condimentos, a manteiga e o queijo.

Claro que os poderosos, em pouco tempo, absorveram a iguaria dos seus servos, requintando a sua produção e a sua preparação. Enquanto os pobres cozinhavam os seus gnocchi em água pura, no máximo um brodetto, um caldo ralo de vegetais e alguns ossos de galinha, os aristocratas se utilizavam de um líquido nobre, perfumado por cogumelos desidratados. No século 18, finalmente, entrou em cena a batata proveniente das Américas.

O trajeto da tuberosa através da Europa se fez pelo norte, e a batata desembarcou na Bota através da passagem do Tirol, a sua *fronteira com a Áustria. Nos começos, ainda se mesclava um excesso de farinha ao purê da batata bem cozida. Hoje, quanto menos farinha houver, mais leve e refinada e até mesmo digestiva fica a iguaria. Também se perpetram* gnocchi *condimentados ou coloridos por outros vegetais: beterrabas, cenouras, espinafres,* funghi. *Ou com laticínios como o* Gorgonzola *e o* parmesão. *As variações parecem tão espraiadas pela Bota que é impossível catalogá-las todas.*

No calcanhar da nação, a Apúlia, os cavatelli, *ou* cavatieddi, *representam o papel dos* gnocchi *em tamanho menor. Em alguns recantos do Vêneto eles são alcunhados de* macaroni *e, curiosamente, vão à mesa doces, amaciados em leite e temperados com açúcar, canela e um pouco de queijo ralado. Na Sardenha, reinam os* malloreddus, *cuja etimologia vem de um cajado muito apreciado pelos pastores locais. Os* pisarei *residem na Emilia-Romagna, num prato fascinante que mistura os tocos de massa a favas de tamanho equivalente, num jogo de cores charmosamente instigante. Na Ligúria, enfim, os* gnocchi *se chamam* trofie *ou* troffie.

Os dicionaristas hesitam entre as duas possibilidades, mas eu prefiro a mais singela. Afinal, a palavra nasce do verbo tronfiare, *que significa "inchar, bufar". No caso, além de batata e farinha, a pasta ainda leva os ovos. Montam-se as* trofie *na ponta de um garfo, o que lhes impõe um formato de concha entreaberta, com a superfície elegantemente estriada.* Troffiete *não são, necessariamente,* trofie *pequeninas. Comuns na Riviera da Ligúria, nos arredores de Gênova, contam com um pouco de farinha de castanhas na sua composição e ostentam um desenho divertido, como o de uma cobra em movimento, uma sucessão de "esses" na horizontal.*

LASAGNE
Laganelle/Festonata/Reginella

Parece-me desnecessário retornar à matriz romana de seu nome, o latino laganum, *no singular,* lagana *no plural. Numa veloz digressão, porém, faço questão de sepultar o que informam aí uns autores. Em vez das* lagana *dos romanos, eles deliram na pesca de um certo* lasanum, *caldeu, que teria originado a expressão* lasania, *cerca de duzentos anos antes de Cristo.*

Baboseira. Na Sicília ainda se usa a expressão lagana *para representar as lâminas de massa que redundam em outros cortes ou no tradicionalíssimo prato de camadas superpostas que se coloca no forno com inúmeros recheios. Nos dialetos da Calábria e da Campânia também convivem, airosamente, a* lagana *e a* lasagna. *Em outras partes da Bota, às duas terminologias se adicionam uma terceira e uma quarta:* lachena *e* laghena.

Caso alguém ainda acalente as suas dúvidas, eu afirmarei, com a emoção da raça, que há séculos, na ilha dos meus ancestrais, se designa por laganatturu, *ou lasanhador, o rolo de pau com que se esmaga e se espalha a* pasta. *Só me parece imprescindível, neste ponto, retomar um tema crucial, repetir e repisar e reprisar que* lasagne *é um substantivo feminino e plural. Não se come, em português, uma lasanha mas um prato de lasanhas.*

Excesso de purismos à parte, eu sou, de todo modo, compelido a confessar que não encontrei, em dois anos de investigações, a razão da efetiva origem do opulento prato de lasanhas que se devora atualmente. Descobri, somente, que nos seus começos, há dois milênios, as lâminas eram cortadas em quadrados ou em losangos, que então eram cozidos num caldo de legumes e carnes, oferecidos na forma de minestra, *no jantar dos Césares. Ou eram fritos em azeite, mesclados a frutas e mel, e servidos nos banquetes de Roma, como uma sobremesa magistral.*

A indicação mais antiga do seu uso em camadas data da metade do século 16, em Bolonha, na Emilia-Romagna, as etapas de massa entremeadas por outras de salsa balsamella, *datada de Cesena, no Adriático, século XIV, um molho à base de manteiga, farinha, leite e especiarias. O meu leitor atento perceberá a coincidência de terminologia com a* Sauce Béchamel *dos franceses. O meu leitor mais atento ainda se indagará: de que maneira pré-psicográfica os italianos utilizaram, no século 16, um molho que os gauleses apenas inventariam no século 17? Trata-se de mais uma falcatrua, uma mistificação francesa, que eu derrubei com fatos no capítulo apropriado, aquele das preparações básicas, no início deste trabalho. Com o desembarque dos tomates na Bota, entre 1590 e 1600, o receituário das lasanhas se ampliou consideravelmente. A alquimia mais remota data dos entornos de 1720, em Trapani, no extremo oeste da Sicília, a meio caminho de Palermo e Marsala. A sua história é deliciosa de se revisitar.*

Diariamente, de madrugada, os carreteiros daquela região saíam de suas casas em busca dos portos pesqueiros em que venderiam as suas hortaliças. No retorno, reencheriam os seus veículos com as mercadorias compradas na beira-mar. Eram viagens longas e cansativas. Na ida, os carreteiros se alimentavam de pão e legumes, especialmente os tomates. Na volta comiam de novo o pão, talvez com queijo e um naco de anchova, pré-frita em algum ponto de encontro dos marinheiros.

Obviamente, à noite, famélicos, todos sonhavam com uma efetiva e generosa refeição. Como habitassem bem perto, às vezes até em núcleos coletivos, as suas mulheres, ou suas mães, ou suas filhas, conjuntamente lhes preparavam algum prato que bastasse reaquecer. Simples e sensacional. Untava-se uma terrina com azeite e então nela se lançavam as lâminas ou os quadrados de lagana, *mais um molho de tomates filetados, alho espremido, sal, manjericão. Por cima de tudo, iam mais lâminas e mais molho – e assim sucessivamente, até a terrina se completar. O nome da magia:* **ammogghiu trapanisi**. *Também se perpetrava o espetáculo com* trujje, *ou* spaghetti/vermicelli, *ou mesmo com* bucatini/pirciateddi. *Valia, sempre, a ideia da superposição em camadas e da guarda da terrina para o requentamento posterior. O tema, posteriormente, escalou a Bota no rumo do norte. No final do século 18 os bolonheses desenvolveram a mais majestosa de todas as combinações com as lasanhas: as etapas de massa, enriquecida com espinafres, e os* ripieni *de* balsamella, *queijo do tipo* mozzarella *e o seu vero* ragù.

Atualmente, a novíssima cozinha da Bota já sabe brincar, gloriosamente, com infinitas variações sobre a base tradicional das lasanhas. Usa peixes e crustáceos, frutas secas e frutas frescas, cremes doces, caldas licorosas – exatamente, a velha ideia de lagana *como sobremesa, se refechando o ciclo inaugurado na opulência dos Césares.*

As laganelle *ou* lasagnette *representam, como o diminutivo indica, desenhos mais estreitos da* pasta *de antologia. Usam-se em caldos e sopas, na companhia de favas ou de grãos-de-bico. As lasanhas* festonate, *habitualmente em torno de três ou quatro dedos de largura, têm um lado liso e o outro encrespado, em festões, como o topo de um cortinado. A* reginella, *enfim, é um pouco mais larga e com os festões em ambas as faces.*

No departamento das massas frescas, atualmente, em Bolonha, se cortam as lasanhas em quadrados de aproximadamente vinte centímetros de dimensão. Além das amarelas e das verdes, perpetram-se as placas em outras cores mais modernizadas, à base de beterrabas, cenouras, tomates e, inclusive, as reluzentemente negras, de farinha mesclada às sépias de muitas lulas.

LINGUINE
Bavette/Bavettine/Lingue-di-pàssero

Desta estirpe fazem parte as filhotas das fettuccine *e das* tagliatelle, *as liras e as fitas mais delicadas de toda a gigantesca relação dos macarrões. Fundamentalmente produzidas em escala industrial, não contam, na Itália, com a mesma procura e com a mesma fama que recebem do exterior. Sobre elas não existem, na Bota, as referências bibliográficas que estimulem, aqui em meu livro, um verbete como este, exclusivo. De todo modo, eu me curvo ao seu recente pico comercial e à sua aparição, exagerada, convenhamos, nos menus de tantos restaurantes de prestígio.*

Tênues, extremamente sensíveis, as linguine *se quebram com uma facilidade enorme. Impossível encontrar um pacote em que o conjunto inteiro se mostre íntegro no nível da compostura meramente razoável. A família data de, talvez, sessenta anos atrás, época do nascimento da produção em linha. A sua etimologia é óbvia, com a exceção do termo* bavette *e do seu diminutivo, originados do dialetal de Gênova, Ligúria. Terá o meu leitor já visto, um dia, uma língua de passarinho? Capítulo encerrado.*

ORECCHIETTE
Orecchie-di-prete/Orecchino/Recchie/Recchietelle/Ricchielle

Se a gastronomia pode ter, também, os seus lances de racismo, a história desta pasta *bate todos os recordes. Trata-se de um formato antiquíssimo – até pela facilidade de realizá-lo. Existe desde o século 14, como sempre na origem siciliana. Em vez de mouriscas ou levantinas, todavia, ostenta influências curiosamente diferentes – provém dos hebreus.*

Diz a Bíblia que um certo rei da Pérsia, de nome Assuero, ou coisa parecida em português, tinha um favorito em sua corte, Amman, o seu conselheiro e comandante militar. Por razões que o poder explica, Amman sugeriu a Assuero que exterminasse os judeus do mundo. E Assuero encarregou Amman de realizar aquilo que ele mesmo propugnava. Amman fracassou na empreitada e acabou dependurado numa forca. A vingança do povo de Israel foi culinária: um doce, arredondado e côncavo, apelidado de Orelha de Amman. Os judeus ironizaram o tirano devorando simbolicamente os seus pedaços. Quando a massa nasceu, no miolo do Mediterrâneo, na Europa já vibrava o embrião do antissemitismo. Sob a inspiração do doce, deu-se ao macarrão a terminologia oposta, oricchia-di-ebreo *ou* oricchia-di-giudeo. *Enfim, nos arredores do século 17, quando a Sicília atravessou uma enorme fase de anticlericalismo, o apelido se inverteu de novo,* orecchie-di-prete, *orelha de padre.*

A pasta, *de qualquer modo, desde então se enraizou bem mais na Apúlia, o calcanhar da Bota. Tornou-se o prato típico de Lecce, Brindisi, Tàranto, Bari, Barletta, Foggia, San Severo, Manfredônia. Talvez pela sua larga disseminação, foi necessário batizar a iguaria com um nome geral. E ela efetivamente se espraiou como* orecchiette, *ou orelhinha, o termo que a fez celebrada em todo o planeta, graças à farta emigração italiana de cem anos atrás. No Brasil, um repasto de* orecchiette *é quase um ritual.*

Qualquer criança pode cometer as orelhinhas. Aliás, comumente, uma família inteira participa da sua perpetração. A pasta *leva farinha, preferivelmente a semolina, mais resistente do que a comum, água e um tico de sal. Ovo na sua composição? Jamais. Ovo no macarrão é coisa do norte da Bota, eu já anotei, páginas atrás. No norte, a farinha é mole e fraca. No sul, provém do nobre trigo duro.*

Usa-se um princípio equivalente ao dos gnocchi, *rolinhos de pasta com um dedo de espessura, do qual se cortam toquinhos. Então, basta esmagar o meio de cada pedaço com o polegar, dando-lhe o desenho de uma calota. De acordo com a tradição, uma* orecchietta *não pode nunca se mostrar igual a outra. A irregularidade faz parte da tradição.*

A pobreza e a precariedade cultural dos povos meridionais da Itália involuntariamente redundaram em corruptelas divertidas como recchietelle *ou o apaulistanado* ricchitelle, *além de* ricchelle *e de* recchie.

Alguns cronistas insistem em encontrar equivalências entre as orecchiette *e os* cavatelli/cavatieddi, *também da Apúlia, os* malloreddus *da Sardenha e os* gnocchi/gnocchetti *do Vêneto. Corresponde à tolice de afirmar que os* spaghetti, *de fuste circular, e as* fettuccine, *de secção retangular, são irmãos gêmeos apenas porque ostentam o mesmo comprimento.*

Servem-se as orecchiette *com molhos densos e bem capitosos, que se pregam à cavidade da pasta e amplificam a sua personalidade. Nada melhor, por exemplo, do que um gordo* ragù *de linguiças à calabresa.*

Em tempo: não confundir as orelhinhas, por favor, com os aumentativos orecchioni *de algumas localidades da Emilia-Romagna, na verdade* cappelletti/tortellini *recheados de ricota, de queijo ralado, ovos e salsinha picadinha.*

Pappardelle
Papard/Paparele

Um formato muito antigo, com mais de seiscentos anos de vida, as pappardelle *são exclusivas do miolo da Itália, as províncias da Úmbria e da Toscana. Basta abrir, sobre uma bancada ou uma mesa, uma finérrima placa de lasanha e então cortá-la em tiras largas e longas, de propósito irregulares. Como se chamavam, originalmente, nenhum especialista sabe. E mesmo a lenda que informa o seu batismo me parece pouco confiável. De todo modo, se trata de uma história adorável, que passo adiante com prazer.*

Florentina, de família poderosa, aos catorze de idade Catarina de Médicis (1519-1589) topou se casar com um príncipe francês, o futuro rei Henrique II. Coisas da paz continental. Embora feia, quase uma megera, Catarina era extremamente arguta e magnetizante, mesmo na sua adolescência. Não consta que exibisse escrúpulos significantes. Conhecia, no entanto, os meios de comandar as tramas e as intrigas de uma corte. Melhor, uma epicurista, apaixonada pelas novidades da gastronomia, a ela se deve o fabuloso enriquecimento da cozinha da França a partir do século 16.

Na sua viagem até Paris, em 1533, além da aliança entre a Bota e os transalpinos, carregou consigo na bagagem um batalhão de cozinheiros e de patisseiros, a fórmula dos sorvetes, alcachofras, orégano, cebolinhas calabresas – e uma tonelada do macarrão seco da sua terra. Em Nice, na Provença, onde se localiza a Riviera da Côte-d'Azur, a sua comitiva resolveu parar, um descanso mais demorado. E a Catarina comilã aproveitou a chance e ofereceu um banquetaço aos seus anfitriões, nobres de lá. O prato básico levava, precisamente, a tal da pasta *toscana em um molho de carne de coelhos. Empolgado, um circunstante comentou: "Papard!", meramente um elogio ou, quem sabe, um despautério dialetal. Inabalável, a esperta princesa rebateu: "Papard? Non: pappardelle!".*

Transparece, da reação da damigella, *uma faiscante noção da sua tarefa diplomática. Em italiano, o uso do diminutivo* elle *é, invariavelmente, afetivo e carinhoso. Sem dizer que Catarina arrastou, majestosamente, as sílabas finais da expressão, impondo-lhe um sotaque afrancesado que arrancou aplausos dos seus convidados. O nome pegou. Inclusive na Paris de Henrique II, a quem a moça daria nada menos do que dez bambinos.*

Talvez a fim de policiar o acento gaulês da expressão, algumas partes da Itália, particularmente Bolonha e a Emilia-Romagna, preferem simplificá-la, sem as consoantes dobradas, papardele. *No alto da Bota, no Friuli e no Vêneto, até o* d *sumiu e a massa virou* paparele. *Além de coelhos ou de lebres, até hoje os ingredientes principais de seus molhos, elas se combinam, deliciosamente, com o sugo de pato ou de cordeiro. E ficam ainda mais imponentes quando, ao seu* impasto *de farinha e de ovos, se acrescentam algumas colheradas de um vinho branco, bem frutado.*

Penne

Maltagliati

Netas dos bucatini, *ganharam a denominação do seu aspecto, ao jeitão das velhas penas de ganso que, na Idade Média, simplificaram o ato de escrever. Essencialmente, ostentam o formato de um tubinho de calibre médio, cerca de cinco centímetros de comprimento, chanfrado diagonalmente nas extremidades.* Diferem dos garganelli *porque os seus entalhes são paralelos e não opostos. Podem exibir a superfície lisa ou estriada – caso em que recebem o apelido de* penne liscie *e* penne rigate.

Na Úmbria e em partes da Toscana, se transformam em spole. *No sul inteiro são conhecidas como* maltagliati, *os malcortados. Características da industrialização do macarrão, no século 20, no comércio, atualmente, exibem várias cores e só perdem, em vendas e em uso, para os* spaghetti.

Ravioli
Panciuti/Pansòuti/Raviêu/Raviou

    Os toscanos, os emilianos e os lombardos brigam pelo privilégio da invenção dos ravioli, *os imbatíveis pasteizinhos de massa com ovos e recheios variados. Pior, na ansiedade da vitória eles recorrem aos truques mais infames, inclusive à citação equivocada de documentos do passado.*

    Fanáticos da Lombardia vão buscar a sua razão num mínimo glossário de um certo Charles du Cange, datado de 1243, em que ele cita a cidade de Cremona como a produtora de rabiolas. *Erro monumental. Primeiro, o autor localiza Cremona na região de "Forojulii". Confunde Cremona com Gemona, essa sim uma bela vila friulana. Depois, confunde macarrão com passarinho. Em Gemona proliferam os tentilhões, lá conhecidos por* rabiolini. *Defensores da Emilia-Romagna forçam ainda mais a sua barra. Asseguram que a massa vem da* rabiola *local. No caso, não uma ave mas um vegetal, um mero, miúdo, medíocre, insípido nabo, uma bobagem tão insignificante que certamente não inspiraria um resultado tão formidável.*

    Os fiéis da Toscana, então, chegam a bulir com o seu maior poeta, Dante Alighieri (1265-1321), que além de versos escrevia crônicas sobre os seus contemporâneos. Um deles, um nobre de Siena, de nome Niccolò de Salimbeni, era um exótico gourmet. *Em 1285, o cidadão se juntou a outros onze companheiros na fundação da "Brigada dos Esbanjadores", que se propunha reunir as fortunas de todos e gastar o monte em inutilidades.*

A respeito de Salimbeni e sua tropa, um cozinheiro desconhecido teria redigido um volume de receitas, incrivelmente alentadas, para doze pessoas cada qual. Entre elas, uma com os ravioli. A expressão, de fato, nesse compêndio aparece clara e precisamente grafada. A sua presença, porém, não prova que tenha nascido na Toscana. Inclusive porque a alquimia relatada usa muitos ingredientes de extração mourisca, já existentes na Sicília dois ou três séculos antes do grupo de malucos.

Prefiro recorrer a Vittorio Mortillaro e ao seu Vocabolario Siciliano-Italiano, editado em Palermo, em 1876. Nele o pesquisador clarifica a etimologia da palavra, oriunda do latino gravis, que significa "cheio" ou "pesado". De gravis surgiu graviola. No dialeto da ilha comumente desaparece o g dos termos começados por gr. Por exemplo, grande vira ranni, grosso se torna rossu e gramigna se transforma em ramigna. Funciona como contraprova a existência, ainda hoje, em Nápoles e suas vizinhanças, do vocábulo graviuolo, precisamente para designar os pasteizinhos.

Inicialmente os ravioli eram ocos. Quer dizer, não ostentavam o seu desenho atual, não passavam de pedaços quadrados, retangulares ou redondos de impasto de lasanhas, que se comiam fritos, dentro de uma sopa, ou adocicados com mel e sucos de frutas nas sobremesas, os ancestrais dos crepes. A ideia do recheio surgiu provavelmente no princípio do século 13 e, segundo Mortillaro, a sua composição não se alterou consideravelmente desde então. Textualmente: "ovos batidos com ervas, queijo, ricota e especiarias". Foram os mercadores genoveses os seus transportadores do sul ao norte. Na Ligúria, eles se transformaram em raviêu. Em viagem à Lombardia viraram raviou. Pelo seu aspecto rotundo, como uma corcova, ou gobba, no Piemonte se tornaram gobbem. Da imagem de uma barriguinha, ou pancia, na costa do mar Tirreno se tornaram pansòuti ou panciuti. Dos ravioli também brotaram os agnolotti, os cappelletti e os tortellini, conforme eu já expliquei nos verbetes apropriados.

Do queijo, no sul, o recheio ganhou carne, no norte, em meados do século 13. Niccolò de Salimbeni teria desfrutado uma iguaria bem curiosa em 12 de agosto de 1284. Posso bem precisar a data porque o documento do líder dos "Esbanjadores" se refere a uma

"Festa de Santa Clara". Tratava-se dos ravioli ignudi, *o ripieno sem a massa de fora, que Giuliano Bugialli, num escorregão, aponta como a matriz dos* gnocchi.

Uma definição melhor dos ignudi *se encontra numa lenda posterior, de 1328, um episódio acontecido em Mântua, na Lombardia. Mandava na cidade um tal de Rinaldo Bonalcosi, apelidado de "O Passarinho", um desavergonhado e dissoluto. Determinada ocasião, apenas para humilhar o seu cozinheiro, Bonalcosi lhe ordenou que preparasse uma sopa com o sabor dos* cappelletti *e dos* tortellini *– mas sem esses dois ingredientes.*

Desesperado, o mestre-cuca simplesmente arrancou fora a massa das iguarias que já havia cometido, fez uma série de bolinhas com o ripieno *recuperado e, enfim, atirou-as ao* brodo *de seu patrão. A história tem a sua graça. Não vejo, no entanto, sentido nenhum em batizar uma provocação como essa de* ravioli ignudi, *ou raviolos pelados. Muito mais lógico me parece relacioná-la com as almôndegas, as* polpettine, *no cenário da gastronomia desde os tempos dos Césares romanos.*

Pela tradição, os ravioli *devem se mostrar quadrados ou, no máximo, retangulares. Hoje, contudo, eles são cometidos de todos os formatos e em todas as dimensões. Os* pansòuti *genoveses, inclusive, têm um desenho perfeitamente triangular, enquanto os* raviou *milaneses lembram uma meia-lua. Os* rurtei *da Emilia-Romagna se assemelham às embalagens de balas e de bombons. Os* nicchi *da Toscana são montados no estilo de uma pirâmide.*

Rigatoni
Millerighe/Tocconi

Como as borboletas e as gravatinhas, os rigatoni *são produtos típicos da fase industrial do macarrão. Impossíveis de se fazerem a mão, exigem máquinas de enorme precisão, por causa das estrias que ostentam na sua superfície exterior. Tubos de grande calibre, em torno até de dois centímetros de diâmetro, chegam aos seis centímetros no seu comprimento. Podem-se fazer os* rigatoni *retos ou sutilmente recurvados no meio, como num cotovelo.*

Millerighe *significa, literalmente, "mil riscas". Obviamente, uma fantasia. Já contei, de várias marcas. A média se limita a 48. Os* tocconi, *ao contrário, possuem a pele completamente lisa e não passam, na realidade, de* cannelloni *cortados em pedaços menores. Todos se mostram mais saborosos com molhos densos – ou recheados, ao forno. No sul da Bota é comum a preparação de lasanhas falsas, os* rigatoni *repletos de* mozzarella.

Spaghetti
Bìgoli/Fidelini/Spaghettini/Vermicelli/Vermicellini

Não existiam os spaghetti, *ao menos com esse apelido, antes de 1800. Filhos evidentes das* trujje *ancestralíssimas, por séculos eles se chamaram genericamente* vermicelli *ou* vermicellini, *de acordo com a dimensão do seu diâmetro. A tradução não estimula o apetite.* Vermicello, *no singular, quer dizer "pequeno verme". A História, todavia, justifica o nome.*

Além das trujje *normais, aquelas de fios longilíneos enrolados em novelos, na Sicília de 1200 se comiam também as espatifadas em pedaços pequeninos. Nada se devia desperdiçar. Por piada, uma anedótica similaridade, os cacos foram batizados de* vermiceddi, *no dialeto local.*

Depois, ao redor de 1480, algum sábio meridional bolou um instrumento formidável, o arbitriu, *basicamente um cilindro de madeira com uma prensa mecânica por dentro e uma série de orifícios na ponta inferior. Com o* arbitriu *se faziam massas novas, mas também se recuperavam os* vermiceddi, *recomprimidos e transformados de novo nas* trujje. *Tratava-se, porém, de um casamento de matérias mal-aproveitadas, de uma adaptação. E assim, pioneiríssimo na defesa do comsumidor, o honesto inventor do* arbitriu *decidiu batizar o seu produto de* vermiceddi di trujje *ou de* trujje bastarde, *uma iguaria sem paternidade oficial. O tempo e o espraiamento da* pasta *pela Itália inteira se encarregaram de fabricar uma infinidade de corruptelas, das quais sobreviveram os* vermicelli. *Um versejador campano, Antonio Viviani, utilizou pela primeira vez o mote* spaghetto *em 1824, num poema cômico, "Li maccheroni di Napoli", em que comparava o* vermicello *a um* piccolo spago, *um barbante miúdo.*

Uma inspiração de obviedade mais atroz do que chamar os restos de trujje *de vermezinhos. Viviani, contudo, não criou somente um termo. Em seu poema ele efetivamente modificou o seu próprio dialeto. Em Nápoles, então, não se dizia* spago *ou* spaghetto. *Barbante era* spavo. *O seu diminutivo,* spavetto. *Ironia: a obra do versejador se evaporou, ninguém mais sabe dela fora de sua cidade, enquanto o universo inteiro come os* spaghetti.

Na Itália, apenas duas regiões não adotaram totalmente a expressão vermicelli *e a sucedânea de Viviani. No Vêneto, desde o século 14, o macarrão em fio ostenta as alcunhas de* menuei *ou* minutelli, *miúdo e miudinho. Também provém de lá a designação* bigoli *para a mesma massa, consequência do instrumento que se usa na sua perpetração, um rolo rajado, o* bigolaro. *Na Ligúria, mais especificamente em Gênova, usa-se muito o termo* fidelini – *da raiz latina* fidellus, *ou pequeno fio. Exportados através do Mediterrâneo, principalmente para a Espanha, os* fidelini *se transformaram nos ingredientes cruciais de uma espécie de* paella *de macarrão, a* fideuà.

Paralelamente às suas contribuições estritamente culinárias, os vermicelli *e os* spaghetti *ofereceram ao menos outras duas, instigantes, à cultura universal. Nas cercanias de 1490, fundou-se em Palermo, na Sicília, o talvez primeiro sindicato do planeta, uma associação cooperativa de fabricantes de macarrão e seus funcionários. Em meados do século 19, irritado com os garfos longos, de dois ou três espetos, que feriam a sua boca e não lhe permitiam enrolar corretamente a sua massa, o rei Ferdinando II de Nápoles encarregou um camareiro, Gennaro Spadaccini, de solucionar a questão. Ameaçado de perder o seu emprego e as suas mordomias, Spadaccini se safou bolando um garfo mais curto, de quatro pontas – que faria bilionários os seus herdeiros se, naqueles idos, existissem as patentes.*

TORTIGLIONI
Eliche/Fusiddi/Fusilli/Maccarrones-a-ferritus

De origem seguramente sulista, nenhuma antologia aponta, sequer aproximadamente, a data do seu nascimento. Surgiu, prova-

velmente, no rastro dos bucatini, *entre os séculos 15 e 16. Alguém, em vez de cometer a massa furada no sentido do comprimento de um araminho qualquer, preferiu enrolá-la ao redor do objeto, espiralmente – daí o subnome* eliche.

Fusiddi *na Sicília,* fusilli *no norte da Bota (não confundir com os* fusilli *dos calabreses, manos do* bucatini*),* maccarrones-a--ferrittus *na Sardenha, atualmente são produzidos apenas em escala industrial e até em colorações diversas, com o auxílio dos espinafres e das beterrabas. Funcionam excelentemente com os molhos densos que se aderem às suas curvas. Também se denominam* tortiglioni, *especialmente de Roma, o Lácio, até a Lombardia, aos* rigatoni *de pequeno calibre e retorcidos na vertical.*

Trenette
Trenette Avvantaggae

A palavra vem, transparentemente, das trujje *sicilianas. Na Ligúria, Gênova e circunvizinhanças, correspondem às* linguine *e correlatos de outras plagas. Em dimensões ainda menores existem as* bavette, *quase cabelos de anjo de secção quadrada. Os dicionários não explicam a matriz do nome. Em compensação, posso asseverar que se equivocam os especialistas e os donos de restaurantes que batizam de* trenette avvantaggiate *aquelas mais largas, ao estilo das* fettuccine *e das* tagliatelle.

Na realidade, as trenette avvantaggiate, *no dialeto regional* avvantaggae *(pronuncia-se "avantadgê"), diferem das outras na fórmula do seu impasto. Enquanto as comuns são produzidas em escala industrial, as* avvantaggae *se realizam a mão, de preferência com farinha integral.*

Observação: cada pessoa deve receber cerca de 150g de massa crua para cada uma das receitas que desvendo a seguir.

BUCATINI ALLA CARBONARA
Bucatini à Moda dos Carbonários

Muito antes dos revolucionários franceses, dos insurgentes americanos e dos bolcheviques russos, nasceram no sul da Bota, ao redor de 1750, os rebeldes carbonários, opositores dos poderosos e dos aristocratas. Matrimônio de intelectuais com gente do povo, sicilianos e calabreses antologicamente destinados ao combate de centenas de invasões e das dominações estrangeiras, logo eles se transformaram numa sociedade secreta, influenciada pelos ideais e pelos métodos da crescente maçonaria.

Costumavam se reunir em lugares protegidos, camufladamente. Não se poupavam, porém, das refeições, uma paixão peninsular. Na sua necessidade, de pressa, acabaram inventando esta receita, cujo molho se realiza exatamente durante o tempo do cozimento do macarrão. Posteriormente refinada por algum cozinheiro romano, a iguaria passou a utilizar os bucatini *em vez dos* spaghetti *ou dos* vermicelli *originais. Uma versão sem provas afirma que o nome se deve ao excesso de pimenta-do-reino a se colocar no prato, dando-lhe o aspecto de queimado, ou carbonificado. Eu mesmo cheguei um dia a acreditar na lenda, até que a pesquisa deste livro me fez retornar, mesmo, aos rebeldes ancestrais.*

INGREDIENTES PARA UMA PORÇÃO: 1 colher de sopa de azeite de olivas. 1 colher de sobremesa de manteiga. ½ xícara de chá de *pancetta*, a barriguinha do porco, cortada em tirinhas bem delgadas. 1 colher de mesa de queijo do tipo *pecorino*, de leite de ovelhas, finamente ralado. 1 gema de ovo, dissolvida numa colher de mesa de creme de leite. Sal. Pimenta-do-reino, preferivelmente aquela moidinha no momento.

MODO DE FAZER: Aqueço o azeite e, nele, bronzeio as tiras de *pancetta*. Agrego a manteiga. Espero que comece a escurecer. Retiro do calor. Fora do fogo, salteio a massa, pré-cozida *al dente*, nas gorduras da panela. Incorporo o queijo. Misturo e remisturo. Enfim, agrego a gema e o creme, já temperados com o sal. Por cima, pulverizo a pimenta-do-reino.

Como no caso do prato *all'Amatriciana*, a seguir, em hipótese nenhuma se deve utilizar, no lugar da *pancetta*, o *bacon* defumado. Tal intrusão imporá um paladar desnecessariamente forte a uma iguaria de intenções suaves. No máximo se admite a inserção do toicinho fresco.

BUCATINI ALL'AMATRICIANA
Bucatini à Maneira de Amatrice

Duas versões conflitantes batalham pela raiz desta receita, uma das mais clássicas alquimias com macarrão de toda a gastronomia italiana. Ambas concordam com a data de origem, a segunda metade do século 18. Divergem, porém, na efetiva geografia da sua invenção.

O historiador gourmet *Secondino Freda, em sua obra* Roma a Tavola, *publicada em 1973, jura que a iguaria nasceu na sua cidade, a capital da Bota, ideia de um cozinheiro de Amatrice, lugarejo da província de Rieti, no alto dos montes Sabinos, na região do Lácio, junto aos Abruzos. O professor Vincenzo Buonassisi e o mestre Giuliano Bugialli preferem localizá-la em Amatrice mesmo, pelo caráter pastoral da sua composição.*

Em minha opinião, os três estão corretos. De fato a receita saiu de Amatrice, ainda incompleta e incipiente, provavelmente um prato popular. No entanto, com certeza, foi refinada em Roma, graças à introdução dos casalini, *os tomatinhos típicos das suas vizinhanças, os* San Marzano, *extremamente suaves, quase adocicados, no formato de uma pera. O fato de a alquimia invariavelmente se associar aos* bucatini, *macarrões, também, característicos da capital, reforça a minha tese do seu enriquecimento.*

No Brasil, os restaurantes, equivocadamente, preferem realizar o prato à Amatriciana *com* spaghetti *ou com* fettuccine. *Aceito que, eventualmente, substituam os* bucatini *por outras massas da mesma estirpe, furadas como os* fusilli *artesanais, as* penne *ou mesmo os* tortiglioni/parafusos. *O denso molho, todavia, não se casa bem com os estilos compridos e lisos.*

Outra imperiosidade: o prato à Amatriciana *verdadeiro se perpetra com* guanciale, *a carninha gordurosa que fica na bochecha do porco. No máximo se pode compensar a sua ausência com toicinho fresco. Considero um crime a utilização de* bacon *ou mesmo de presunto, cru ou cozido, como já constatei em inúmeras cantinas que se dizem peninsulares.*

Resta falar um tico da questão do nome. Buonassisi não se incomoda com a sua modernização – Bucatini alla Matriciana. *A mim, pessoalmente, justificou seu pensamento, afirmando que o uso determina a regra. Neste livro de defesa das tradições, sou obrigado a discordar do meu professor.*

INGREDIENTES PARA UMA PORÇÃO: Azeite de olivas. 1 colher de mesa de cebola branca, finamente picada. 40g de *guanciale*, cortado em tirinhas ultradelicadas. Pimenta vermelha, fresca, batidinha. Polpas de 2 tomates pequenos, cortados em filezinhos. Sal. Queijo do tipo *pecorino*, de leite de ovelhas.

MODO DE FAZER: Numa frigideira, aqueço um pouco de azeite. Refogo as tirinhas de *guanciale* até que a sua gordura comece a se derreter. Retiro. Escorro e reservo. Coloco a cebola e a pimenta. Mexo e remexo até que a cebola se mostre bem murchinha. Incorporo os tomates. Misturo e remisturo. Mantenho, no calor vivo, por exatos oito minutos, evitando que os tomates se preguem ao fundo da panela. Agrego as tiras de *guanciale*. Acerto o ponto do sal. Rapidamente mesclo à massa bem *al dente* e à quantidade desejada de queijo *pecorino* grosseiramente ralado.

•

O meu leitor talvez se pergunte: onde o Sílvio Lancellotti foi buscar a precisão de 40g de *guanciale*? Por que não 50? A resposta vem das tradições. Elas exigem uma relação de 1 x 4 entre a bochecha do suíno e o peso do macarrão. E eu aprendi, e já anunciei logo atrás, que uma boa porção de *pasta*, seja ela qual for, no caso um *primo piatto*, deve girar em torno de 150g. Apenas arredondei a conta para cima. Afinal, não sou de ferro.

FETTUCCINE ALLA PAPALINA

Fettuccine à Moda de Eugênio Pacelli

Nos seus tempos de cardeal no Vaticano, o romano Eugênio Pacelli (1876-1958) costumava frequentar um restaurante de sua cidade, nas imediações do Vaticano, de nome Ceseretto. Em 1930, nomeado secretário do Estado católico, o chefe da cozinha do lugar homenageou Pacelli com um banquete e um prato especial de macarrão. Mais tarde, em 1939, transformado Pacelli em pontífice, o Pio XII, a massa mudou de alcunha e ganhou o apelido de Papalina.

A alquimia andou desaparecida dos menus peninsulares até que João Paulo II, em meados dos anos 80, se manifestasse seu fã. Hoje, a Papalina *é de novo comunérrima em Roma, particularmente nas casas das redondezas da praça de São Pedro, onde se fornece a chamada comidinha de turista.*

INGREDIENTES PARA UMA PORÇÃO: 1 colher de mesa de manteiga. 1 colher de sopa de cebola branca, micrometricamente picada. ½ colher de chá de presunto cru, sem gorduras, em tirinhas delicadas. 1 ovo. Parmesão raladinho. ½ xícara de chá de creme de leite. Sal. Pimenta-do-reino.

MODO DE FAZER: Numa frigideira, derreto a manteiga e, nela, murcho a cebola. Agrego o presunto cru. Refogo, mansamente. Numa terrina à parte, combino o ovo, um pouco de parmesão e o creme de leite. Acerto o ponto do sal e da pimenta-do-reino. Fora do calor, salteio a massa, bem *al dente*, na manteiga com a cebola e o presunto. Incorporo o creme. No prato de servir, à mesa, deposito mais um punhado de parmesão.

FETTUCCINE PAILLARDE

Fettuccine Paillarde

Quase ninguém acerta o nome deste prato tão boboca na sua atroz e ao mesmo tempo deliciosa obviedade. A coisa nasceu, ao menos em parte, ainda no século passado, num restaurante parisiense localizado na esquina da Rue de la Chaussée-d'Antin com o Boulevard des Italiens, de nome Bignon, frequentado pela elite de todo o Velho Continente. Em 1880, um cozinheiro batizado Antoine Paillard tomou conta do lugar e lhe impôs a sua marca à porta. De Bignon, a casa virou Paillard's.

Habituado aos ricos luxuriantes, o chef *não desprezava os mais humildes e, diariamente, aos seus vizinhos peninsulares, os quitandeiros e os carroceiros de seu bairro, fornecia uma marmita generosa, repleta de bifes de vitelo. Porque, evidentemente, não podia desperdiçar, Paillard relegava aos italianos as carnes mais duras. Porque, também, se respeitava como mestre das panelas, batia as peças absurdamente, até que elas se amaciassem e se mostrassem finas como folhas de papel.*

Determinada noite, um grupo de aristocratas, de passagem pelo Boulevard*, a caminho do restaurante, se encantou com o cheiro da comida que um* italien *saboreava na calçada. Lá estava o vitelo de Paillard, mais uma intromissão do imigrante à alquimia, fios de massa na manteiga. Perguntado da origem da beleza, o cidadão respondeu: "C'est une paillarde". E o cozinheiro se obrigou a reprisar a iguaria aos seus visitantes não só naquela ocasião – se obrigou a incluí-la em seu menu normal.*

Rapidamente a moda se esvaiu e hoje, na França, quase ninguém conhece mais a combinação. O prato ainda sobrevive em poucos cantos da Itália e, principalmente no Brasil, sob os apelidos mais equivocados. Por exemplo, Paillard com Fettuccine. Quanto à receita, não tem segredos.

INGREDIENTES PARA UMA PORÇÃO: 1 bife de coxão mole de vitelo, com cerca de 250g de peso, superbatido até que as suas fibras mais rijas se apresentem quebradas, esmagadinhas, mesmo. Sal. Pimenta-do-reino. Manteiga. 100g de *fettuccine* previamente cozidas ao ponto *al dente*.

MODO DE FAZER: Tempero a carne com o sal e a pimenta-do-reino. Numa frigideira larga, douro, em abundante manteiga. Escorro bem. Sirvo com as *fettuccine* salteadas na gordura do fundo da panela.

Toco no tema no capítulo do *Diana Steak*: aos donos de restaurantes, aos escrevinhadores de menus, aos *maîtres*, aos garçons e aos cozinheiros, um filé superbatido é um filé *aplati* e não *plati* como se redige por aqui. Aliás, falo ainda da expressão no meu glossário final.

PENNE AL SALMONE
Penne no Molho de Salmão

Esta alquimia entrou na supermoda na Itália na década de 70 e de lá se espalhou, inclusive no rumo do Brasil, a partir do comecinho dos anos 80. A sua história, todavia, é razoavelmente idosa, praticamente um século. Criou a receita um russo, Viktor Bekendorf, o chefe dos cozinheiros do czar Nicolau II (1868-1918), nos entornos da década de 10. Originalmente, Bekendorf usou, com o seu molho, os fios longos das fettuccine. *A receita, no entanto, fica melhor com as* penne *ou com outras massas curtas, furadas ou enrugadas, que se aderem bem à formulação.*

INGREDIENTES PARA UMA PORÇÃO: 1 colher de sopa de manteiga. 100g de salmão defumado, cortado em tirinhas delicadas. 1 xícara de chá de molho *Béchamel* (preparação básica na página 22). Sal. Noz-moscada.

MODO DE FAZER: Numa frigideira, aqueço a manteiga e nela refogo, suavemente, as tirinhas de salmão. Agrego o *Béchamel*. Acerto o ponto do sal e da noz-moscada. Misturo e remisturo. Levo à pré-ebulição. Despejo em cima das *penne*. Esta *pasta*, por favor, não leva queijo nenhum. Eventualmente aceita, no máximo, um banho de grãozinhos de caviar.

RAGÙ ALLA BOLOGNESE
Molho Apurado à Bolonhesa

Numa frase implacável e agressiva, trata-se da alquimia mais desrespeitada e mais vilipendiada do planeta. Inclusive e principalmente na Itália. Cada restaurante se envaidece, presunçosamente, de realizar o seu molho à Bolonhesa, numa competição que assassina a receita vera, a única, a autêntica, a legítima, que até a Emilia-Romagna desperdiçou. A sua origem se afogou nos tempos. Especialistas peninsulares imaginam o seu nascimento em torno de 1700, quando os tomates já tinham subido de Nápoles ao norte da Velha Bota. Coisa caseira. Trivial. Mas, corretamente perpetrada, uma iguaria sem par, monumental.

De maneira a impedir a proliferação das falcatruas, em 1982 os mais de cem membros, integrantes oficiais, da Academia de Cozinha do país, se reuniram para unificar, na nação e, se possível no universo inteiro, a fórmula crucial. A receita resultante da pesquisa, aprovada por unanimidade, foi anotada em ata legal e registrada na Câmara de Comércio de Bolonha, a fim de se assegurar a sua preservação eterna.

Desde então, ao menos na Itália, só pode ostentar o molho alla Bolognese *o prato que seguir, rigorosamente, esta proposição.*

INGREDIENTES PARA UMA PORÇÃO: 75g de músculo bem macio e sem gorduras de boi, triturado à ponta de uma faca. 40g de toicinho fresco, a *pancetta*, a barriguinha do porco, idem. 1 colher de sopa de cenoura, micrometricamente picada. 1 colher de sopa de salsão, idem. 1 colher de chá de cebola branca, idem. 1 xícara de chá de polpa peneirada de tomates. 1 cálice de vinho branco, bem seco. ½ xícara de chá de leite. Sal. Pimenta-do-reino.

MODO DE FAZER: Numa frigideira de bom tamanho, em fogo médio, derreto o toicinho. Incorporo a cenoura, o salsão e a cebola. Refogo mansamente, misturando e remisturando, até que os vegetais se mostrem murchos. Adiciono a carne. Frito, por igual, mexendo e remexendo. Acrescento o vinho. Evaporo um pouco do seu álcool. Agrego a polpa de tomates. Levo à fervura. Rebaixo o calor. Mantenho, suavemente, de maneira a adensar bem o *Ragù*. Aos poucos, vou despejando o leite. No finzinho da operação, acerto o ponto do sal e da pimenta-do-reino. O *Ragù* se lança sobre qualquer tipo de massa longa, bem *al dente*, ou se usa para rechear lasanhas.

Como o meu leitor percebe, o vero, o único, o autêntico, o legítimo *Bolognese* não leva azeitonas ou outros apregoalhos tão comuns no Brasil. De todo modo, como eu amo as olivas, aceito a sua intromissão no prato, sem constrangimentos.

RAGÙ NAPOLETANO VERACE
Molho Apurado à Verdadeira Moda Napolitana

A incultura, a preguiça e o vício da simplificação literalmente trucidaram, no Brasil, a formulação autêntica do maior dos molhos com tomates já inventados em toda a história da gastronomia. Aliás, mesmo na Itália e mesmo em Nápoles, não são muitos os restaurantes que respeitam a maravilha original. Ela basicamente sobrevive apenas nos hábitos familiares.

Hoje, por aqui, o Ragù Napoletano *se transformou em mero molho. Deveria, inclusive, se chamar* alla Marinara, *em respeito à terminologia oficial peninsular e aos ingredientes que utiliza: azeite, tomates, eventualmente o alho, alcaparras, azeitonas pretas. A propósito, abro parênteses, caro leitor: saiba que um efetivo molho* alla Marinara, *apesar da insinuação do seu apelido, não leva nenhum fruto do oceano.*

No caso do Napoletano Verace, os ingredientes principais são o tempo e a paciência. Carinhosamente, quando nasceu, nos meados do século 17, era mesmo conhecido por il Ragù del Guardaporta *ou por* Ragù alla Guardaporta. *Um título lindo, encantador, a sugerir a vigia permanente do seu realizador, ou mesmo de uma equipe inteira de cozinha, enquanto paira, sobre o fogo lento, a libertar gordas borbulhas, sem que chegue a ferver.*

Ao fim de algumas horas, cinco ou seis, atinge o seu ponto justo, que se percebe através da sua textura densa e da sua cor indescritível, um rubro escuro, enfeitado, na superfície, por uma auréola dourada, reluzente, a soma de todas as gorduras dissolvidas no seu cometimento.

INGREDIENTES PARA UM LITRO: Azeite de olivas. 1 cenoura pequena, picadinha. 4 folhas de salsão, idem. 1 cebola branca, média, também. 300g de músculo de boi, com a gordura bem clara e bem saudável. 2kg de tomates vermelhos, firmes, de aparência sumarenta, livres das suas sementes e dos seus brancos internos. 1 copo de vinho tinto, seco. ½ copo de leite. Alguns dentes de cravo. Alguns ramos de salsinha verde. 1 colher de mesa de uvas passas. Folhas de manjericão. Sal. Pimenta-do-reino.

Modo de fazer: Num caldeirão apropriado, num fundo de azeite, refogo a cebola, o salsão e a cenoura. Deposito a carne. Douro muito bem, em todas as suas faces. Incorporo os tomates. Comprimo com uma colher de madeira, forçando as polpas contra a carne. Rebaixo o calor. Tampo a panela e mantenho, até que os tomates comecem a transpirar bastante. Mexo e remexo, desgrudando o que se pregar ao fundo. Ajudo com o vinho e o leite. Mexo e remexo. Agrego o cravo, a salsinha, as uvas passas e o manjericão. Mexo e remexo. Mantenho, até que os tomates estejam completamente desmanchados. Retiro a carne. Guardo – irei usá-la como companhia da massa que o *Ragù* abrilhantar. Passo todo o molho numa peneira fina ou num *chinois*, um cone metálico e furadinho. Devolvo ao caldeirão, com um novo fundinho de azeite. Sempre em fogo brando, reduzo até obter o litro desejado. Apenas no derradeiro instante, acerto o ponto do sal e da pimenta-do-reino.

SPAGHETTI ALLA BERSAGLIERA

Spaghetti à Moda Bersagliera

O leitor dificilmente encontrará uma receita com este nome em qualquer dos mais famosos restaurantes italianos ou internacionalizados do Brasil. Em compensação, em inúmeras casas se defrontará com um prato de Spaghetti *ou de* Taglierini alla Parigina, *à suposta moda Parisiense. Saiba que se trata da mesma iguaria. Mas saiba que a coisa à* Parigina *não existe.*

Inventou a alquimia um general peninsular, Alessandro La Marmora, em 1855, em plena península da Crimeia, no sul da Ucrânia, junto ao mar Negro, durante uma campanha militar. A Rússia e a Turquia estavam em guerra. Em favor dos otomanos se uniram os franceses, os ingleses e os piemonteses de La Marmora. Determinada noite, o general convidou os seus pares aliados para um jantar especial, em que lhes apresentaria um produto característico de sua terra, o macarrão.

Pessoalmente La Marmora orientou a perpetração do molho. Algum dos hóspedes gauleses, depois do conflito, carregou a formulação de volta ao seu país. E, provavelmente petulante, a perfilhou como sua, rebatizada em honra de sua cidade. Este meu livro ajuda a purificar o seu pecado.

INGREDIENTES PARA UMA PORÇÃO: 150g de *spaghetti* pré-cozidos, alguns minutos antes do ponto *al dente*. 2 colheres de mesa de presunto cozido, sem gorduras, em dadinhos pequeninos. 2 colheres de mesa de ervilhas frescas, previamente refogadas em manteiga. 2 colheres de mesa de queijo do tipo *Gruyère*, delicadamente ralado. 1 xícara de chá de molho *Béchamel* (preparação básica na página 22). Sal. Pimenta-branca.

MODO DE FAZER: Numa vasilha adequada, cuidadosamente misturo os *spaghetti*, o presunto, as ervilhas, o queijo e metade do molho. Coloco tudo, meticulosamente, numa terrina refratária. Cubro com o restante do *Béchamel*. Levo ao forno médio, até que o creme se doure.

SPAGHETTI ALLA PUTTANESCA DI ISCHIA

Spaghetti à Moda das Putanas de Ischia

Na verdade, deveriam ter o nome de vermicelli, *a versão campana dos* spaghetti. *Desde o século 19, porém, mesmo em Nápoles e nos seus arredores, a modernização do nome se tornou comum e, neste caso, eu não pretendo enfrentar a realidade. No fundo, inclusive, o molho das damas da noite se adapta a qualquer massa em fios longos, inclusive as* fettuccine. *A terminologia é a autodefinidora. Trata-se de uma receita popular, originada certamente de improviso e num bordel da ilha de Ischia, às portas do golfo que serve de colar para a terra da* pizza. *A lenda conta que, numa determinada noite, um batalhão de marinheiros apareceu sem aviso no lupanar. A cozinheira de plantão, instada a alimentar a tropa de famélicos, fora do seu horário de trabalho, apressadíssima para voltar à sua casa, misturou o que dispunha, rapidamente, sem se preocupar com o tempo de apuramento. Involuntariamente, criou um molho quase fresco e majestoso, uma das alquimias mais requisitadas inclusive longe da Itália. Uma dúvida permanece, porém, em relação à data de nascença. Os especialistas e as enciclopédias não ousam uma informação precisa. O instinto e um pouco de estudo da história da Itália e dos ingredientes da alquimia, no entanto, apontam para os meados do século 18.*

Ischia é inteiramente vulcânica. Em 1734, durante a guerra entre os Habsburgos e os Bourbons pelo trono da Polônia, um dos segundos, de nome Carlos, que se transformaria, depois, em Carlos III da Espanha, liderou uma invasão sobre a Bota e assumiu o trono de Nápoles e da Sicília. Os recém-chegados fulminantemente descobriram as propriedades geotérmicas da ilha e passaram a procurar, com uma frequência enorme, as suas benesses naturais. Com os poderosos, iam a Ischia os seus soldados, os seus servos, a sua proteção. Atrás deles, claro, iam as rampeiras.

Ironia, da nobreza deve ter brotado um prato com o nome de meretriz.

Um outro dado crucial: foi na mesma época que os napolitanos resolveram não mais combinar, numa mesma formulação, o alho e a cebola, seguros de que o paladar de um só neutraliza o outro. Como o molho à Puttanesca *ostenta apenas alho, pode-se circunscrever o seu registro no mesmo período, após Carlos III. Detalhe final: por ser um prato de* puttane, *nele aparentemente vale qualquer coisa. Já fisguei centenas de combinações diferentes. Aqui, tornarei minha a melodia de Vincenzo Buonassisi, o mais imanente e dedicado dos pesquisadores atuais da* cucina *da Bota.*

INGREDIENTES PARA UMA PORÇÃO: Azeite de olivas. 3 dentes de alho, picadinhos. 3 tomates bem rubros e bem firmes, sem as peles e sem as sementes, cortados em filés. 1 pimentinha vermelha, pequena, picadinha. 1 colher de sopa de alcaparras. 1 colher de mesa de azeitonas pretas, descaroçadas e laminadas na horizontal. 2 filés de anchovas. Salsinha verde, micrometricamente batidinha. Orégano. Sal necessário. *Spaghetti.*

MODO DE FAZER: Numa frigideira, num fundo de azeite, refogo o alho. Incorporo os tomates, comprimindo as suas polpas com a ponta de um garfo. Mexo e remexo. Agrego a pimentinha. Rebaixo o calor. Agrego as alcaparras, as azeitonas e as anchovas. Desmancho as anchovas no molho. No derradeiro momento, lanço a salsinha e o orégano, a gosto, e corrijo o ponto do sal. Salteio os *spaghetti* no molho. Sirvo, sem nenhum queijo ralado.

TRENETTE COL PESTO GENOVESE
Trenette com Molho à Moda Genovesa

Para o professor Vincenzo Buonassisi, mais do que um molho, o Pesto Genovese *é um unguento, uma pasta densa e perfumada, irrepetível em qualquer outra região do mundo. Aliás, irrepetível mesmo na capital da região da Ligúria, na Velha Bota. Cada quarteirão, cada beco, cada casa, cada pessoa dentro dela tem o seu pesto próprio – que não se imita nunca, consequência do seu método ritualístico de preparação.*

A sua origem vem de tempos imemoriais, cerca de sete ou oito mil anos a.C., quando o homem aprendeu a se utilizar das ervas em sua comida. Na Grécia de Péricles, no século 5 a.C., um cozinheiro sículo, da pré-Sicília, Septanus Lebdacus, desenvolveu um método de infundir e fermentar aromatizantes em azeite e/ou vinho. As ervas, então, eram esmagadas em mós de pedra ou eram apiloadas em recipientes de mármore, num processo muito semelhante ao do cometimento da farinha de trigo.

Em Roma, o encarregado do trituramento dos grãos se chamava pistor, conforme já relatava o dramaturgo Marcius Plautus (254-184) no seu texto genialmente cômico Captivi, *ou* Os prisioneiros. *O processo passou a se denominar* pistare, *ou* pestare. *O seu resultado gastronômico passou a se designar por aí* pesto *– essencialmente, cometido num pilão.*

Existem inúmeras variações do sistema. O Pesto Genovese *apenas representa a sua formulação mais celebrada e, seguramente, mais antiga, alicerçada no basilicão, o rei da cozinha da Ligúria. Dele surgiu, por exemplo, o francês* pistou, *especialidade da Provença.* O Pesto Siciliano, *datado do final do século 17, além de basilicão leva tomates.*

O Genovese verdadeiro segue uma série razoável de exigências radicais. Primeiro, pede o basilicão de fato, na ciência Ocimum basilicum, *uma planta da família das labiadas, de folhas pequenas e penuginosas. No máximo, em substituição, se podem usar as maiorzinhas do manjericão-cheiroso (*Ocimum gratissimum*) ou do manjericão-dos-jardins (*Ocimum minimum*), de bordas levemente denteadas. Não servem as de alfavaca (*Ocimum fluminensis*), maiorzonas e um tanto amargas, embora com cheiro semelhante.*

Um pesto *correto também não troca o* pecorino, *queijo de leite de ovelhas, pelo parmesão, de leite de vacas, como comumente acontece no Brasil. Leva bastante alho e, imprescindivelmente,* pinoli, *traduzirei livremente, os pinóis, as sementinhas de pinheiro que os árabes chamam de* snoubar. *Como os pinóis são caros, às vezes difíceis de encontrar, em seu lugar se colocam nozes. Erradíssimo. As nozes passam, admito, uma certa oleosidade ao* pesto, *equivalente à dos pinóis. Em compensação, apenas amargam a mistura.*

Anos atrás, em Gênova mesmo, em busca de um pacote de pinóis, um merceeiro me garantiu a boa e cabocla alternativa das castanhas-do-pará. Experimentei e deu quase certo. Melhor, ao menos, do que a opção das nozes. Finalmente, um pesto *vero não dispensa um azeite extravirgem e o sal grosso, jamais o refinado, na sua combinação.*

Um recado derradeiro: nunca se aquece um Pesto Genovese. *Ele desaba frio, apenas mesclado a uma colherada do cozimento do macarrão, sobre a massa bem acomodada em seu prato de serviço. Claro ainda que, em cima da iguaria terminada, não se derrama mais queijo nenhum.*

INGREDIENTES PARA UMA PORÇÃO: 1 xícara de chá de folhas de basilicão, bem lavadas e bem secas. 1 colher de sobremesa de *pecori-*

no raladinho. Azeite de olivas, extravirgem. 1 dente de alho. 1 colher de chá de pinóis ou o equivalente de castanhas-do-pará. Sal grosso.

Modo de fazer: Com uma tesourinha, elimino as nervuras centrais das folhas de basilicão. Coloco os verdes num pilão de mármore. Agrego o *pecorino.* Misturo. Pingo um fio de azeite. Com um amassador de madeira, trabalho e trabalho por alguns minutos. Acrescento o alho. Volto a esmagar, até obter uma pasta amalgamada. Incorporo os pinóis. Trabalho e trabalho. Acerto o ponto do sal. Continuo a esmagar, se necessário despejando mais azeite. Repito que o *pesto* é mais um unguento, de textura densa e cremosa, do que um molho. Não se pode mostrar líquido em demasia.

•

Na ausência das legítimas *trenette* (há uma descrição minuciosa no capítulo das *Paste Varie*), usem-se as *fettuccine* ou os *taglierini*.

PEIXES ETC.

FILET DE POISSON À LA MEUNIÈRE
Filé de Peixe à Moda da Moleira

No departamento das traduções ou das interpretações imbeciloides, não existe no Brasil nada mais grotesco, mais ridículo ou mais obsceno. Eu já li a expressão de mil maneiras espalhafatosamente equivocadas, de manière *a* menier, *de* munierre *a* menerrie. *Sem dizer das vezes em que a palavra, capenga, surge acompanhada do adjetivo* belle.

Como pedia o marquês de Sade, eu imploro por um mínimo de ordem na orgia. Primeiro, a expressão meunière, *ao contrário do que imagina a nossa vã ignorância, não quer dizer "maneira" ou coisa parecida. Literalmente, e bobamente, significa "moleira", ou mulher do moleiro, aquele que é dono ou que trabalha num moinho de farinha. Depois, daí a sua razão, a palavra representa, precisamente, uma técnica de fritar.*

Meunière *não vale só para os peixes em filés. Serve também para as postas, os pescados inteiros, até.* Meunière *quer dizer, singelissimamente, que os peixes em filés, em postas ou inteiros, são passados na farinha "da moleira", a dama do moinho, antes de serem dourados em manteiga. Repito: em manteiga. No caso, exclusivamente em manteiga. E um prato* à la Meunière *não leva nada mais em sua montagem do que o sumo de limão e a salsinha verde bem batida. Alcaparras,* champignons, *camaronetes e outros apregoalhos não passam de uma invencionice sem origem.*

Quanto ao nome Belle Meunière, *brotou de uma brincadeira de Curnonsky, que considerava pobre e seca em demasia a "moleira" tradicional – e lhe deu um certo viço ao incluir, na companhia, o creme de leite fresco e rapidamente batido, sem tempero nenhum, no instante de servir.*

INGREDIENTES PARA UMA PORÇÃO: 1 filé de qualquer peixe, com cerca de 200g, muito bem limpo e aparado. Sal. Pimenta-do-reino. Farinha de trigo. 2 colheres de mesa de manteiga clarificada (preparação básica na página 21). ½ limão. 1 colher de sopa de salsinha verde, micrometricamente picadinha. 2 colheres de mesa de manteiga normal.

MODO DE FAZER: Tempero o peixe com o sal e a pimenta-do-reino. Passo, levemente, na farinha de trigo. Comprimo, delicadamente, com as mãos. Douro, meigamente, na manteiga clarificada, apenas bem aquecida, sem borbulhar. Retiro. Escorro. Coloco num prato apropriado. Espremo o meio limão por cima. Espalho a salsinha picadinha. Por cima, despejo a manteiga normal, essa sim fervida ao ponto *noisette*, quase marrom.

•

Quando o leitor deparar com a expressão *alla Mugnaia*, saiba que se trata da mesma *Meunière*, ou da mesma moleira – em italiano.

FILET DE POISSON BONNE FEMME

Filé de Peixe à Moda de Casa

Que o leitor bem entendido em francês não se assuste com a tradução que encontrei para a expressão bonne femme. *Literalmente, claro, ela significa "boa mulher", ou coisa parecida. Culturalmente, gastronomicamente, porém, o seu sentido verdadeiro ostenta muito mais profundidade. Na cozinha tradicional, chama-se de* Bonne Femme *a toda uma série de preparações domésticas, rústicas, familiares, do cotidiano – pratos que inclusive podem aterrissar à mesa no próprio recipiente da sua realização. Daí eu ter utilizado, propositadamente, a versão Moda de Casa e não Moda da Casa. Aliás, originalmente, quando o* Bonne Femme *dos gauleses se transferiu a outros idiomas, os puristas cuidadosos não hesitaram no transporte. Em inglês, a iguaria virou* The Home Way. *Em italiano,* alla Casalinga. *Mesmo no francês há casos em que o* Bonne Femme *se torna, simplesmente,* à la Paysanne, *enfim, à Moda de Casa.*

No Brasil sem referências, e desafortunadamente sem preocupações com o rigor, transbordam as sugestões à Moda da Casa – e nesse departamento a confusão impera. Cada chefe acredita que a expressão lhe empresta a liberdade de executar a alquimia ao seu talante e não como a História pede. A Moda da Casa, que deveria ser a Moda de Casa, se transformou, pateticamente, na moda de cada restaurante e de cada piloto de fogão.

O clássico Le Répertoire de la Cuisine, *escrito faz oito décadas por Louis Saulnier e consolidado por Edouard Brunet, o* chef *do palácio do duque de Roxbughe, contém sete mil receitas originais. Das inúmeras* Bonne Femme, *elege a de Escoffier como a melhor em seu setor.*

INGREDIENTES PARA UMA PORÇÃO: 1 filé de peixe, completamente limpo e aparado. Sal. Pimenta-do-reino. 2 colheres de mesa de manteiga. ½ xícara de chá de cogumelos frescos, *champignons*, finamente laminados. 1 colher de mesa de cebolinha verde, bem batidinha. 1 colher de café de salsinha verde, micrometricamente picada. ½ xícara de chá de vinho branco. ½ xícara de chá de fumê de peixe (preparação básica na página 21). 2 colheres de mesa de creme de leite, fresco, bem batido.

MODO DE FAZER: Com metade da manteiga, unto o fundo de uma fôrma refratária, pequena, na qual o peixe caiba corretamente – sem, no entanto, sobrar muito espaço além das suas bordas. Forro a vasilha com os cogumelos, a cebolinha e a salsinha, equilibradamente distribuídos. Deposito o filé por cima. Misturo o vinho, o fumê e o creme de leite, devidamente condimentados com sal e pimenta-do-reino. Despejo sobre o peixe. Cubro a fôrma e levo ao forno médio quente por doze minutos, banhando o filé de vez em quando. Retiro.

Dreno os líquidos. Numa caçarola, reduzo à metade. Incorporo a manteiga remanescente. Redespejo sobre o peixe e devolvo a fôrma ao forno, de maneira a dourar suavemente o molho.

•

Um *Bonne Femme* ideal se comete com filé de linguado de tamanho inferior ao habitual. Qualquer outro peixe de textura firme, contudo, também se adapta justamente à formulação de Escoffier.

FILET DE POISSON WALEWSKA
Filé de Peixe Walewska

Requintadíssima preparação, desenvolvida cem anos atrás no apogeu do segundo império francês, em homenagem ao conde Jean Walewski, filho natural da polonesa Marie Walewska (1769-1852), encantadora cortesã, com o corso Napoleão Bonaparte. Graças à proteção atenta do general, Walewski não enfrentou dificuldades para fazer carreira e enriquecer. Tornou-se embaixador de seu país na Inglaterra e, depois, em 1862, ministro das Relações Exteriores do governo de Napoleão III. Ao ganhar o prato do cozinheiro Alain St. Georges, porém, preferiu honrar a mãe, que a aristocracia acompanhava com muxoxos de ironia. Em vez de Walewski *a receita virou* Walewska.

Ultimamente, a montagem anda desaparecida dos menus do Brasil. Já capturei o nome, todavia, sem os dois w, *simplificadamente* Valesca, *como se fosse um regionalismo espanhol. Também já constatei que os poucos divulgadores da alquimia se olvidaram da raiz original. No lugar da lagosta de cobertura do peixe, usam minicamarões, além de exagerarem nas cremosidades. Correta, a preparação é de fato inesquecível.*

INGREDIENTES PARA UMA PORÇÃO: 1 filé de peixe, preferivelmente linguado. Sal. Pimenta-do-reino. 1 xícara de chá de fumê de peixe (preparação básica na página 21). 2 postas de lagosta, cerca de 1cm de espessura cada qual. Algumas lâminas de trufas – ou, em seu lugar, substituição barata, de gordos cogumelos frescos, do tipo shiitake. 1 xícara de chá de molho *Mornay* (preparação básica na página 22).

MODO DE FAZER: Tempero o peixe com o sal e a pimenta-do--reino. Pocheio por três minutos no fumê fervente. Retiro. Escorro. Deposito num prato apropriado e refratário. Cubro com as fatias de lagosta e com as trufas. Banho com o *Mornay*. Levo ao forno forte, por no máximo um minuto.

CRUSTÁCEOS

CREVETTES À LA NEWBURG
Camarões à Newburg

Que me perdoe Nero Wolfe, o gigantesco e magnetizante detetive idealizado pelo sempre bem-humorado escritor e gourmet *norte-americano Rex Stout (1886-1975). Para quem não sabe, Wolfe pesa qualquer coisa "entre 140 quilos e uma tonelada", no dizer mordaz de seu assistente pessoal, o desabusado Archie Goodwin, e raramente abandona o conforto fofo de uma poltrona monumental, de onde aponta criminosos e pontifica a respeito das pretensas qualidades da gastronomia dos EUA. Que me perdoe Wolfe, mas, deste livro, a tal cozinha participa pouco, muito pouco.*

Mesmo o prato dos Camarões à Newburg, que a tradição ianque venera, considera como seu, e o detetive habitualmente elogia, na realidade nasceu um oceano além, na velha Europa. Um encontro na Califórnia, tempos atrás, com a pesquisadora e gourmet *Mary Brandt Kerr, mais um fuçar intenso de alfarrábios franceses, me ajudaram a desmistificar a lenda da sua criação, uma dessas lorotas que o tempo cristaliza e que até o poderoso* Larousse Gastronomique, *num equívoco monumental, acabou confirmando.*

Conta a mentira que a alquimia data de oitenta anos atrás, invenção de Thomas Wenburg, o suposto chef *do celebrado restaurante Delmonico de Nova York, um* point *das elites e dos artistas da Big Apple no comecinho do século. Por razões que a peta não explica, ao batizar a iguaria, em vez do seu próprio nome, numa*

brincadeira, a inversão das três primeiras letras, Wenburg teria preferido a alcunha de Newburg.
De fato Wenburg existiu. Não era, porém, um chef. Não passava de um freguês constante do lugar, milionário e petulante. Um ladrão moral que conheceu o prato na França, carregou a formulação em suas malas, convenceu o Delmonico a introduzi-la em seu menu – desde que ela se batizasse Wenburg. Um dia, aconteceu o azar. Emile Prunier, filho do grande Alfred, maestro de um restaurante na Rue Dophot, de Paris, em viagem aos EUA, apareceu no Delmonico e deparou com a novidade de Wenburg. Indignou-se. Protestou. O Delmonico proibiu a volta de Wenburg às suas mesas e, punição, mudou o nome da receita para o original de Prunier, coincidência, Newburg.

INGREDIENTES PARA UMA PORÇÃO: 6 camarões gigantes, limpos e eviscerados. Sal. Páprica picante. Manteiga. ½ xícara de chá de molho à Armoricana (preparação básica na página 24). ¼ de xícara de chá de fumê de peixe (preparação básica na página 21). ¼ de xícara de chá de creme de leite fresco. 1 cálice de xerez bem seco.

MODO DE FAZER: Tempero os camarões com o sal e a páprica. Espero dois minutos. Numa frigideira grande, derreto um pouco de manteiga. Coloco os camarões. Douro, suavemente, trinta segundos de cada lado. Incorporo o molho à Armoricana e o fumê. Misturo bem. Mexo e remexo, com delicadeza, por dois minutos. Agrego o creme e o xerez. Misturo bem. Acerto o ponto do sal. Cozinho por mais um minuto, no máximo noventa segundos.

LANGOUSTE THERMIDOR
Lagosta à Thermidor

Sobre um fato não paira dúvida nenhuma. O Thermidor é o décimo primeiro mês do calendário instituído, na França, depois da revolução republicana, ou antimonarquista, de 1789. Sobre a paternidade da receita e sobre a sua formulação verdadeira, porém, sobram às pencas as confusões. Obviamente, nesse cenário, cada restaurante realiza a sua tradução.

Das versões mais aceitáveis, nenhuma homenageia a brincadeira cronológica dos êmulos de Marat ou Robespierre. O Dictionnaire de l'Académie des Gastronomes *estaciona em 1894, num restaurante de nome Maire's, do Boulevard Saint-Denis, em Paris, uma homenagem à peça teatral* Thermidor *de Victorien Sardou – uma estreia ocorrida em janeiro.* O Larousse *prefere colocar, como adversativa, uma data entre 1897 e 1923, quando o* chef *Antoine Girod participou do time de Léopold Mourier no Café de Paris – local aberto em 1822 no Boulevard des Italiens e transferido em 1878 para a Avenue de l'Opéra, onde ficou até falecer, em 1953. Mais complicado ainda, a receita varia do molho* Bercy *ao molho* Mornay, *às vezes com a mescla de ambos. Bem, o* Bercy *advém de um subúrbio da cidade, há séculos o entreposto mais importante de vinhos na Europa, e a sua composição brotou, provavelmente, nos entornos de 1920. O outro, que honra Philippe de Mornay (1549-1623), conselheiro político do rei Henrique IV, tanto pode remontar àqueles idos como pode haver surgido no final do século 19, gentileza de Joseph Voiron, proprietário do restaurante Durand, na Place de la Madeleine, onde Émile Zola escreveu* J'accuse, *ao seu pimpolho mais velho, também ele um* chef, *de nome,* voilà, *Mornay.*

Peço desculpas e fico com a minha alquimia, resultado de dramáticos erros e de exaustivas tentativas novas na misturação de todas as anteriores.

INGREDIENTES, PARA UMA PORÇÃO: 1 lagosta inteira. Sal. Pimenta-do-reino. Noz-moscada. 1 colher de chá de cerefólio picadinho. 1 colher de chá de estragão, idem. 1 colher de chá de cebolinha roxa, micrometricamente batidinha. ½ xícara de chá de fumê de peixe. ¾ de xícara de chá de molho *Béchamel* (preparação básica na página 22). 1 colher de sopa de mostarda francesa, sem qualquer outro condimento. 1 cálice de xerez. ⅓ de xícara de chá de queijo do tipo *Gruyère*, finamente ralado. Manteiga.

MODO DE FAZER: Antes mesmo de limpá-la, coloco a lagosta no forno, forte, por cinco minutos. Espero que se resfrie. Com uma tesoura apropriada, abro a sua barriga, no sentido longitudinal, eliminando os segmentos dessa parte da carapaça do bicho e expondo, integralmente, a sua carne. Retiro o músculo, na verdade, o que se come da lagosta. Extraio as vísceras, aparo os pedaços feios, esvazio a cabeça. Corto o que se come em cubos de aproximadamente 2cm de aresta cada qual. Reservo. Numa frigideira ampla, derreto um pouco de manteiga. Nela, refogo o cerefólio, o estragão e a cebolinha roxa. Despejo o fumê de peixe. Levo à fervura. Rebaixo o calor e resumo à metade. Agrego o *Béchamel*. Levo à pré-fervura. Acrescento a mostarda e o xerez. Mexo e remexo. Acerto o ponto dos temperos, especialmente a noz-moscada. Incorporo os cubos de lagosta, o queijo e mais um tico de manteiga. Misturo e remisturo. Recoloco o resultado nas metades da carapaça do crustáceo. Levo ao forno para se gratinarem.

AVES

COQ AU VIN
Galinho no Vinho

    Tome o leitor a minha tradução como uma meiga brincadeira. Na realidade, caso pudesse, diria a respeito dela um ministro-operário do Brasil mercadológico dos começos da década de 90: esta receita é "invertível". Eu apenas quis rimar. Não há como explicar. Até porque nem na França de origem a alquimia se comete com um coq, um galo ou um galinho de fato. Usa-se o poulet/poularde, *frango de leite ou galinha.*

    Datar a sua história também significa exigir, de um pesquisador minimamente sério, um esforço cruel. Nada no Larousse, *velho ou novo. Nada em André Castelot. Nada em Claire Gifton. Apenas eu encontrei uma duvidosa referência em Roger Pourteau, que remete a iguaria,* parbleu!, *a cerca de 2 mil anos atrás. Será possível, viável acreditar?*

    O sítio de raiz eu considero lógico, real. A região de Auvergne, no chamado maciço Central da França, que fica, ironicamente, bem ao sul do país, nas imediações de Clermond-Ferrand, nos pré-Alpes da Europa. Lógico pela presença comum de penosas em muitas das suas receitas de antiguidade. E o resto da legenda? Será palatável? Eu tentarei condimentar. Pelo domínio da província, batalhavam as hostes do gaulês Vercingetórix e as coortes do romano Júlio César. Os invasores se demonstraram mais fortes e acuaram o gaulês num desfiladeiro de Puy-de-Dôme. Como um sinal de trégua, Vercingetórix enviou a César um galo de briga, símbolo da sua entrega, com um mínimo de compostura. César aceitou o mimo. E convidou Vercingetórix a jantar. Menu: o galo, cozido no vinho de Auvergne. Consta que Vercingetórix achou o repasto pesadíssimo para a sua digestão. Como, no entanto, foi um francês, repito, Pourteau, o transmissor da humilhante historieta, numa bela obra que a minha bibliografia assinala, dou-lhe o meu aval e aqui publico a sua própria formulação.

INGREDIENTES PARA UMA GALINHA (OU UM GALO): 100g de toicinho de porco, picadinho. 1 cebola, cortada em oitavos. 1 ave, seja qual for o sexo, cortada em oito partes, de acordo com a sua anatomia. Manteiga. Conhaque. Minicebolinhas, uma vintena. 3 dentes de alho. Uma dezena de cogumelos frescos, preferivelmente *cèpes* ou, na sua ausência, os *champignons* brancos de Paris. Salsinha verde, louro, cerefólio e estragão, em partes iguais, no máximo um total de 2 colheres de sopa. O vinho tinto, bem seco, necessário para cobrir o resto, preferivelmente um Mercurey. Uma colherada de fécula, de amido ou de maisena. Pão de fôrma, frito em azeite e alho.

MODO DE FAZER: Numa caçarola funda, em fogo baixo, derreto a manteiga e frito a gordura do toicinho. Agrego a cebola. Mexo e remexo, sem permitir que se pregue ao fundo. Agrego a carne. Douro, misturando sem cessar. Incorporo o alho, os cogumelos e os temperos verdes. Cubro tudo com o vinho. Levo à fervura e rebaixo o calor. Cozinho por meia hora. Agrego a fécula. Misturo muito bem, até sentir o espessamento. Tampo a panela e mantenho, até que a carne da ave se demonstre bem macia. Se necessário, acerto o ponto do sal. Sirvo com as fatias de pão frito em azeite e alho.

•

Pessoalmente, sou contra a mistura de alho e cebola numa mesma alquimia. Um deles anula o vigor do outro. Também prefiro depositar os cogumelos no quase final. Para mim, em dois minutos – no máximo, os cogumelos chegam ao seu ponto exato. Ainda, eu não adenso nada com fécula. Esta, contudo, é uma receita de antologia. Fico com ela. Melhor do que a feita pelos restaurantes do Brasil.

FAISAN SUVAROV
Faisão Suvarov

Graças aos esforços muito dignos, sumamente elogiáveis de alguns abnegados, o Brasil aos poucos vai conquistando as suas próprias fazendolas de faisão. Trata-se de uma ave nobilérrima, na ciência Phasianus colchicus, *de origem asiática, entre a Índia e a China, que os gregos e os romanos já devoravam como raridade exemplar. Impossível desvendar os rumos da sua migração, embora um mito helênico, aquele de Jasão, o tal da pele de cordeiro em ouro puro, insista em imputar-lhe a sua importação. O problema do faisão, no Brasil, ainda, além do tamanho parco dos bichos e da sua carne sem o mesmo paladar do europeu, está na carência de receitas e em vários equívocos de preparação. Cobre-se a pobre penosa de molhos pesados, cremosidades fatais, e dela não sobram mais do que conjugações fibrosas, à semelhança das suas primas, a galinha-d'angola e a galinha-da-guiné, a implorarem "tô fraco" aos cozinheiros de plantão.*

A solução está nos livros, operação humilde mas prodigiosa que alguns restauranteiros mais cultos não hesitam em adotar. Curnonsky, aliás, deslinda uma grande alquimia com a ave – aliás, a melhor que eu já encontrei em um par de casas do país: o Faisan Suvarov. *Erra o* Larousse *quando aponta um determinado príncipe Souvorov, ou Souvarov, ou Souvaroff nascido na Crimeia, frequentador da noite parisiense, como o seu inspirador. Equívoco. A alquimia efetivamente homenageia uma personagem mais antiga, Aleksandr Suvarov (1729-1800), na realidade um general russo, caçador e comilão, que visitou a França várias vezes no século 18.*

INGREDIENTES PARA UMA PORÇÃO: 1 faisão, completamente sem pele e desossado, preservada, porém, a anatomia das suas partes. Sal. Pimenta-do-reino. 1 colher de mesa de manteiga. 4 trufas, cortadas ao meio. 1 xícara de chá de molho *Demi-Glace* (preparação básica na página 25). 50g de *foie gras* de ganso. 200g de massa de *Brioche* (preparação básica na página 25). Gemas de ovos. Mais manteiga.

MODO DE FAZER: Divido a massa em duas parcelas, uma delas equivalente a ²/₃ do total. Com essa, a maior, forro o fundo e as bordas de uma terrina refratária, bem untada de manteiga. No interior, deposito, equilibradamente, os pedaços de faisão, já temperados com sal e pimenta-do-reino, a colher de manteiga, as trufas, o *Demi-Glace* e o *foie gras*. Tampo com a massa resultante, comprimindo bem as bordas, à maneira de uma torta. Pincelo o topo com as gemas. A terrina se abre à mesa, de maneira a se liberarem, num lampejo, todos os aromas da extraordinária combinação.

•

Um *Suvarov* pode ser perpetrado sem a massa de *Brioche*, desde que a fôrma refratária permaneça hermeticamente selada no forno. Outras aves também se casam aos fundamentos da receita, em particular as codornas e as perdizes. Na ausência das trufas, Curnonsky certa vez sugeria, em sua substituição, a harmonia engenhosa dos cogumelos e das ameixas-pretas.

Detalhes a respeito do *foie gras* no dicionário do fim do livro.

POLLO ALLA MARENGO

Frango à Marengo

No dia 14 de junho de 1800, depois de quase 48 horas de escaramuças, o exército francês de Napoleão Bonaparte enfim dobrou os soldados austríacos na batalha de Marengo, uma cidade do norte da Itália. O corso não costumava se alimentar durante os entreveros, que multiplicavam as dores de sua úlcera estomacal. Além disso, tinha-se afastado em demasia dos seus suprimentos, na sua retaguarda. Assim, quando decidiu comemorar o seu sucesso com um banquete em honra dos seus oficiais, o seu cozinheiro foi obrigado a improvisar com os produtos daquela própria região.

Suíço, herdeiro de um grande profissional, chef *e protegido dos príncipes de Condé, o jovem Denis Dunand se safou com galhardia. Dispunha de três ovos, quatro tomates, um par de cabeças de alho, azeite de olivas, meia dúzia de pitus de rio e um galeto capturado nas imediações, além do pão que servia de ração cotidiana ao homens de Bonaparte. O resultado da combinação se transformou, admiravelmente, no melhor de todos os repastos acidentais da história da humanidade.*

Primeiro, Dunand fatiou o pão e o fritou no azeite, à maneira dos crostini *e das* bruschette *que aprendera com os peninsulares. Depois, depenado e limpo o galeto, separou a ave, anatomicamente, pelas suas juntas. Dourou os pedaços na mesma gordura. Retirou. Escorreu. Frigiu os ovos. Então, rapidamente, ainda no óleo remanescente na panela, salteou os dentes de alho e os tomates em quartos. Os pitus foram cozidos no vapor de água mesclada a um gole do conhaque que Napoleão portava num frasco de ouro e prata, presente de uma dama misteriosa.*

Dunand serviu a preciosidade numa travessa de estanho, o galeto bem ao meio, circundado pelos ovos e pelos crostini, *o alho, os tomates e os pitus em cima do conjunto. Frase elogiativa de Napoleão ao cozinheiro: "Você deveria agraciar-me com um menu deste estilo ao final de cada batalha". Com o correr dos anos, a alquimia se aprimorou com o concurso de cogumelos frescos e cebolas glaceadas, mais um toque de vinho branco. E passou a ser utilizada com o vitelo, além do frango.*

Toda essa meticulosíssima descrição significa a submissão, enfim, do Larousse *à origem italianada do Marengo. Aparece apenas, afinal, na edição mais recente do compêndio. Em todas as anteriores, Dunand era chamado de Dunant ou de Dunan. E, para desmoralizar a autoria, os responsáveis pela enciclopédia recorriam a recursos totalmente vãos. Por exemplo, afirmavam que a mistura de azeite com tomates já era apresentada, antes da batalha, na estalagem A Graça de Deus de Paris. Uma triste patetice, visto que os napolitanos já trabalhavam com a combinação no mínimo desde 1640. Também me parece simplório indicar a cidade de Hadjout, na Argélia, como a mãe da alquimia, apenas porque se chamava Marengo duzentos anos atrás. Os tomates se valorizaram na gastronomia através da Velha Bota e dessa realidade um autor sério não pode escapar.*

Ineditamente, neste volume, apesar de tentativamente cartesiano, eu não transmitirei, ao meu leitor, a relação e ingredientes e o modo de fazer da receita do Marengo. De certa maneira, eles estão suficientemente expostos nas linhas acima. Melhor, eu prefiro entregar, assim, discretamente, o risco que Dunand atravessou. Que cada um ganhe a sua própria guerra.

ROASTED TURKEY
Peru Assado à Maneira Americana

A cozinha profissional no Brasil usa bem pouco o peru, uma ave particularmente interessante pelo seu peso, o seu volume de carne e pela sua imensa estupidez. Poucos bichos, na natureza, carecem tanto de inteligência, um mínimo de esperteza, talvez por excesso de ingenuidade.

Alexandre Dumas (1802-1870), que além de aventuras apreciava a gastronomia, remete a sua origem geográfica à Ásia e, audaciosamente, aponta o rei Meleagro, da Macedônia, como o seu introdutor na Europa no ano 3559 antes de Cristo. A descrição que Dumas faz da penosa, todavia, lembra mais uma galinha-da-guiné, observa Waverley Root, o maior historiador moderno das coisas da alimentação. Efetivamente, o peru é nativo da América do Norte. Aliás, tão nativo que, segundo Benjamin Franklin (1706-1790), um dos pioneiros da independência dos EUA, deveria substituir a agressiva águia como a ave nacional, o símbolo de seu país, o seu emblema.

Claro, lógico, que nesse cenário uma receita de antologia com tal matéria-prima deva provir da pátria dos ianques. Recuso-me, porém, a destacar a falsa modernidade de um Peru à Califórnia, com todas as frutas de plantão. A alquimia que proponho me parece muito mais instigante. Ela tem perto de um século de charme e foi colhida pela pesquisadora e gourmet *Mary Brandt Kerr. Trata-se do real peru de Ação de Graças que a nação devora costumeiramente no* Thanksgiving Day, *um feriado instituído em 1863 pelo libertário presidente Abraham Lincoln (1809-1865).*

A tradição, bonito episódio, se iniciou em 1621, quando os primeiros desbravadores saborearam o bicho assado num repasto de homenagem ao Senhor pela sua veloz adaptação à pátria nova.

INGREDIENTES: 1 peru, cerca de 5kg de peso. 2 fatias de pão amanhecido. Leite. 2 cebolas grandes, micrometricamente picadas. 3 talos de salsão, idem. 4 colheres de mesa de manteiga. 1kg de linguiça fresca de porco. Sal. Pimenta-do-reino. Tomilho. Bastante salsinha, bem batidinha. Folhas de sálvia. 18 azeitonas pretas, micrometricamente picadas.

MODO DE FAZER: Preaqueço o forno, ao máximo possível. Lavo o peru. Enxugo bem. Massageio com sal e pimenta-do-reino. Reservo. Corto o pão em cubinhos. Deposito numa terrina e cubro com o leite suficiente. Reservo. Numa frigideira grande, derreto a manteiga e nela refogo as cebolas e o salsão, até que se mostrem bem murchos. Incorporo aos dadinhos de pão. Reservo. Elimino as tripas das linguiças. Pico o seu interior. Refogo na mesma frigideira e na mesma manteiga. Incorporo aos dadinhos de pão, à cebola e ao salsão. Tempero com o sal, a pimenta-do-reino, o tomilho e a salsinha. Misturo. Experimento e acerto o ponto. Acrescento as azeitonas. Mesclo com vigor, transformando o conjunto numa quase pasta. Só recheio o peru, com o resultado, no momento em que ele estiver prontinho para invadir o forno. Costuro as bordas da sua cavidade interior. Deposito numa assadeira bem untada com a gordura remanescente da frigideira. Asso por quinze minutos. Rebaixo o calor do forno a $2/3$ da sua potência inicial. Mantenho, molhando a ave, de vez em quando, com o suco que escorrer na assadeira. Detalhe: o bicho está no ponto no instante em que as suas coxas se apresentem bem douradas.

•

Infinitas combinações se fazem de companhias a um verdadeiro Peru Assado à Moda Americana. Não podem faltar, porém, as escoltas doces, ou agridoces, como as geleias de amoras e de framboesas.

SUPRÊME DE VOLAILLE POJARSKI
Supremo de Frango à Moda de Pojarski

Ninguém está ao abrigo de uma silabada, já dizia Eça de Queiroz. Até o mago Escoffier cometeu lá as suas falcatruas. Esta receita, sensacional, aliás, que ele perfilhou como sua, na realidade não passa de uma adaptação, bem-feita, convenhamos, de um clássico da Rússia imperial.

A marca provém de um patriota, Dmitri Pojarski (1577-1642), que um cozinheiro do czar Nicolau honrou, no final do século passado, com uma montagem de impressionante engenhosidade – mas perpetrada a partir de peixe, sobretudo o salmão, bicho de escamas e não de penas. Fundamentalmente se limpa o peixe e se tritura a sua carne. O resultado se mistura a pão amaciado em leite, manteiga e especiarias várias. Com a massa então se moldam imitações da matéria-prima original. Por exemplo, o desenho de um salmão. Daí, resta passar a escultura em ovos desmanchados, em farinha grossa de rosca e fritar, na manteiga clarificada.

Por qualquer razão que os seus resumos não explicam, Escoffier matou a iguaria original, **Syomga Pojarski** *– e, no lugar do salmão, introduziu o* Tziplionok, *quero dizer, o galináceo. Ok, se releve a silabada do professor. Publique-se a sua adaptação, estupenda, aliás, repetirei. Fique, de todo modo, impregnada no papel, mais esta verdade irrefutável. De francês, o* **Pojarski** *de Escoffier só ostenta a imitação.*

Como atenuante, diga-se que o mestre ao menos melhorou bastante o conceito estabelecido por um outro tipo de Supremo, aquele à moda de Kiev, originado no século 18 na Ucrânia, hoje, como a Rússia, uma das repúblicas da atualmente nada alinhavada União Soviética. O **Kiev** *se compõe de um peito de frango recheado de manteiga, também empanado e também frito. A gordura da panela doura o exterior enquanto a manteiga ajuda a cozinhar, ternamente, a parte de dentro do pitéu.*

INGREDIENTES PARA UMA PORÇÃO: 1 peito de frango bem grande, meticulosamente limpo, finamente triturado à ponta de faca. ¾ de xícara de chá de cascas de pão amanhecido, banhadas em leite, e então firmemente comprimidas a mão. 1 colher de mesa de manteiga. 1 colher de sobremesa de creme de leite fresco. Sal. Pimenta-do--reino. Noz-moscada. Farinha grossa de rosca. Manteiga clarificada (preparação básica na página 21).

Modo de fazer: Numa terrina de porcelana ou vidro, combino o peito de frango, o pão, a manteiga e o creme. Tempero com o sal, a pimenta-do-reino e a noz-moscada. Misturo bem, até obter uma massa homogeneizada. Moldo a massa, no formato preciso de um peito de frango, quase um coração. Empano na farinha de rosca. Deixo descansar por cerca de meia hora. Douro, suavemente, na manteiga clarificada.

•

O *Larousse* cita mais um suposto Pojarski, taverneiro dos arredores de Moscou, criador de uma alquimia com almôndegas de carne de boi ou de vitelo que o czar Nicolau idolatrava. Bobagem. Velhotas italianas já cometiam a simplicidade dois ou três séculos antes de o monarca abrir os olhos.

CARNES

BEEF AND BRAISED GARLIC
Filé com Alho Frito

As enciclopédias apontam dezenas de lugares diferentes para a origem do alho. As possibilidades variam da extrema Ásia ao Mediterrâneo, a ilha da Sicília. Ficarei com a aposta do comidólogo Waverley Root, que propõe o Afeganistão e o sul da União Soviética como as possibilidades mais viáveis. De qualquer forma, foi na Grécia, 2500 anos atrás, que o produto se transformou em iguaria e de lá se espalhou à Europa inteira. Pelo seu paladar pungente, pela sua digestão difícil e pelo cheiro forte que deixa na boca, o alho sempre teve inúmeros inimigos e detratores na sua evolução na gastronomia. Principalmente o conde Vlad Drácula e os seus sucessores. Piada à parte, efetivamente, até o século 8 as suas propriedades mais se valorizaram na medicina do que na culinária.

O imperador Carlos Magno (742-814), o Charlemagne dos francos, entre 768 e a sua morte, estimulou vigorosamente o seu plantio e o seu consumo em seu país, ao lado de dezenas de outros vegetais, que devem a ele o seu cultivo em extensão.

A sua mais remota utilização documentada, como companhia das carnes, data de 1340, curiosamente na Inglaterra.

Naqueles idos, um cavaleiro de Lincolnshire, sir *Geoffrey Lutrell*, encomendou a um artesão uma série de iluminuras que reportassem o estilo de vida em sua terra. Além de comentários mundanos, os documentos, coletivamente batizados de The Lutrell Psalter, *ou* A

Citara de Lutrell, *enfileiravam as receitas que o cavaleiro servia em seus banquetes. Uma delas, a* Aquapatys, *funcionava como acompanhamento para os grelhados e os assados de boi das cozinhas de Lutrell. O texto inclusive recomenda que o produto fique muito tempo no calor, "a fim de perder o seu excesso penetrante". Muito interessante também é a sugestão de se acompanhar o alho com o açafrão, que "reequilibra o sabor da combinação".*

Anonimamente, a Aquapatys *virou mãe de todos os seus sucedâneos posteriores com o produto. Até do paulistaníssimo Filé do Moraes.*

INGREDIENTES PARA UMA PORÇÃO: 1 filé alto, do tipo *Chateaubriant*, com cerca de 400g de peso. Sal. Pimenta-do-reino. 6 dentes de alho, cortados ao meio. 1 colher de mesa de azeite de olivas. 3 fios de açafrão. Água.

MODO DE FAZER: Numa panela pequena, cheia de água até a sua metade, deposito o azeite. Por cima, espalho os dentes de alho. As densidades diferentes manterão as suas metades na superfície oleosa. Levo à fervura. Rebaixo o calor. Mantenho, por dez minutos. Acrescento o açafrão e tempero com o sal e a pimenta-do-reino. Paralelamente, douro a carne numa chapa ou numa frigideira. No momento em que o filé chega ao seu ponto, coloco num prato quente. Escorro os dentes de alho e espalho sobre a carne.

•

A metodologia da *Aquapatys* genialmente soluciona um problema crucial e antiquíssimo. Quando se frita o alho, se concentram em seu interior as suas substâncias mais amargas, consequência da briga biológica e a alinose, cujo resultado acarreta inúmeros pesadelos estomacais. Na *Aquapatys*, o produto simultaneamente se cozinha e se doura, assumindo um gosto surpreendentemente adocicado.

BOEUF À LA BOURGUIGNONNE
Cubos de Filé à Moda da Borgonha

O apelido determina todos os pratos que, supostamente, na sua composição, levam uma boa dose de vinho tinto, se possível o legítimo no nome, aquele da Borgonha, da região centro-oeste da França, localizada entre as montanhas do maciço Central do país, às bordas do rio Loire, e o curso do rio Saône. De lá provêm aqueles que, supostamente, de novo, são considerados os melhores fermentados de todo o universo.

Uma pesquisa de uma década atrás apontou o Boeuf à la Bourguignonne *como um dos pratos nacionais da velha Gália. Na verdade, um entre cada quatro cidadãos entrevistados indicou a iguaria como a sua predileta, ao lado do* Coq au Vin, *que eu deslindo no departamento das aves, da* Bouillabaisse, *idem, e do* Foie Gras, *que eu relato em meu dicionário final. O prato também se conhece por* Boeuf Bourguignon, *no masculino. Pessoalmente eu prefiro a sua porção mulher, questão de cavalheirismo.*

Data a alquimia da metade do século 17, bem antes que os açougueiros de Paris, em torno de 1720, preocupados com a escassa procura da carne em seus mercados, se decidissem a vendê-las, em nacos, na primeira liquidação de comida da história da humanidade. Uma versão aponta um certo Pierre de Lune, cozinheiro da capital, como o seu idealizador. Engano. Ele de fato cortou um pedaço de boi em cubos e então marinou o conjunto em vinho branco, conhaque e azeite de olivas. De Lune, porém, utilizou a parte do animal que corresponde à picanha, desprezadíssima naqueles idos. Um Bourguignon *ou uma* Bourguignonne *usa um corte oposto, a parte do contrafilé mais perto do pescoço e da cabeça do animal.*

A modernidade e o prazer da maciez interferiram no processo. Hoje, a receita leva o mignon *ou a alcatra, tolamente, até por se tratarem de peças antagônicas na irrigação e no sabor. Além disso, o vinho, eu volto ao meu começo, precisa ser o tinto, seco, bem encorpado, de maneira à sua essência resistir, sobranceiramente, ao longo tempo de panela. Vários escritores, como Alexandre Dumas, Émile Zola e Honoré de Balzac, brincaram em suas obras com a sugestão da preciosidade. Eu retorno à trivialidade e aposto numa formulação que colhi de um livro ensebadíssimo e valiosíssimo, da biblioteca de meu amigo, o colecionador Bob Shawn, que estabelece o seu parâmetro em torno de 1690.*

INGREDIENTES PARA UMA PORÇÃO: 250g de contrafilé, sem os ossos e sem as gorduras, cortado em cubos de 3cm de aresta. Sal. Pimenta-do-reino. 1 folha de louro. Bulbos de cebolinha verde. Farinha de trigo. 50g de toicinho fresco, em dadinhos de 1cm de lado cada qual. 1 cebola média, bem batidinha. Manteiga. $1/3$ de xícara de chá de conhaque. 1 $2/3$ de xícara de chá de vinho tinto, fundamentalmente da Borgonha. Minicebolinhas, pelotinhas de cenoura e pequenos cogumelos frescos, glaceados à parte, em mais manteiga, um tico de vinho e algumas pitadas de açúcar.

MODO DE FAZER: Tempero os cubos de carne com o sal e a pimenta-do-reino. Cubro com o vinho. À marinada, incorporo a folha de louro e os bulbos de cebolinha. Mantenho, por quatro horas. Escorro. Passo os nacos de carne na farinha. Filtro o líquido do seu banho. Numa caçarola funda, suavemente, derreto a gordura do toicinho. Agrego a cebola e um pouco de manteiga. Douro a carne. Derramo o conhaque. Inflamo. Redespejo o vinho. Mexo e remexo. Levo à fervura. Rebaixo o calor. Cozinho, até que os nacos de contrafilé se mostrem macios à ponta de um garfo. Acerto o ponto do sal. Sirvo com as minicebolinhas, a cenoura e os cogumelos glaceados.

BOEUF STROGANOV
Filé Stroganov

Neste popularíssimo departamento da gastronomia mundial, o equívoco se inicia pelo termo, que o planeta, tosca e afrancesadamente, grafa como **Strogonoff** *e que a imprensa pátria, de maneira inculta e depreciativa, já reapelidou de "estrogonofe", vulgarizando uma marca de família.*

Eu admito que a alquimia, dilapidada pelo tempo e por um vasto batalhão de inconsequentes, se tenha diluído ao limite das festinhas de aniversário e de formatura. A receita original, porém, merece todo o meu respeito, e também, às vezes, a minha dedicadíssima paixão. Num repasto numeroso e coletivo, ela permanece farta e insubstituível.

As referências mais precisas são escassas. A expressão viria de um verbo russo, strogat, *que significa "cortar em pedacinhos". Talvez. Já nos séculos 16 e 17 os soldados defensores da Carélia, Rússia, nas fronteiras da Finlândia, carregavam a sua carne em nacos e em barris enormes, debaixo de uma mistura preservante de sal grosso e aguardente, a mamãe da vodca de hoje. Na ocasião da fome, bastava cozinhar a coisa com cebolas, e em gordura forte, além de msclá-la ao creme azedo da mesma bagagem. Segundo o* Larousse, *um cozinheiro de Pedro, o Grande (1672-1725), de extração afrancesada, indicado ao czar por um nobre general, principiou a refinar a alquimia, através de componentes ocidentais. De novo, talvez. O general, contudo, ostentava um nome de batismo crucial – era da família Stroganov, núcleo de mercadores muito ricos, ambiciosos, localizados logo abaixo de Novgorod, entre São Petersburgo/Leningrado e a Letônia, gente cujas linhas de comunicação atravessavam a Europa inteira e iam se debruçar nos Países Baixos, onde hoje se situam a Holanda e a Bélgica.*

Impossível apontar de que maneira o tal cuca, se existiu, mais e mais aprimorou a iguaria. A assinatura, no entanto, sobreviveu. Fontes seriíssimas indicam que, mesmo em Moscou, a aristocracia se alimentava de um prato intitulado Stroganov *nos idos de 1780. Enfim, no final de 1800, um parisiense de nome Thierry Costet, consta que empregado pelos nobres de Novgorod como o executivo dos seus fogões, introduziu na formuleta os requintes ainda faltantes à sua sobranceria internacional.*

Da sua cidade, Costet levou os cogumelos, os champignons *branquinhos eternamente perfumados. No seu trajeto, pescou a mostarda dos germanos e a páprica dos magiares, além dos picles pungentes de pepino que os judeus da Europa Oriental curtiam em vinagre, a fim de se eliminarem as impurezas que o Talmude condena na comida* não kasher.

A combinação se arredondou de volta à França, Paris, depois da insurreição comunista de 1917, graças ao exílio de uma multidão de aristocratas afugentados pelo bolchevismo. Das variáveis todas, publico aquela que eu mais testei, e que mais aprecio, um casamento de múltiplas informações. Termino, de todo modo, sucumbindo à realidade. Além de Stroganov, *aceito que valha o termo Strogonov, conforme se constata no volume 11 da* Encyklopejia Pwszechna S. Orgelbranda *e conforme assegura um estudioso das suas raízes, o professor Olgierd O.A. Ligeza-Stamirowski, quase sobrinho de um certo Aleksandr Stroganov, coronel da cavalaria do czar e membro do conselho de administração do reino da Polônia, cerca de cem anos atrás.*

O coronel por um triz não se casou com uma tia do professor. Acabou optando por uma princesa, Aniela Wankowicz. Não fosse esse acidente matrimonial, enfim, eu possivelmente disporia de referências ainda mais fundas.

INGREDIENTES PARA UMA PORÇÃO: 200g de filé *mignon*, cortado em lascas, do tamanho dos dedinhos de uma criança. Sal. Pimenta-do-reino. Páprica picante. Farinha de trigo. Manteiga. 2 colheres de sopa de cebola, micrometricamente picadinha. 2 colheres de mesa de conhaque. Molho inglês, do tipo *Worcestershire*. Mostarda forte. ¾ de xícara de chá de polpa peneirada de tomates. ¾ de xícara de chá de molho *Rôti* (preparação básica na página 24). ½ xícara de chá de cogumelos frescos. ½ xícara de chá de pepinos em conserva, bem batidinhos. 2 colheres de sopa de creme de leite azedo.

MODO DE FAZER: Tempero a carne com o sal, a pimenta-do-reino e a páprica picante. Pulverizo com a farinha de trigo. Misturo muito bem. Aqueço um pouco de manteiga. Refogo a cebola, levemente. Douro a carne. Flambo com o conhaque. Despejo, a gosto, o *Worcestershire* e a mostarda. Mexo e remexo. Incorporo a polpa de tomates e o *Rôti*. Mexo e remexo. Levo à fervura. Rebaixo o calor. Agrego os cogumelos e os pepinos. Mantenho, suavemente, por dois minutos. No derradeiro instante, despejo o creme azedo e acerto, se necessário, o ponto do sal, da pimenta-do-reino e da páprica.

•

Quem desejar um *Stroganov* radicalmente mais autêntico deve temperar a sua carne e deixá-la por algumas horas numa marinada de vodca. O conhaque, entretanto, arredonda o sabor da alquimia. Quem não souber cometer, corretamente, um creme azedo, quem não ousar expor o laticínio à acidez, num desvão da cozinha, de uma noite até 24 horas, apenas falseie o seu paladar final com algumas gotas de suco de limão. Advirto, porém, que o suco de limão, contendo vitamina C, é um óxido-redutor – ou, em outras palavras, endurece aquilo que toca. No caso a carne não se mostrará tão macia.

CHATEAUBRIANT SAUCE MADÈRE ET CHAMPIGNONS

Chateaubriant no Molho de Madeira e Cogumelos

A versão mais conhecida, e também mais celebrada, aponta na direção de um certo Pierre de Montmireil, valete, confidente e cozinheiro de um poeta extraordinário, o visconde René de Chateaubriand (1768-1848), sem o circunflexo no primeiro a do sobrenome, por favor. Segundo a lenda, secularmente respeitada, Montmireil surpreendeu o seu patrão, logo depois da publicação da obra L'Itinéraire de Paris à Jérusalem, *em 1811, com uma alquimia impactante, um corte alto e bem robusto do coração do filé mignon, aproximadamente quatrocentos gramas de absurda maciez.*

Trata-se, porém, de lenda mesmo. O molho de Montmireil para o filé do poeta levava vinho branco e cebolinhas roxas, no lugar do Madeira e dos cogumelos que fizeram a fama comercial do prato. Além disso, o verdadeiro corte de fato se chama Chateaubriant, *ainda sem o circunflexo e com um* t *no final da expressão, nome de uma cidade da região francesa do Loire, abundante, duzentos anos atrás, em gado de excelente qualidade.*

Polêmicas à parte, fica o fato de, habitualmente, nenhum restaurante atingir o ponto exato de palatibilidade da iguaria. Por seu volume, um Chateau *precisa ser grelhado ou bronzeado em calor lentíssimo, caso contrário ostentará uma casca grossa em seu interior e o miolo completamente cru.*

A receita ideal mistura as ideias de Escoffier e de Curnonsky.

INGREDIENTES PARA UMA PESSOA: 1 *Chateaubriant*, com cerca de 400g, totalmente aparado. 40g de tirinhas de toicinho fresco. Sal. Pimenta-do-reino. 4 colheres de mesa de manteiga derretida. 50g de cogumelos frescos e pequeninos. 50g de cogumelos frescos e grandes, delicadamente laminados. 1 xícara de chá de molho *Demi--Glace* (preparação básica na página 25). 2 colheres de mesa de vinho Madeira, bem seco.

MODO DE FAZER: Massageio a carne com o sal e a pimenta-do--reino. Deixo que descanse por cinco minutos. No interregno, unto uma fôrma refratária, adequada ao tamanho do *Chateau*, com uma das colheres da manteiga. No fundo da fôrma, espalho o toicinho. Deposito a carne na fôrma. Banho com mais uma colher da manteiga. Tampo. Levo ao forno bem quente, por cerca de dez minutos, banhando o *Chateau* de vez em quando. Paralelamente, produzo o molho. Numa outra panela, aqueço o restante da manteiga e nela salteio os cogumelos menores. Despejo o *Demi-Glace*. Misturo. Levo à fervura. Incorporo o Madeira. Retomo a ebulição. Retiro. Passo numa peneira, eliminando os cogumelos menores. Reservo. Recolho a carne do forno. Rapidamente, numa frigideira, com um pouco da sua própria manteiga, douro todas as suas faces. Em chama suave, cubro com o molho filtrado. Agrego as lâminas dos cogumelos maiores. Acerto o ponto dos condimentos. Mantenho por no máximo outros trinta segundos, misturando com bastante ternura.

•

Obviamente se pode cometer um *Chateau* sob infinitas outras proteções. O processo de perpetração da carne deve ser, contudo, eternamente o mesmo. No mais, que o leitor use a sua fantasia.

DIANA STEAK
Filé à Diana

A deusa romana dos bosques e da caça não tem relação nenhuma com o belo prato de carne de boi que acabou absorvendo a sua nomenclatura e a sua aparente proteção. Na gastronomia de tradição, Diana é tudo aquilo que se pode cometer com um molho à base de caças, em especiais o cervo e o veado. Produz-se o molho através do cozimento dos ossos do animal. Ao resultado se agregam um pouco de creme de leite e lâminas de trufas. Hoje, uma formulação impossível, no mínimo brutalmente dispendiosa.

Uma simplificação, de todo modo, aconteceu na França de uns cem anos atrás, quando Auguste Joliveau introduziu, no seu Café de Paris da Avenue de l'Opéra, o seu molho Rôti, *síntese da clássica* Sauce Espagnole. *Inúmeras coisas* à Diana *passaram a se utilizar do* Rôti, *à base dos ossos e das aparas da carne de boi, no lugar das complicadas caças. Posteriormente, as mãos divinas de Edouard Nignon, um gaulês da Bretanha, mesclaram o* Rôti *à polpa de tomates, fundando o prato que apresento aqui.*

Importante: Nignon perpetrava a maravilha, uma das minhas predileções inabaláveis, com um steak *de fato – e não, como acontece no Brasil, com um filé* aplati. *O* steak *é um corte de carne que os ingleses deixaram na França derrotada logo depois da batalha de Waterloo, um século antes de Nignon e do seu restaurante Larue, em Paris (1908-1921). Trata-se de um bifão cortado na direção das fibras do* mignon, *no sentido do seu comprimento. O* aplati *(e não* plati, *como já li em muito cardápio sério) se extrai exatamente no sentido oposto, um bife mais delgado e ainda muito batido, até atingir a espessura inferior a um dedinho. Leia o dicionário do final.*

INGREDIENTES PARA UMA PORÇÃO: 1 bom pedaço de *mignon* de boi, cerca de 250g, intacto, *steak*, ou mesmo *aplati*, conforme o gosto do freguês (eu prefiro a carne na sua integralidade mas concordo que, esmagada, ela assume melhor o paladar das suas parcerias). Sal. Pimenta-do-reino. Manteiga. 1 colher de mesa de molho inglês, do tipo *Worcestershire*. 1 colher de mesa de mostarda francesa, pura, sem outros condimentos. 2 cálices de conhaque de vinho. ½ xícara de chá de molho *Rôti* (preparação básica na página 24). ½ xícara de chá de molho de tomates (preparação básica na página 23). Salsinha verde, picadinha.

MODO DE FAZER: Tempero a carne com o sal e a pimenta-do--reino. Numa frigideira de tamanho apropriado, derreto um pouco de manteiga. Mantenho, por um minuto. Viro. Banho com o *Wor-*

cestershire e com a mostarda, espalhando muito bem. Despejo o conhaque. Inflamo. Misturo e remisturo. Coloco o *Rôti* e o molho de tomates. Misturo e remisturo. Levo à fervura. Rebaixo o calor. Acerto o ponto dos temperos. No derradeiro instante, pulverizo a salsinha e volto a revirar. Um Diana ideal se serve com arroz salteado no fundo de cozimento, rapidinho, na última hora.

FILET À LA WELLINGTON
Filé à Moda de Wellington

Mesmo depois de uma longa investigação, fica difícil estabelecer a paternidade exata deste prato, seguramente em homenagem a Arthur Wellesley (1769-1852), lorde e general britânico, o homem que derrotou o corso francês Napoleão Bonaparte na antológica batalha de Waterloo.

Trata-se, fundamentalmente, de um Chateaubriant *empanado em massa de* Brioche *e então assado brandamente. O general, que carregava consigo ao campo de batalha um cozinheiro de salgados e um patisseiro, adorava tudo o que fosse empanado – aliás, uma tradição londrina. Daí, provavelmente, a proposição da alquimia. Ingleses, franceses e belgas brigam pela primazia da criação. Pelo estilo e pelos ingredientes, porém, parece mais lógico considerá-la mesmo gaulesa, até parisiense. Bem feita, com a massa justa, a receita é visualmente espetacular. Sem falar dos seus riscos múltiplos e da paciência que o seu passo a passo exige. Talvez por isso, os seus problemas de execução, esteja sumida dos menus mais nobres. Recentemente, apenas pude desfrutá-la em hotéis do interior, em Lindoinha e em Águas de São Pedro (SP), sob o comando de bons chefs de antigamente.*

INGREDIENTES PARA UMA PORÇÃO: 1 *Chateau* com cerca de 400g de peso. Sal. Pimenta-do-reino. 50g de *foie gras*. Alguns cogumelos frescos, finamente laminados. 100g de massa de *Brioche* (preparação básica na página 25). 1 gema de ovo, desmanchada. Manteiga.

MODO DE FAZER: Tempero a carne com o sal e a pimenta-do-reino. Rapidamente, douro num pouco de manteiga. Escorro bem.

Unto o filé, completamente, com o *foie gras*. Coloco no meio da massa, aberta num tamanho apropriado. Cubro com os cogumelos. Embrulho o *Chateau*, selando completamente as suas junções. Pincelo integralmente com a gema de ovo. Levo ao forno médio, até que o pacote se mostre dourado e crocante.

•

Mais sobre o *foie gras* no glossário do fim.

FILET AU POIVRE
Filé no Molho de Pimenta

A pimenta faz parte da gastronomia ocidental desde os gregos mais remotos. O assim chamado "Pai da Medicina", o tessalônico Hipócrates (460-377 a.C.), já admitia as suas propriedades curativas, assim como assumia o seu sabor pungente, nas suas misturas culinárias. Em seguida, os romanos adotaram o produto com paixão, dos salgados às sobremesas. O seu valor era tão grande que a pimenta virou dinheiro. A pimenta era dote de casamento, símbolo de fortuna e de prosperidade.

Tal relação perdurou no planeta por quase vinte séculos. Em 1973, quando Charles, príncipe da Inglaterra, foi nomeado um duque por sua mamãe, a rainha Elizabeth II, a sua compensação feudal então englobava, mesmo que simbolicamente, um feixe de achas de madeira a se queimar numa fogueira, um par de esporas rebrilhantes, dois cães e quase meio quilo de grãos negros de pimenta. Pobre Charles. Talvez ele não soubesse que, milenarmente, a pimenta clara sempre foi mais valiosa do que a escurinha. A diferença se explica. A negra não passa da verde, amadurecida e desidratada. A clara nasce da escurinha, num processo de maceração que lhe retira a casca e, também, nada é perfeito, um pouco do seu poder. A manifestação mais engenhosa da sua utilização na culinária, de qualquer modo, advém de muito tempo depois da valorização da iguaria original. Data do mestre Taillevent, nos idos de 1300, coisa de uma culinária gótica que adorava o paladar picante e os contrastes agridoces.

No livro básico de Taillevent, Le Viandier, existem várias alquimias de carnes grelhadas com a ajuda da pimenta. Apenas no século 19, porém, o estupendo Auguste Joliveau, no seu Café de Paris, da Avenue de l'Opéra, consolidou as misturas todas numa receita de antologia, versátil ao ponto de admitir uma infinidade de multiplicações. Ao meu modo eu publico a versão de Joliveau, com as suas necessárias adaptações.

INGREDIENTES PARA UMA PORÇÃO: 1 filé de boi, com cerca de 300g de peso, temperado com sal. Manteiga. Conhaque de vinho. 1 colher de chá de grãos de pimenta verde. 1 colher de chá de grãos de pimenta-negra. 1 colher de chá de argolinhas de pimenta vermelha, fresca, sem as sementes. ¾ de xícara de chá de molho *Rôti* (preparação básica na página 24). ¼ de colher de chá de polpa de tomates.

MODO DE FAZER: Numa frigideira grande, derreto um pouco da manteiga e nela douro a carne, rapidamente, de ambos os lados. Flambo com o conhaque. Durante o incêndio, agrego os grãos e as argolinhas de pimenta. Com a ponta de um garfo, delicadamente, aperto os grãos e as argolinhas, de maneira que eliminem, no caldo, um pouco do seu paladar picante. Deposito o *Rôti* e a polpa de tomates. Misturo bem. Acerto o ponto do sal e, no finalzinho, aveludo o molho com mais um tico de manteiga, previamente derretida.

•

Qualquer outra pimenta funciona primorosamente nesta fórmula simples e majestosa. Os grãos secos, no entanto, têm de ser antecipadamente esmagados, de preferência aleatoriamente, com o cabo de uma faca ou um martelo de cozinha, dentro de um guardanapo. Ideal, melhor, é a combinação de várias cores e de diferentes intensidades, a pimenta verde, a negra, a branca, a amarela, a roxa, a vermelha etcétera e tal. A cozinha *Cajun*, da Louisiana, sudeste dos EUA, nos arredores de Nova Orléans, ensina que a mesclação de muitas pimentas arredonda a disposição do céu da boca e amplia o resultado final do prato.

FILET SAUCE MOUTARDE
Filé no Molho de Mostarda

Está na Bíblia. Antes de Cristo, muito antes, a mostarda fazia parte da mesa cotidiana do Levante. Mostarda escura ou mostarda negra, um produto típico da Palestina e dos desertos que conduziam até a África do Norte. No Egito, comumente se misturavam as sementes, apenas quebradas numa pedra, à carne das caças ou das criações caseiras. Além delas, porém, também se consumiam as folhas verdes da planta-mãe, absolutamente nuas, no azeite ou cozidas numa infusão de água e sal.

Dentre os gregos e os romanos, com os grãos e o ventre do atum, uma majestade no mar Mediterrâneo, se realizava a Muria, *um prato picante, vigoroso e crucial, que os sacerdotes costumavam benzer. A mostarda, afinal, era uma dádiva, mas era, simultaneamente, uma grande praga. Medrava descontroladamente e invadia as plantações de outros verdes, muitas vezes arruinando as colheitas todas. Basta um mero quilo das suas sementes para se obter, em um único acre de terra, aproximadamente 40 mil metros quadrados, uma segunda geração, absurda, gigantesca, monumental, de 1,5 bilhão de grãos em apenas doze meses de espera sem esforços.*

De uma família virtuosa, a das crucíferas, a mostarda se distribui por cerca de duzentos gêneros e por mais de duas mil espécies, nenhuma delas tóxica ou venenosa. Além da negra, percorre uma linda coleção de cores, descendo do violeta ao branco, com destaque para o dourado. Graças a essa generosidade, em pleno século 5 já se conheciam, com a mostarda, inúmeras pastas aromatizantes e molhos de acompanhamento. O seu valor era superior ao do sal, que apenas se afirmou na Idade Média.

O papa João XXII, que regeu o catolicismo entre 1316 e 1334, chegou a inventar para um sobrinho o cargo inusitado de "Mostardeiro do Pontífice" – provavelmente a mais antiga das mordomias culinárias. Por volta de 1390, tão disseminada estava a sua utilização que os gauleses decidiram regulamentar, através de um édito, a sua ideal preparação, uma mistura dos grãos esmagados com "vinagre de excelente qualidade". Enfim, em Dijon, na França de 1630, se implantou a primeira linha efetiva para a sua industrialização, em potes de argila espessa.

Apesar da sua pungência, se trata, curiosamente, de um produto delicado e muito frágil. Os grãos, intactos, ainda resistem um longo tempo à intempérie e ao abuso. Na forma de pasta, porém, a mostarda entra facilmente em decomposição com a mudança de temperatura e a passagem da luz. O seu poder se concentra numa substância batizada de mirosina, capaz de reagir, imediatamente, em contato com a água aquecida ou com algum ácido como o vinagre e o sumo de limão. A petulância, no entanto, não dura mais do que uma dezena de minutos. Como manter a vibração em plena fúria?

O mundo deve a solução a um inglês, Jeremiah Colman, que em meados do século 19 descobriu uma infalível formulação. Ao pó dos grãos bem trucidados, ele acrescentou farinha. Ultrarresistentes, involuntariamente conservantes nesse caso, os amidos da farinha impuseram à mostarda a durabilidade indispensável. Claro que o casamento esbranquiçava o resultado. Colman, contudo, reacertou a tonalidade com a inserção de curcumã amarelado à alquimia. Eis a sua relação precisa: para cada 50 gramas de pó de mostarda, 20 gramas de farinha refinadíssima e 30 de curcumã.

A partir de Colman, tornou-se comum a invenção de novas composições. A mostarda norte-americana leva água, cerca de 30 gramas, mais a relação do inglês. A mostarda alemã leva especiarias e um toque de caramelo, o que lhe garante o seu aspecto bronzeado. A mostarda atual Dijon leva um pouco de vinho branco. A mostarda de Meaux leva a pasta e mais uma proporção de 50% de grãos inteiros. A popular leva vinagre. Aliás, saiba o leitor que as sementes de mostarda ostentam formidáveis propriedades fungicidas. Por isso é excelente acrescentá-las às conservas e às compotas, mesmo aquelas muito doces.

Alguns franceses querem que o termo derive de moult me tarde, *o lema do brasão de armas de um certo comerciante Jean Poissonet, coisa de quatrocentos anos atrás. Bobagem. Provém, na realidade, do latino* mustum ardens, *que significa, apropriadamente, "mosto ardente ou pasta picante". De maneira a se preservar, na gastronomia, essa característica fundamental do pitéu, fique aqui determinado que a mostarda, em hipótese alguma, deve ser cozida diretamente numa panela qualquer. A mirosina se esvai com o calor. O método perfeito pede o mero aquecimento no banho-maria – e só.*

Ingredientes, para uma porção: 1 filé de boi, com cerca de 300g de peso, temperado com sal e pimenta-do-reino. Manteiga. 1 ramo de alecrim fresco. Uma colherada de bom conhaque de vinho. ¾ de xícara de chá de mostarda forte. ⅓ xícara de chá de creme de leite.

Modo de fazer: Tempero a carne com o sal e a pimenta-do--reino. Massageio com a manteiga. Deixo que repouse, por três minutos. Numa caçarola de vidro ou porcelana, misturo o alecrim, o conhaque, a mostarda e o creme. Levo ao banho-maria. No momento em que o molho principia a borbulhar, coloco a carne numa grelha ou numa chapa. Retiro, antes do ponto. Incorporo ao molho, sempre no banho-maria. Se necessário, acerto o ponto do sal.

•

Um molho de mostarda, eu insisto, tem de ser cometido, eternamente, no banho-maria, de maneira a se preservar a personalidade da mirosina. O seu paladar, no entanto, se enriquece com a intromissão de outras ervas na mistura – além do alecrim, por exemplo, o estragão fresco ou desidratado.

TOURNEDOS ROSSINI
Tournedos à Moda de Rossini

Uma reles investigação na vasta bibliografia a respeito de Gioacchino Rossini (1792-1868), o compositor italiano de Il Barbiere di Siviglia *e de* La Cenerentola*, deixará peladas todas as baboseiras que já se divulgaram a respeito deste prato famosíssimo e sempre cometido de maneira errada, infamemente mal-adaptada aos ingredientes de plantão. Para Rossini, um* bon vivant *e, segundo alguns desafetos, um péssimo caráter, a grande ópera da existência se dividiria em quatro atos: "Comer, amar, cantar e fazer a digestão".*

Robusto, balofo mesmo, admitirei que ele se alimentava bastante bem, inclusive de sopranos jovens, interessadas na sua bajulação. Admitirei, ainda, graças ao que li nas obras de Francis Toye e Herbert Weinstock, que ele sabia cozinhar com esmerada correção. Em sua vida de viajante, inventou muitas alquimias para ovos, pescados, aves, massas e os tão celebrados e mal-realizados Tournedos.

Dizem alguns compêndios que a formulação lhe foi oferecida por Paul Chevreuil, o proprietário do suntuoso Café Anglais do Boulevard des Italiens em Paris. A verdade, todavia, está na exata oposição. Certa noitada, depois de uma encenação, Rossini apareceu no lugar com um séquito de puxa-sacos e, intempestivamente, exigiu que Chevreuil lhe preparasse um prato de sua lavra, um Chateaubriant *no molho* Demi-Glace, *coberto de* foie gras *de ganso e de trufas laminadas. Exigiu, na pompa e na circunstância.*

Chevreuil não topou. E encarregou seu chef, *Marcel Magny, de cuidar da mesa do compositor. Como o cliente tem sempre razão, Magny executou a sua tarefa, num* réchaud. *Mas executou de costas, daí a expressão que deu o nome à receita,* tourne dos. *Pior, determinado a se vingar da humilhação, ainda cortou ao meio o* Chateau, *que se transformou em dois medalhões.*

Magny acabou demitido do Café Anglais. Amargurado, se transferiu ao Philippe e, enfim, abriu a sua própria casa, carregando consigo a formulação – e o batismo. Os Tournedos Rossini *se celebrizaram assim, na ironia, literalmente de lombo virado à criação do compositor. Mais curiosamente ainda, o seu corte se entronizou na História. Desde então, a divisão de um* Chateau *ao meio se transformou em* Tournedos.

A novíssima edição do Larousse, *datada de 1988, a primeira a aparecer no mercado, devidamente atualizada, desde 1938, de certo modo se exime das tolices do passado e aceita a possibilidade de Rossini, de fato, haver pisoteado o orgulho de um restaurante francês. Diminui a força da reação de Magny, porém, ao explicar mal a razão do termo* tournedos. *A obra informa que a expressão surgiu, segundo o* Dictionnaire de l'Académie des Gastronomes, *na Paris de 1864, no Mercado de Halles, que vendia determinados produtos, de qualidade inferior, como os cortes pequeninos de um mignon em lojinhas de traseiro exposto às alamedas principais do logradouro. Boa tentativa, não houvesse o episódio de Rossini no Café Anglais acontecido duas décadas antes. No mais, para terminar o segmento, lembro a maîtres e a garçons que a palavra se pronuncia* turnedôs – *com os erres bem puxados e um acento firme no derradeiro* o.

INGREDIENTES, PARA UMA PORÇÃO: 2 medalhões de filé com 200g cada qual. Sal. Pimenta-do-reino. Manteiga. 2 fatias de pão de fôrma ou de miga. 2 lâminas de trufas, picadinhas. 2 lâminas de trufas, inteiras. 2 medalhões de *foie gras* de ganso, cerca de 1cm de espessura cada qual. 1 xícara de chá de molho *Demi-Glace* (preparação básica na página 25).

MODO DE FAZER: Aqueço uma frigideira de fundo grosso. Em fogo vivo, despejo algumas colheradas de manteiga. Douro os *tournedos*, um minuto de cada lado. Retiro. Reservo em lugar quente. Na mesma frigideira, rapidamente, bronzeio as fatias de pão. Reservo em lugar quente. Sempre na frigideira, despejo o *Demi-Glace*. Aqueço, misturando bem o molho às gorduras que restaram. Incorporo as trufas picadinhas. Misturo. Monto o prato, as fatias de pão por baixo, os *tournedos* só então condimentados com o sal e a pimenta-do-reino sobre eles, os medalhões de *foie gras* em cima, as trufas no topo e, então, o banho com o molho bem quente.

•

Mais *foie gras* no dicionário do final do livro.

VEAU CORDON BLEU
Escalopes de Vitelo Cordon Bleu

Para bem glorificar os seus vassalos mais fiéis e mais dignificantes, em 1578 o rei Henrique III da França instituiu a Ordem dos Cavaleiros do Santo Espírito, a honraria máxima em seu país, então. Os premiados se identificavam através de uma faixa larga de tecido em rebrilhante azul, o Cordon Bleu. *Numa ironia provocante, décadas depois, aqueles que se consideravam grandes cozinheiros, acima do bem e do mal, passaram a cingir os seus uniformes alvos com um dístico equivalente. E com o tempo, desmilinguida a Ordem, o* Cordon Bleu *se transformou em símbolo de méritos superlativos às margens de um forno ou de um fogão.*

Curiosamente, porém, o prato que leva tal apelido não tem nada, ou quase nada, de francês. Na realidade, nasceu no oeste da Suíça – e não se utiliza de filé de boi, ao contrário do que imaginam, arrevesadamente, inúmeros restauranteiros do Brasil. Um Cordon Bleu *de fato é cometido com carne de vitelo de, no máximo, duzentos dias. Eis a verdade irrefutável.*

INGREDIENTES PARA UMA PESSOA: 2 escalopes de vitelo com cerca de 120g cada qual, meigamente batidos, até apresentarem uma espessura de poucos milímetros. Sal. Pimenta-do-reino. Sumo de limão. 2 fatias delgadas de queijo *Emmenthaler*, cortadas no tamanho exato dos escalopes. 2 fatias delgadas de presunto cozido, sem gorduras, idem. 1 clara de ovo. Farinha de trigo. 1 ovo inteiro, bem batido. Farinha de pão torrado, grossa. Óleo de milho. Lâminas finas de limão. Salsinha verde, picadinha.

MODO DE FAZER: Tempero os escalopes com sal, pimenta--do-reino e sumo de limão. Abro, com as mãos, numa superfície antiaderente. Cubro cada fatia de carne com uma de queijo e uma de presunto. Dobro, como se fossem pastéis, cuidando para que o queijo e o presunto não escapem além das bordas dos escalopes. Unto essas margens com a clara de ovo, que servirá de cola natural. Fecho as bordas, vigorosamente, selando os pastéis. Passo na farinha de trigo. De novo, comprimo. Deixo que tudo descanse por meia hora. Banho no ovo batido. Passo na farinha de rosca. Espero mais meia hora, até que o empanamento se endureça. Frito, por imersão, em óleo quente, mas não fumando, virando de vez em quando. Escorro em papel absorvente. Sirvo com as lâminas de limão e a salsinha por cima.

•

Mais a respeito dos escalopes no meu dicionariozinho do fim.

SOBREMESAS & RECHEIOS

BAVAROIS AUX FRAISES
Bavarês de Morangos

De início, radicalmente, estabeleçamos uma lei. O nome da sobremesa cremosa, gelatinizada, de textura localizada entre um pudim e uma mousse, ostenta o sexo masculino, em francês, Bavarois, ao menos, desde os tempos de Carême. Admito que o inglês, um idioma hermafrodita, possa propor alguma dúvida. A sua tradução, Bavarian Cream, pode variar da fêmea ao macho, conforme a visão de quem olhar. De todo modo, está nos menus do século 19, assim, um homenzinho, Bavarois, eu repito. Por isso a minha tradução, em respeito à matriz, fica no Bavarês, por mais feio que ele seja. Bavaroise, ou Bavaresa, é uma coisa muito diferente. Fundamentalmente se trata de uma beberagem, datada também do mesmo século, do famoso Café Procope de Paris, combinação de chá, um pouco de leite e a dose exigida de licor. Há cem anos se utilizava o absinto, a essência alcoólica de uma planta que contém um poderoso alcaloide energizante, mas também embriagante, que acabou proibido na Europa, em 1915, pelos seus efeitos perigosos aos nervos e ao cérebro dos seus consumidores.

Onde nasceu o nome não se sabe. Parece óbvio imaginar que o fato aconteceu nas cortes de Munique, Baváría, Alemanha. A gastronomia dos tedescos, entretanto, nunca mostrou a sutileza que o prato exige. Parece mais lícito imaginar que ela tenha sido exportada desde a França até a Germânia através dos patisseiros *que, lá por 1800, os príncipes de Wittelsbach contratavam em Paris. Assim explicam as enciclopédias de plantão.*

Para complicar um pouco mais a consideração, ocasião dessas, sempre no século 19, algum chef *francês, a serviço de alguma família russa e aristocrática, introduziu um purê de frutas num* Bavarois *e rebatizou a iguaria de* Moscovite. *Paro por aqui e fico com um Bavarês que eu adorei, criação de um parisiense, Henri-Paul Pellaprat (1869-1950), assistente do grande Casimir Moisson na Maison Dorée da sua Cidade Luz.*

INGREDIENTES PARA UMA FÔRMA: 2 lâminas ou 4 envelopinhos de gelatina neutra, dissolvida em 6 colheres de mesa de água fria. ½ xícara de chá de açúcar. 1 xícara de chá de água. O sumo de 1 limão e de 1 laranja, muito bem coado. 2 xícaras de chá de purê de morangos frescos, muito bem peneirado numa tela fina. 2 xícaras de chá de *Chantilly* (receita na página 176). Açúcar de confeiteiro. Folhas de hortelã. Manteiga.

MODO DE FAZER: Enquanto a gelatina se amolece, produzo uma calda leve com o açúcar e a água restante. Incorporo a gelatina à água. Misturo muito bem. Espero que tudo se resfrie à temperatura ambiente. Agrego os sumos do limão e da laranja. Misturo. Acrescento o purê de morangos. Misturo. Levo à geladeira. Quando percebo que a combinação começa a se firmar, introduzo o *Chantilly* e o açúcar de confeiteiro. Amalgamo e homogeneizo muito bem. Disponho numa terrina levemente untada de manteiga. Reponho na geladeira, para que o Bavarês se encorpe. No momento exato, viro num prato bonito. Enfeito com folhas de hortelã.

•

Obviamente, um *Bavarois*, ou Bavarês, pode ser cometido com outras frutas. Que o leitor use a sua fantasia e a sua sensibilidade na relação dos ingredientes. Um purê mais denso, por exemplo, de mangas, leva um pouco menos de creme. Um suco bem liquefeito, como o de tangerinas ou o de melancia, necessita de mais gelatina e de mais *Chantilly*. Agora, fundamental: *Bavarois* não é *mousse* e por isso não leva ovos, gemas ou claras.

BLANC MANGER
Manjar Branco

O Brasil, e que o planeta perdoe o Brasil, comete o seu Manjar Branco com o leite de coco, cada vez mais fácil de se encontrar, industrializado inclusive, por aqui. Décadas atrás, tudo bem, se perdoava o crime. Era difícil, afinal, achar durante o ano inteiro, nos melhores dos revendedores, a essência obrigatória das amêndoas, a matriz da alquimia original. Hoje, porém, não há como esquecer a infração. Encontram-se as frutas secas de janeiro a dezembro. Encontram-se, também, o seu óleo e o seu aroma, na forma até de essências artificiais. Retornemos, por favor, à realidade.

O Manjar Branco, aliás, é a mais antiga das sobremesas trivialmente famosas que a Terra conheceu. Nasceu no golfo do Leão, no sul da França, a região de Languedoc, cerca de mil anos atrás. Desde então se realizaram sobre ele inúmeras variações, habitualmente engrossadas com maisena e até mesmo com a farinha de trigo. Um Manjar Branco que se preze, todavia, leva apenas um purê bem peneirado das amêndoas fatais, o açúcar necessário, o leite preferivelmente fresco e algum agente aglutinador, a gelatina.

No passado, se usava o Manjar Branco como companhia de carnes claras, o peixe, a galinha, a vitela. Cozinhava-se o molho com a proteção dulcíssima de um pouco de mel. Alguém, nos entornos de 1200, considerou que o pitéu, sozinho, valia um prato. Melhor, valia uma sobremesa. Taillevent montou a formulação que eu revelo em meu livro. Nela, apenas aperfeiçoei os tempos de cozimento, adaptados aos equipamentos da atualidade.

INGREDIENTES PARA UMA FÔRMA: 500g de amêndoas, sem as cascas e as peles. Água fria. 2 xícaras de chá de açúcar. Manteiga. 2 tiras de gelatina neutra, diluída num pouco de água morna. 1 cálice de essência natural de baunilha. 2 cálices de licor, preferivelmente Maraschino.

MODO DE FAZER: Cubro as amêndoas com água fresca e fria. Elas se mostrarão bem mais brancas do que na natureza. Escorro. Seco. Esmago num pilão, ou pulverizo num processador, incorporando, aos poucos, a água necessária até obter uma pasta cremosa, a textura equivalente a um pudim não assado. Agrego o açúcar e um pouco de manteiga. Misturo e remisturo, homogeneizando completamente. Acrescento a gelatina, a essência de baunilha e o licor. Misturo e remisturo, re-homogeneizando por completo. Filtro o resultado num pano de linho, torcendo e retorcendo até o fim. Misturo e remisturo. Deposito num molde bem molhado. Levo à geladeira, até que o Manjar se enrijeça. Sirvo com um contraste de cores. Por exemplo, ameixas negras, sem caroços, e um banho de calda de morangos ou de framboesas. Lascas de pêssegos em conserva e um purê de figos. Uso a imaginação.

CHARLOTTE
Charlotte

Pois bem, um título sem tradução. Afinal, se trata de um nome próprio – e de uma designação irreversível, razoavelmente conhecida por quem se enfronha no classicismo dos menus. Uma Charlotte *é* uma Charlotte, *e pronto. No máximo, que ela ostente um apelido consequente, vá lá,* Charlotte Froide, Charlotte avec le Chantilly, *ou a mais famosa,* Charlotte Russe.

Por causa dessa designação, alguns livros alimentam a fantasia de que a alquimia nasceu Malakoff, *ou* Malakov, *na Moscou dos czares. Por causa do seu sotaque, outros volumes determinam o seu nascimento na França dos vários Luíses. Por incrível que pareça, todavia, a inspiração da iguaria é britânica, vem dos biscoitos ingleses que a Europa já consumia no século 18, as bolachas que hoje se chamam de champagne ou às vezes de diplomata. As primeiras, com açúcar cristalizado em seu entorno. As outras, nuinhas, sem excessos.*

Realmente, o batismo brota de ladyfingers, *a efetiva raiz da bolacha e do biscoito, coisa que Londres já consumia no seu chá nos mesmos idos. Por eles soçobrava de paixão uma tal Charlotte, mulher do rei Jorge III da Grã-Bretanha (1738-1820), que os misturava a creme, ao chá e ao café, às geleias e às marmeladas de plantão.*

Com base em tal gosto, o grandioso Carême inventou uma completa sobremesa, aquecida em banho-maria, lindérrima na sua concepção e na sua montagem trivial. A briga pela propriedade da alquimia desembestou em dois caminhos. Com o interior gelado, coisa da geografia, ela se apelida somente de Charlotte *ou de* Charlotte Russe. Com o seu miolo quente, a opção de Carême, Charlotte à la Parisienne. Valem ambas, inclusive porque o mercado já perdeu a noção da História e não respeita mais as velhas distinções. A ideia fundamental, porém, subsiste plenamente – e formosamente. Hoje, qualquer pudim de quarto estrato rodeado por um molde de ladyfingers, *as bolachas diplomata ou os biscoitos champagne recebe o batismo de* Charlotte.

Não condeno. Apenas eu revelo a receita de Carême. Da confusão do departamento, me parece, e sou justo, exatamente ela irá remanescer.

INGREDIENTES PARA UMA FÔRMA: Rum, escuro. A quantidade necessária de biscoitos *champagne* para cobrir toda a auréola de um molde de pudim ou correlato. Manteiga. 150g de calda de chocolate amargo. 6 gemas de ovos. 6 claras. 1 colher de sopa de café bem forte. ½ xícara de chá de mel. Açúcar. 1 xícara de chá de frutas cristalizadas, picadinhas.

MODO DE FAZER: Molho, rapidamente, os biscoitos no rum. Unto as margens de um molde de pudim com manteiga. Forro a circunferência com as bolachas, cuidando para não haver nenhum espaço entre elas. Levo à geladeira. Paralelamente, bato partes iguais de manteiga e de açúcar, equivalentes, na sua soma, a 50% do espaço vazio da fôrma, até obter uma pasta bem macia e bem homogênea. Agrego as gemas. Misturo. Acrescento a calda de chocolate. Misturo. Incorporo as claras, vigorosamente batidas. Mesclo. Despejo o café e o mel. Remesclo, produzindo uma espécie de *mousse*. Coloco a metade do resultado no molde. Cubro com uma camada de mais bolachas, banhadas em rum, bem ajustadas e sem vazios entre elas. Por cima, disponho o restante da *mousse* e, no topo, as frutas cristalizadas. Levo ao forno médio, em banho-maria, por cerca de trinta minutos. Espero que tudo se resfrie à temperatura ambiente. Guardo na geladeira até o momento de servir. Em tal instante, retiro o aro exterior do molde.

Eventualmente, uma *Charlotte*, seja a russa ou seja a de Carême, recebe em seu topo um desembarque de *Chantilly* – cuja receita, a vera, eu também informo neste livro. Quem me lê que decida, sim ou não.

CONFITURE DE CERISES
Geleia de Cerejas

Longe do Brasil, ou dentro dele, nas fermentantes lojas de produtos importados, geleia pode ser jam *ou pode ser* preserve, *dependendo do idioma de emissão. Em geral, contudo, geleia é mesmo* marmalade *ou* marmelade, *ainda que não exista nenhuma relação com o fruto que, ostensivamente, lhe transmite o seu apelido, o desprezadíssimo marmelo.*

Os gregos e os romanos já faziam a sua geleiazinha. Não como tema gastronômico, mas como um medicamento para as agruras da digestão. Fácil de explicar: o açúcar reenergiza. O que era empírico, 25 séculos atrás, se tornou lógico, atualmente, com o progresso da ciência.

No primeiro século antes de Cristo, o médico e filósofo helênico Pedanios Dioscórides redigiu um razoável tratado ao seu respeito e outras coisas. Atestava ele que o marmelo, descascado e sem sementes, cozido em mel e conservado por um ano, ao menos, adquiria propriedades sensacionais, até nos casos de úlceras estomacais. A receita assumiu o apelido de melimelum. *Dela provêm o português marmelada e o britânico equivalente.*

O marmelo é persa. Antes do século 15, contudo, ninguém pensou em utilizá-lo, habitualmente. Algum lusitano leu Dioscórides. Nas invasões mouriscas, Portugal devolveu a sua alquimia ao mundo árabe. E os levantinos, através da adição, à iguaria, de algumas raízes aparentemente afrodisíacas, aumentaram a sua reputação como um produto restaurativo.

Não se tem, infelizmente, nenhuma notícia formal do teor de tais estimulantes. Provavelmente o gengibre. Quem sabe o asiático ginseng. De toda forma, nos arredores de 1725, o termo marmelet, *pai do genérico marmelada, era comum em Londres, entre as damas de virtude incerta.* Custava mais barato comercializar a tal geleia com os frequentadores dos bordéis do que o ato específico que une, às vezes, um homem e uma mulher.

Isso posto, no estrangeiro, tudo vira marmalade *ou* marmelade *ou* confiture. *Eu optei pela raridade das cerejas e porque achei, na minha investigação, uma formulação do século 19, num livreto venerando, da biblioteca do conte Leonardo Regazzoni di Salaparuta, já citado em meus agradecimentos, volume que, aliás, o belo cidadão me presenteou em meus 44 anos. Grazie, Lindy...*

INGREDIENTES PARA UM LITRO: 1 ½ kg de cerejas frescas, sem os caroços. 2 xícaras de chá de açúcar. 1 colher de chá de canela em pó. 8 dentes de cravo. 6 colheres de mesa de suco de limão, bem coado.

MODO DE FAZER: Preaqueço uma panela de fundo bem grosso. Coloco as cerejas, o açúcar, a canela, o cravo e o suco de limão. Misturo bem. Esquento, até que o açúcar se liquefaça, mesclando sem parar. No momento em que percebo o conjunto solto das bordas da caçarola, abaixo o calor. Em hipótese alguma eu deixo a geleia se queimar. Caso necessário, agrego um tico de água, a fim de facilitar a operação. Coloco numa jarra de vidro. Tampo, muito bem. Esterilizo em água fervente. Guardo.

CRÈME DE CHANTILLY
Creme Chantilly

Todos os meus apelos consumidos, diante do pelotão de fuzilamento a minha derradeira refeição se encerrará com um prato de belos morangos, rubros no exterior e dentro deles, recobertos pelo verdadeiro creme Chantilly *– sim, o verdadeiro, sem imitações ou falcatruas.*

Frutinhos silvestres à parte, o universo deve o creme a um doido fantástico, Fritz Karl Vatel (1635-1671). Um doido que morreu cedo, aos 36 anos de idade. Aliás, um doido que se suicidou, a fim de não se desonrar. Um empregado de salão, rigorosamente suíço, Vatel provocou a atenção dos senhores da casa palacial de Chantilly e, jovem ainda, pelo seu charme e pela sua competência, ficou famoso nas cortes da França.

Impossível desvendar se a sua preciosidade aconteceu propositadamente – ou acidentalmente. Verdade que o leite da região de Chantilly, onde Vatel se alojou aos 27 anos de vida, era mais gorduroso e, por isso mesmo, mais apropriado à bateção que o transformaria numa pasta vaporosa e densa. Melhor: depois das suas experiências iniciais, ao resultado da sua combinação Vatel adicionou açúcar. Maravilha. Imbatível maravilha, *o creme* Chantilly. *Aliás, em francês, no feminino, a* Crème de Chantilly.

Corria abril de 1671. Os patrões de Vatel o encarregaram de organizar um farto banquete em honra do rei Luís XIV, com nada menos do que três mil convidados. Apareceu mais gente do que Vatel imaginava. Um monumental fogaréu, um churrasco ao ar livre, foi dilapidado por uma tempestade. Vatel se considerou fracassado. No dia seguinte, a continuação do evento, o chefe despertou cedinho, à espera de dois carroções de peixes frescos que salvariam a sua face, na continuidade do menu.

Pena. Ao saber que apenas parte da sua carga tinha chegado no instante combinado, Vatel se esfaqueou, no peito e na barriga, com o seu instrumento de trabalho. Morreu, segundo a lenda, no instante exato em que a encomenda inteira atravessava as portas do castelo de Chantilly.

Desgraça descartada, fica aqui, bonjour *Vatel, a sua receita original.*

Procedimento para um litro: Misturo 600g de creme de leite, bem gelado, a 200g de leite fresco, idem, de maneira a homogeneizar completamente a combinação. Retiro. Agrego quase 200g de açúcar e um pingo de essência de baunilha natural. Bato e bato, preferivelmente com a mão, até que o resultado se pregue ao meu chicote, aquele instrumento de fios de arame utilizado numa cozinha caseira e/ou profissional. Em tempo, um *Chantilly* de fato se obtém pelo muque e jamais através do liquidificador. Que o meu leitor seja forte, incansável, em homenagem ao pobre Vatel.

•

Foi o marquês Louis de Cussy (1766-1837) o primeiro cidadão do globo a mesclar o creme de Vatel, o delicioso *Chantilly*, aos morangos que lhe fazem a parceria ideal. Responsável pela administração do dia a dia de Napoleão I, o tal Cussy era tão louco quanto Vatel. Basta afirmar que ele idealizou 366 receitas diferentes com galinha, a sua iguaria predileta, uma para cada dia do ano, inclusive os bissextos. A combinação dos morangos com chantilly data de 1819, quando o monarca, numa noite, desesperado pelo fracasso da sua administração, que desabaria logo depois, ordenou a Cussy uma "sobremesa singela e inesquecível", que lhe lembrasse ao mesmo tempo o sangue dos seus soldados em guerra com a Espanha e a paz por todos almejada.

CRÊPES SUZETTE
Crepes Suzette

No mundo inteiro, raras alquimias foram, no correr das décadas, tão dilapidadas e tão descaracterizadas pelas modificações. Aliás, mesmo a história pública da invenção é mentirosa, uma torpe invencionice. Ainda hoje há compêndios, livros seriíssimos de gastronomia, que apontam Henri Charpentier, celebrado cozinheiro da família Rockefeller, dos EUA, em meados deste século, como o idealizador da iguaria.

Charpentier, efetivamente, assumiu a posse. Em muitas entrevistas contou até que o brilho da receita despontou por acidente. Em 1896, convidado a produzir um banquetaço em Monte Carlo, Mônaco, em homenagem ao príncipe de Gales, o futuro Eduardo VII da Grã-Bretanha, inadvertidamente exagerou no licor com que banharia os seus Crepes doces e eles se incendiaram além do normal. Esperto, rápido, Charpentier se safou do azar com um grito de glória: "Voilà!". A cena impressionou Eduardo, que perguntou ao cozinheiro o nome de tal maravilha. "Crêpes Princesse", desferiu Charpentier. Ao que Eduardo replicou: "Pois de hoje em diante ela se chamará Crêpes Suzette*" – a dama que escoltava Sua Alteza.*

Um belo raconto, que a matemática destrói. Em 1896, o cozinheiro não passava de um pós-adolescente sem a fama que apenas ganharia trinta anos depois. Além disso, Escoffier já flambava os seus Crepes e, por volta de 1890, a sobremesa fazia parte dos menus de várias casas de Paris. Efetivamente, trata-se de uma formulação milenar, dos idos romanos, utilizada na celebração da festa da Virgem Maria, o dia 2 de fevereiro, desde os entornos de 400. Diz, a propósito, uma antiquíssima superstição, que dá sorte tocar, com uma moeda na mão, o cabo da frigideira onde se fazem os Crepes em tal data. Lenda melhor que a de Charpentier. Nada me parece mais grave, entretanto, do que cozinhar os Crepes em calda de laranjas – quando o original exige a pungência das tangerinas.

INGREDIENTES PARA TRÊS CREPES: ½ xícara de chá de farinha de trigo bem peneirada. 1 colher de mesa de açúcar. 1 colher de chá de açúcar de confeiteiro. 1 pitada de sal. 1 ovo. ½ xícara de chá de leite integral. Manteiga, sem sal.

INGREDIENTES PARA A CALDA: ½ xícara de chá de manteiga, sem sal. ½ xícara de chá de açúcar. Lascas, sem os brancos, da casca de ½ tangerina bem dourada. 1 cálice de Curaçao. 1 cálice de sumo de tangerina.

MODO DE FAZER OS CREPES: Numa terrina, coloco a farinha, os açúcares e o sal. Misturo bem. Gradualmente, vou adicionando o ovo e o leite, até obter uma pasta bem amalgamada e bem homogênea. Numa frigideira quente, com um pingo de manteiga, derramo um terço da pasta. Espero que tome corpo e se solte do fundo. Viro. Repito a operação até terminar a pasta. Reservo os Crepes, em papel do tipo antiaderente.

MODO DE MONTAR A SOBREMESA: Numa frigideira, aqueço a manteiga e despejo o açúcar. Misturo bem. Incorporo as lascas da casca de tangerina. Mexo e remexo por dois minutos. Elimino as lascas. Liquefaço bem a calda. Deposito os Crepes. Apenas aqueço, de ambos os lados. Dobro ao meio. Redobro, de maneira a obter um quarto de círculo. Despejo o licor. Inflamo. Cubro com o sumo. Cozinho por mais dois minutos.

Qualquer prato de *Crêpes* pode ostentar, como recheio, qualquer ingrediente doce. Também pode levar, de companhia, frutas flambadas ou mesmo sorvete. As legítimas *Suzette*, todavia, obedecem com rigor à lista acima.

MARZIPAN/MASSEPPAIN

Marzipã

Inicialmente, eu direi que odeio a tradução com til de tão extraordinária composição. Depois, eu arrematarei anunciando que adoro, argh, marzipã, puro mesmo, ou em qualquer doce, achocolatado, sobremesa. Ao mesmo tempo, lamento o fato de os restaurantes brasileiros, que desprezam os desserts *em geral, preguiçosamente não se utilizarem mais de tal relíquia, hipnotizante em seu perfume e no seu sabor.*

A receita data do século 18, seus começos, no vilarejo de Issoudun, na França, mais precisamente num mosteiro de freiras da Ordem das Ursulinas. Pelo seu conservantismo, pela sua impermeabilidade, a classe foi dizimada pelos revolucionários de 1789. A alquimia, porém, sobreviveu, através de uma loja de patisseria, pequenina, no mesmo lugar, gloriosa ao ponto de a sua fama atingir, até, o Vaticano e a corte do czar na velha Rússia.

O prestígio fermentou em 1844, quando Paris soube, boato ou realidade, que o gordo escritor Honoré de Balzac, autor de Salambo e de La Comédie Humaine, *tinha-se tornado patisseiro e inaugurado uma casa comercial na Rue Vivienne, com a exclusividade das iguarias das irmãs de Issoudun. Imediatamente, aumentou a cotação do Marzipã. Falava-se do produto na Bolsa de Mercadorias da cidade, no* foyer *da sua Opéra, no Théâtre Français e em todos os cafés dos seus mais generosamente frequentados* boulevards.

Balzac, *afinal, acabara de lançar um livro novo, belo marketing,* La Rabouilleuse, *exagerando nos elogios da coisa. Não consta que jamais, uma jornada só, ele tenha aparecido em sua loja. Mas o*

endereço da Vivienne, número 38-bis, virou um templo de idolatria. Um panfleto, supostamente assinado pelo escritor, circulou mundo, anunciando, inclusive que o sultão Mohammad da Turquia, através do embaixador francês, Michel de la Rivière, havia encomendado toneladas de Marzipã para as damas do seu harém.
E, grande ironia, o Marzipã é muito fácil de se produzir.

INGREDIENTES PARA UMA PORÇÃO: 250g de amêndoas, sem as peles, já fervidas em água fresca e resguardadas em água fria. 2 claras de ovo. 100g de açúcar de confeiteiro. Gotas de essência natural de baunilha.

MODO DE FAZER: Com extrema cura, de preferência num pilão de mármore ou equivalente, vou esmagando as amêndoas, acrescentando a elas, sempre que necessário, um pouco da água do seu repouso. Obtida uma pasta bem oleosa, agrego as claras. Volto a mesclar. Paulatinamente, incorporo o açúcar e a essência de baunilha. Misturo e remisturo. Trabalho com as mãos. O Marzipã fica pronto no momento em que se solta livremente da pele.

PÊCHE MELBA

Pêssego Melba

No Brasil, para a montagem do refulgente Pêssego Melba bastam duas metades da fruta em compota e um punhado de Chantilly. *Tal grosseria, quero dizer, tal assassinato, com certeza faz tremer em sua tumba o originador da glória, ele, sempre ele, o mestre máximo Escoffier. E também calcina a alma da sua inspiradora, a deslumbrante cantora australiana, nativa de Melbourne, soprano, dame* Nellie Melba (1861-1931).

Em 1892, Nellie Melba visitou Londres, na Inglaterra, quando Escoffier era o chef *do inefável Savoy Hotel. O sucesso da cantora, estrela da ópera* Lohengrin, *de Richard Wagner, propiciou-lhe um banquete oferecido pelo duque de Orléans. Entusiasmadíssimo, Escoffier montou a sobremesa precisamente à maneira da cenografia da encenação, um cisne gigante de gelo, repleto de pêssegos carame-*

lizados, sobre um mar de sorvete de baunilha. Porque muitos outros cozinheiros, na ocasião, criaram alquimias em honra da soprano, o chef não mais repetiu a fascinação, até a abertura, em 1900, de um albergue rivalérrimo do Savoy, o Carlton, para onde se transferiu. Então Escoffier ignorou o cisne de gelo e, ao pêssego e ao sorvete, adicionou um purê fresco de framboesas. Como se trata de frutas de escassa estação, no caso se admite um improviso, utilizado pelo próprio mestre, purê de morangos ou geleia de alguma delicadeza equivalente, apenas aromatizada com gotas de kirsch. *Nessa situação, todavia, o mestre, absurdamente rigoroso, preferia rebatizar a sua sobremesa de* Pêche Cardinal *– para ele, a aguardente mudava tudo.*

Aliás, pronuncie-se, por favor, Mélba – e jamais Melbá.

INGREDIENTES PARA UMA PORÇÃO: 1 pêssego bem grande, do tipo branco-duro, sem a pele, cortado ao meio, livre de seu caroço. 1 ½ xícara de água fresca. 1 ½ xícara de chá de açúcar. ½ haste de baunilha. ½ xícara de chá de purê de framboesas. 1 bola de sorvete de nata. 6 amêndoas, peladas em água fervente e, então, cortadas em lascas finíssimas.

MODO DE FAZER: Numa caçarola pequena, adequada ao tamanho do pêssego, combino a água e o açúcar. Levo à fervura. Acrescento a baunilha. Rebaixo o calor. Mantenho por quinze minutos. Deposito o pêssego. Apago o fogo. Espero que tudo se resfrie. Retiro o pêssego. No fundo de um prato, monto um leito, em forma de colina, com o sorvete. Por cima, elegantemente, encaixo as metades da fruta. Cubro com o purê de framboesas. Enfeito, aleatoriamente, com as lascas das amêndoas blancheadas.

POIRE BELLE HÉLÈNE

Pera Belle Hélène

Imediatamente depois da sua estreia, em 1864, La Belle Hélène, *uma opereta cômico-romântica do compositor franco-tedesco Jacques Offenbach (1819-1880), se transformou, vertigem, no principal sucesso musical de Paris. No seu rastro, também depressa, inúmeros cozinheiros e outros tantos patisseiros da cidade desandaram a honrar a leve fantasia com pratos e mais pratos em seu nome. Proliferaram coisas sérias – mas tolices abomináveis, sem ligação nenhuma entre si. Por exemplo, os* Tournedos Belle Hélène, *que se acompanham de batatinhas-palha, agrião e fundo de alcachofra na* Sauce Béarnaise. *Ou o Supremo de Frango* Belle Hélène, *que leva trufas e pontinhas de aspargos na manteiga.*

De todo modo, uma alquimia sobreviveu altaneira, uma sobremesa datada precisamente de 1865, cujo desbravador se perdeu no tempo. A fruta, uma pera, cozida, sem a casca e sem os caroços, em calda de caramelo e baunilha e servida com sorvete de creme e/ou Chantilly. *O mago Escoffier introduziu, na sua montagem, o chocolate quente. Teve, no entanto, a humilde compostura de reformular o apelido da gentileza, segundo ele, simplesmente,* Poire Hélène. *Perfilho, honrosamente, o seu passo a passo.*

INGREDIENTES, PARA UMA PORÇÃO: 1 pera, do tipo *Williams*, sem a casca e sem os caroços. 1 ½ xícara de chá de água fresca. 1 ½ xícara de chá de açúcar. ½ haste de baunilha. 2 colheres de mesa de calda de chocolate. 1 bola de sorvete de nata.

MODO DE FAZER: Numa caçarola pequena, adequada ao tamanho da pera, combino a água e o açúcar. Levo à fervura. Acrescento a baunilha. Rebaixo o calor. Mantenho por quinze minutos. Deposito a pera. Apago o fogo. Espero que tudo se resfrie. Retiro a pera. Escorro. Coloco no prato. Banho a fruta com a calda de chocolate devidamente amornada. Enfeito com o sorvete.

•

Não confundir com receitas que homenageiem Helena, a princesa de Troia. Para ela, o mesmo Escoffier criou um *Sundae Hélène*, sorvete de nata ou baunilha, *Chantilly*, chocolate ralado e pétalas cristalizadas de violeta. Quanto à metodologia do cozimento de frutas em líquidos ferventes, ela data de Guillaume Tirel, o Taillevent, no século 14.

RIZ AU LAIT

Arroz-Doce

Já participei de discussões pesadas a respeito das origens deste prato, que um gastrônomo amigo meu, famoso em nosso ramo, assegura ter nascido em Portugal e, de lá, emigrado ao Brasil, onde se interiorizou e se transformou numa das sobremesas prediletas das elites caipiras.

Excesso de nacionalismo. Os doces com arroz existem, milenarmente, no Japão, na China, no Sudeste Asiático, na Índia e no Paquistão. De lá provieram, inclusive, as suas especiarias cruciais, o cravo e a canela.

Para dilapidar ainda mais a teoria de meu parceiro de profissão, eu consegui encontrar, nos escritos de Taillevent, no século 14, uma referência à alquimia, segundo ele, típica da cozinha gótica, influenciada pelo desembarque, no Velho Continente, dos invasores mouriscos.

A receita é elementar. Em vez de água, para se cozinharem os grãos, usa-se o leite. No lugar do sal, o açúcar, o cravo e a canela.

Capturei a fórmula que aqui publico de um anônimo italiano do século 16 – consta que Michelângelo adorava devorá-la para se livrar das suas ressacas.

INGREDIENTES PARA UMA PORÇÃO: 50g de arroz, preferivelmente o convertido. 1 ½ xícara de chá de leite. Açúcar. Cravo. Canela em pó.

MODO DE FAZER: Levo o leite à ebulição. Incorporo o arroz. Misturo bem. Rebaixo o calor. Espero que o líquido se reduza até a superfície dos grãos. Tempero com o açúcar necessário e dois dentes de cravo. Mexo e remexo. Continuo o cozimento até que o arroz se mostre bem macio, o leite completamente absorvido. Sirvo com a canela pulverizada por cima.

SAINT-HONORÉ

Saint-Honoré

Como a Charlotte *de algumas páginas atrás, a joia apelidada de* Saint-Honoré *também não oferece, assim, a sua tradução. Dela desponta, todavia, uma irresistível explicação. O Santo Honório da expressão, um bispo gaulês de Amiens, glorificado a partir do século 6, um dia se tornou, sabe-se lá por quê, o padroeiro dos panificadores e dos confeiteiros. Consta que um doceiro parisiense, Marcel Chiboust, criou o pitéu na sua cidade, em 1846, precisamente a fim de homenagear o beato, cuja data se comemora em 16 de maio. Pode ser. Mais de três fontes indicam a tal origem para o belo doce. Tudo bem. Qualquer que seja a sua raiz, porém, eu considero um crime as traições diariamente cometidas contra o original.*

Defino. Um Saint-Honoré *leva duas massas diferentes, ambas bem explicadas no final deste volume. No seu fundo, a* pâte *que no Brasil se denomina podre, ou de* Crostata, *delicadamente açucarada. Nos seus arredores, à base de massa de* Brioche, *como uma coroa, a muralha de uma fortaleza, pequenas pelotas, carolinas, ou* bignés, *recheadas por* Chantilly *e caramelizadas com o açúcar mascavo. O miolo, em tempíssimo, igualmente leva, apenas e não mais, o* Chantilly. *Não valem, ainda que saborosas, as versões amorangadas ou alaranjadas do* Saint-Honoré. *Nem as montanhas de carolinas, que um outro título deveriam ostentar.*

As carolinas, também defino, provêm de um patisseiro austro-húngaro, Karòly Ferencsarosz, do século 18, que as vendia em Viena com o recheio de creme ou de chocolate, as bombas, éclairs, *tudo vale no departamento. O segredo de Ferencsarosz: fazer as bombas redondinhas, em vez de longas e no formato de cilindros. O interior se preserva melhor.*

INGREDIENTES, PARA UMA FÔRMA: 2 lâminas de *Crostata* (preparação básica na página 26) com cerca de 18 a 20cm de diâmetro. A quantidade necessária de massa de *Brioche* (preparação básica na página 25) e de *Chantilly* (receita na página 176) para se fazerem carolinas de 3cm de diâmetro, suficientes para o envolvimento de toda a base de massa de *Crostata*. Creme *Chantilly*. Caramelo, cometido com 200g de açúcar mascavo e 1 xícara de chá de água fresca, declorada e já em plena ebulição.

MODO DE FAZER: Abro a massa de *Crostata*, redondinha, no fundo de um molde adequado, metade do volume total. Ao seu redor, deposito as bolinhas de massa de *Brioche*, recheadas com o *Chantilly*, uma bem pregadinha à outra. Preencho o miolo com o creme. Cubro o meio com a outra lâmina de *Crostata*. Levo ao forno meio forte, cerca de 300 graus, até que a massa do centro e o topo das carolinas se mostrem bem dourados. Banho tudo com o caramelo, praticamente à temperatura ambiente. Devolvo ao calor, até que a calda do *Saint--Honoré* se glaceie. Resfrio, antes de servir.

TARTE TATIN
Torta de Maçãs Caramelizadas

Pronuncia-se Tatã. Homenagem ao sobrenome de duas irmãs do lugarejo de Lamotte-Beuvron, entre Tours e Amiens, na região de Sologne, França, a cem quilômetros de Paris. Por volta de 1895, uma delas viajou até a capital e se enganchou no amor casual de Eugène Cornuché, um maître *do restaurante Maxim's, e o convenceu a implantar na casa um doce de sua invenção.* O chef Henri Chaveau *gostou da alquimia e a colocou no menu.*

Fundado em 1893, em seus começos o Maxim's nem esse nome tinha e servia apenas chás, cafés, sorvetes e petits fours, *graça e obra de um confeiteiro especializado em sobremesas geladas, um eslavo, Gavril Imoda. A torta das manas, a* Tatin, *representou o primeiro pitéu quente do lugar.*

Logo depois, um curioso grupo comprou a casa. Um açougueiro de muito dinheiro. Um comerciante de vinhos. Um representante de uma empresa de bebidas, Georges Everaert. E a sua amante, Maxime Gaillard, que servia de anfitriã no vizinho Reynold's Bar, na mesma Rue Royale. Em homenagem à única dama da associação, a placa da porta assumiu a expressão Maxim's.

Do menu antigo, os novos donos só ficaram com a torta das Tatin. Inclusive porque, sobre o doce, pairava uma história fascinante. Ele teria nascido de um acidente. Certa ocasião, ao cometê-lo, uma das irmãs inadvertidamente inverteu sua montagem.

Esqueceu-se da massa indispensável e depositou o complemento, maçãs em gomos, diretamente sobre a fôrma respectiva. Ao se aperceber do seu engano, para salvar a coisa, encaixou a massa, de qualquer maneira, no topo do recipiente. A torta, sacrebleu!*, ficou melhor do que nunca, as frutas majestosamente caramelizadas.*

O Maxim's jamais se abalou a investigar a peta das Tatin. A torta das manas se transformou na sua sobremesa mais solicitada. Mesmo após a sua aquisição, em 1907, por um grupo de ingleses muito ricos. E mesmo após a sua reaquisição, em 1920, por um grupo de legítimos gauleses, liderados pelo celebrado Oscar Vaudable, grande gerente e formidável RP.

Nos arredores de 1925, Vaudable contratou, como líder da sua brigada, o charmosíssimo Albert Blazer, que administrou os salões do Maxim's por quase meio século e, nesse percurso, vendeu um pedaço de Tatin a cada quatro clientes do restaurante, um recorde do qual nem o Guiness Book *se apercebeu. Sempre e sempre, valorizando a história do acidente. Lorota. A alquimia já existia em Sologne duzentos anos antes das Tatin. Antes de desembarcarem sobre a massa, os gomos de maçã eram caramelizados em manteiga e mel grosso numa frigideira. Uma das manas pôde, efetivamente, ter cometido o seu equívoco. Não inventou nada de especial, porém.*

INGREDIENTES, PARA UMA FÔRMA: 350g de massa de *Crostata* (preparação básica na página 26). 750g de maçãs *Golden delicious*, aquelas que não são verdes e nem vermelhas, descascadas, sem caroços e cortadas em gomos. Manteiga. Açúcar. *Chantilly* (receita na página 176).

MODO DE FAZER: Unto, generosamente, uma fôrma apropriada, cerca de 25cm de diâmetro, com bastante manteiga. Pulverizo o fundo com açúcar à vontade. Em círculos concêntricos, vou preenchendo a base com os gomos de maçã. De novo, espalho bastante açúcar. Entre os pedaços da fruta, espalho pelotinhas de manteiga. Cubro com a massa, cerca de 3mm de espessura. Selo completamente as bordas. Levo ao forno meio-forte, aproximadamente 230 graus, por cerca de trinta minutos. Aplico um prato de serviço no topo da fôrma. Viro. Removo a fôrma. Sirvo os pedaços com *Chantilly*.

•

Que os puristas não me matem por eu propor uma *Tatin* com massa de *Crostata*, aparentemente um produto italiano. Trata-se apenas de uma maneira mais elegante que eu encontrei para denominar a chamada massa "podre", conforme deixo claro no seu capítulo adequado. E que os preciosistas não me fuzilem com a informação de que uma *Tatin* se perpetra com massa folhada. Na sua raiz, em Sologne, sempre e sempre se utilizou a tal da "podre". A folhada entrou no palco no Maxim's por volta de 1910, no tempo dos ingleses, que a consideravam mais digna da sua mansa petulância.

TEA CREAM
Pudim de Chá

Eu poderia encaixar qualquer outra receita neste segmento. Sobremesas mais famosas e mais charmosas. Escolhi, contudo, o Tea Cream *dos ingleses para não discriminá-los em demasia – e também para falar um pouco do chá, a preciosidade oriental que os britânicos perfilharam e, singularmente, transformaram num religioso, sagradíssimo ritual.*

Ao contrário do que se imagina, não foram os súditos de Sua Majestade os introdutores do produto na Europa. O chá chegou ao Velho Continente através dos portugueses, ainda no século 15. Só em 1661, quando Catarina de Bragança se casou com Carlos II (1631-1685), por meio dela o produto foi efetivamente apresentado aos nobres da corte de Londres.

Na Inglaterra, de todo modo, o chá ganhou estilo e personalidade. Em 1717, um certo Thomas Twining abriu a primeira importadora da erva na Devereux Court da capital. Em 1732, os jardins de Vauxhall já se tinham transformado num imenso salão da beberagem ao ar livre, onde milhares de pessoas se reuniam para saboreá-lo entre concertos e atividades esportivas. Ao redor de 1740, o chá era obrigatório no breakfast *e depois do jantar. O Tea Cream se popularizou na mesma época. Esta receita data de 1736, de um trabalho em três volumes gostosamente intitulado* The Modern Cook, *de autoria de Vincent La Chapelle, um chefe francês nascido em 1703. La Chapelle idealizou a alquimia enquanto trabalhava para os lordes de Chesterfield. Posteriormente, de retorno à sua terra, ele se empregou com Jeanne Poisson (1721-1764), a marquesa de Pompadour, amante de Luís XV, e, por insistência dela, acabou contratado, em 1746, pelo próprio monarca.*

Inovativo, audacioso, La Chapelle era saudavelmente invejado pelo grande Carême, que desejou prefaciar, sem conseguir, uma edição gaulesa de sua obra, rebatizada Le Cuisinier Moderne, *em cinco tomos, publicada inicialmente em 1742 e reimpressa em meados do século 19.*

INGREDIENTES PARA UMA FÔRMA: 3 xícaras de chá de creme de leite. 2 sementes de coentro. 1 lasca de canela. 3 colheres de mesa de açúcar. A casca, sem os brancos, de ¼ de limão. 1 xícara de qualquer chá do Ceilão, bem concentrado e bem coado. 6 claras de ovos, levemente batidas.

MODO DE FAZER: Em banho-maria, aqueço por dez minutos o creme de leite, o coentro, a canela, o açúcar e a casca de limão. Com uma escumadeira, removo as especiarias e a casca. Agrego o chá e as claras. Devolvo ao calor, agora o fogo, direto mas brando. Mexo e remexo, sem interromper, até que a mistura engrosse. Deposito numa fôrma de pudim, pré-umedecida. Levo ao forno médio, até que a combinação tome corpo. Retiro. Espero que se resfrie. Sirvo com algum contraste de frutas – por exemplo, gomos de laranja e um purê de morangos, mais uma folhinha de hortelã.

AS PALAVRAS DOS MENUS

Com a colaboração inestimável, e desocupada, de seus pares distraídos, em meados de 1991 um certo vereador de São Paulo, cujo nome eu esqueci, se entregou ao esforço ingente de redigir e de aprovar uma lei municipal de inefável profundidade. Depois da genialidade da norma, ficaram os restaurantes da megalometrópole obrigados a traduzir e a explicar os nomes, digamos, estrangeiros, dos pratos todos dos seus cardápios.

Por exemplo, para *Carpaccio*: "Pintor italiano (1460-1525/26), que apreciava utilizar em suas obras uma tinta de cor rosa-amagentada, que, na década de 50, utilizada por um artista de nome Arrigo Cipriani, também proprietário de uma casa de *pasto*, perdão, de um comedouro em Veneza, na Velha Bota, perdão de novo, a mesma península de Carpaccio, de batismo Vittorio, inspirou o cidadão de dupla competência, no seu Harry's Bar, a idealizar uma receita de carne crua que, pela parecença com a tonalidade da amálgama, foi designada em honra do seu influenciador, e que leva, no seu topo, ao menos autenticamente, um fio de boa e justa maionese". Argh.

Não sou contra aquilo que aperfeiçoa. Efetivamente, os cardápios do Brasil se cobrem de equívocos e até de babaquices. O vereador e os seus belos pares, todavia, melhor se mostrariam se devotassem as suas preocupações à infinidade de lixões que servem, perdão de novo, uma alimentação de merda a mais de dois terços da população da Pauliceia, todos os assim apelidados de restaurantes comerciais, de preços torpemente baratinhos, especializados em mesclar restos, coisas deterioradas – quase podridões.

A lei do vereador vale em Paris, Nova York, Roma, inclusive em Budapeste. A pobre São Paulo, no entanto, mereceria um tipo diferente de controle ou de fiscalização. De todo modo, simultaneamente humilde e agressivo, aqui eu ofereço a minha colaboração ao meu leitor, ao dono de comedouro, ao seu chefe de cozinha, ao *designer* do seu menu. Um pequeno, compacto, mas esperto dicionário, em honra da compreensão de termos e de procedimentos que não couberam no principal da minha investigação.

En avant – Quer dizer, vereador, vamos em frente.

Aplati – Há muitos *maîtres* e garçons que falam *plati*. O termo se refere à carne delicadamente batida, achatada com a ajuda de uma barra cilíndrica de ferro bem molhada, de forma a não romper as fibras de um filé ou de um contra de boi. Aliás, mesmo um peito de frango ou uma posta de peixe podem ser *aplatis*. Verificar o método em *Fettuccine Paillarde*.

Assiette – Prato. Antes de Luís XIV (1638-1715), no apogeu da França real, a mesa inteira se alimentava em pratos coletivos. O monarca, razoavelmente empenhado na higiene do seu cotidiano, banhos à parte, implantou na sua corte o uso do repositório individual. A expressão também se usa, todavia, para designar um conjunto. Como *Assiette de Fromages*, que significa uma travessa de queijos – e situações assemelhadas.

Baba – Um príncipe polonês, Stanislas Leszcynski, cunhado de Luís XV e exilado na região da Lorena, França, nos envoltórios de 1750, detém o mérito da invenção de uma sobremesa que pouquíssimos lugares, hoje, se devotam a cometer. Fanático por bolos e por tortas, em particular pelo *Kugelhopf* da vizinha Alsácia, uma espécie de panetone gaulês, Leszcynski considerava, entretanto, a iguaria muito seca para o seu paladar. Por isso instou um patisseiro seu a realizá-la embebida em álcool, o *kirsch*, o rum ou algum licor, além de recheá-la com creme *Chantilly*. Fanático por contos orientais, as lendas das *Mil e uma noites*, o príncipe a batizou de Ali-Baba. Com o tempo, a alquimia perdeu o Ali. Carême eternizou a formulação ao vendê-la, aos montes, nos seus idos de confeiteiro-chefe de seu maior mestre, Jean Avice, na Rue Vivienne de Paris, cerca de meio século depois.

Bacon – Na raiz, era *bekun*, expressão francesa da Idade Média, de origem germânica, *bakko*, o termo ancião para o toicinho salgado e defumado. Há quatrocentos anos, o pitéu ostentava o mesmo valor do dinheiro. Nobres e aristocratas doavam a sua parcela de *bekun* às suas paróquias, a fim de obterem, dos bispados, a purificação das indulgências plenárias. Ironicamente, os norte-americanos, hoje os maiores consumidores mundiais *per capita* do *bacon*, só conheceram o produto nas fraldas de 1800.

Banho-maria – Um procedimento antiquíssimo, romano, pré-cristão. Por isso não aceito que se justifique o termo com a suavidade virginal da mãe de Jesus. Nem mesmo em relação à bíblica irmã de Moisés, que, segundo o *Larousse*, teria o mesmo nome e seria uma bruxa, alquimista. Efetivamente, a expressão se enrosca no latino *balneum--maris* ou um mergulho no mar. Com razão. Faz dois mil e tantos anos, Roma buscava no Tirreno o líquido já condimentado para as suas sopas, os seus caldos e os seus cozidos. E os cucas dos Césares já sabiam que determinadas alquimias resultam melhores quando preparadas num calor lento, exigente e indireto.

Barbecue – Nada a ver com o francês *de la barbe à la queue* – do focinho até o rabo. Concedo que os grelhados de antigamente se faziam com o animal inteiro, num espeto revirado por escravos, idiotas ou apaixonados, enquanto a carne ansiava pelo seu ponto justo. Grelhados, contudo, existem desde que o pitecantropo se encantou com o cheiro de um bisonte qualquer, fulminado por um relâmpago, durante uma tempestade de verão. A expressão é americana, provavelmente asteca, ou haitiana, ou dominicana: nasceu de um processo denominado *barbacoa*, a carne assada sobre brasas, num buraco afundado no chão, que Colombo carregou em seu retorno à Europa. Redigo: Colombo carregou a expressão. A carne assada sobre brasas, num buraco afundado no chão, já se cometia na Sicília, lá pelas bordas do ano 700.

Béarnaise – No feminino, correto, por se tratar de uma *sauce*. Quem traduz para o molho, no idioma pátrio, tem de usar o masculino *Béarnais*. Provém dos Pireneus, entre a França e a Espanha, da região de Béarn. A receita perfeita participa do meu *O Livro dos Molhos* –

compre a obra, pelo amor de Deus. Basicamente, combina manteiga, vinho branco, vinagre, gemas de ovos e ervas frescas. Curnonsky jura que a mistura nasceu de um cozinheiro da tal região, em 1860, no pavilhão de Henrique IV, em Saint-Germain, junto a Paris. Outras matrizes contam a mesma história, mas recuam a data até 1830. A verdade, contudo, certamente está no século 18, quando os vinagres, então meros conservantes para os franceses, começaram a aparecer como ingredientes de alquimias quentes. Repito: este relato não ostentará sentido nenhum se o restauranteiro de plantão continuar a anotar, nos seus menus, molho *Béarnaise*. No macho, *Béarnais*, com o *B* grande.

Buffet – Atualmente, a menorzinha das prosaicas cantinetas dos clubes de bochas se engalana com o direito de afirmar que lá serve um bufê. De frios, de saladas, de pescados, do diabo que consiga carregá-lo. Há bufê de massas, e até de feijoada. A palavra, entretanto, nos seus alicerces, o século 18, se revestia de um sentido bem diverso. Nos bailes das cortes francesas, montava-se o próprio exclusivamente com as bebidas, de maneira a promover o refresco dos dançarinos, com analcólicos ou com *champagne*, às dez horas de cada noitada. Os drinques iam às mesas, enormes, gigantescas, instaladas em pontos estratégicos do salão, dentro de vasilhas previamente refrigeradas. No máximo, com eles se ofereciam biscoitos, salgados ou doces. Apenas no século 19 a iniciativa se ampliou, por uma questão de praticidade. O triplo das mesas, com todas as comidinhas à disposição. Deus sabe.

Calvados – Inúmeros *maîtres* e garçons falam *Calvádos*, isso mesmo, com a tônica paroxítona. Como a raiz da beberagem se localiza ao noroeste da França, na Normandia, bem longe da Espanha e do acento diferente, eu prefiro, como convém, a pronúncia *Calvadôs*. Trata-se de um *brandy*, um tipo de conhaque, perpetrado com cidras em vez de uvas. Atenção, eu redigi cidras com *c*, parentes das maçãs, e não cítricos como as sidras, quase laranjas, que originam um espumante popularíssimo no sul do Brasil. O *Calvados* escolta, admiravelmente, pratos com o fígado ou com os rins de um vitelo bem jovem – e é um aquecedor soberbo nos fins das noites de inverno.

Chop Suey – O país caboclo se delicia com a iguaria, até que gostosinha, absorvida por praticamente todos os sítios achinesados ao sul do Equador, na vã suposição de devorar um prato tipicamente oriental. *Vade retro*, aleivosia. *To chop*, em inglês, significa "picar, cortar miudinho". E o *Chop Suey* despontou no planeta em São Francisco, EUA, em 1921, através de um emigrado de Cantão, curiosamente cristão, Joseph Suey, cuja mamãe já possuía, então, um restaurante na cidade, quase na esquina da Powell com a Califórnia. Pena que o jovem Joe, ambicioso mas pouco prospectivo, não tenha registrado a sua patente. Hoje, até em Pequim se come o *Chop Suey*. Por favor, com bastante molho de soja.

Choron – O molho, tão equivocadamente feito no Brasil, não passa de um elementar *Béarnais* com algumas colheradas de *sugo* de tomates. Um casamento aparentemente bobo, mas genial, fermentado no restaurante mais doido e, ao mesmo tempo, mais inventivo da Paris do século passado, o Voisin, da Rue Saint-Honoré, fundado às vésperas de 1840. Naqueles idos, sem as pressões fanáticas dos ecologistas sem assunto, o Voisin mantinha um convênio inusitado com o zoológico da capital francesa e propunha, por exemplo, *consommé* de elefante, ensopado de canguru, assado de lobo no caldo de ossos de cervo, grelhado de cervo com suco de framboesas. Pierre Choron, natural de Caen, perto do porto do Havre, nos altos da Normandia, foi o seu *chef de cuisine* e, o meu fã acredite ou não, bolou a composição a fim de com ela cobrir um *steak* de lombo de aliá nos ovos pocheados e sobre fundos de alcachofras. *Voilà*.

Colbert – Como de costume na História, o poderoso, o privilegiado, se apossou da invenção de um empregado seu. O ladrão foi Jean-Baptiste Colbert, ministro do Luís XIV, acima citado no verbete *assiette*. O pobre desprotegido, o seu cozinheiro Jean Audiger, um mestre na *confiture* de frutas, na feitura de compotas, que em 1660 viajou até a Velha Bota e lá aprendeu a gostar do vinho de Marsala, siciliano, claro. Da visita, Audiger levou a ideia de um molho sensacional, matrimônio de manteiga, caldo de carne, noz-moscada, pimenta vermelha e a essência da ilha dos meus ancestrais. Apenas por curiosidade. Em 1692, Audiger lançou um tratado de gastronomia cujo nome, rapidamente traduzido, informava: "A Residência bem

Organizada e a Arte de Administrar a Casa de um Nobre Senhor e até de Outras Propriedades de Gente Cavalheiresca no Campo ou na Metrópole, assim como a Definição das Obrigações do Pessoal de Chefia do Serviço e dos Empregados em Geral". Com tanto tempo a perder num título, Audiger tinha mesmo que ser explorado por Colbert.

Coulibiac – Cerca de 25 anos atrás, mais ou menos, o jornal *The New York Times* realizou uma pesquisa mundial, coordenada pelo seu *food editor*, o fofo Craig Clayborne, em busca da melhor receita de toda a história da gastronomia. Mereci a honra de ser o único brasileiro a votar no pleito. Escolhi, presunçosamente, mas calorosamente, a vera *pizza* napolitana. Ganhou a eleição um tal de *Coulibiac*, na realidade *Coulibiac de Saumon*. Confesso a minha ignorância de então. Eu não dispunha da menor fagulha de ideia do que se tratava. Clayborne, contudo, publicou no *Times*, em duas páginas, com as indispensáveis fotografias, o passo a passo inteiro da volúpia, realmente uma majestade. Resumidamente, repassei a formulação na *Folha*, quatro colunas em quatro semanas. Um absurdo. Fundamentalmente, eu deslindo, se trata de um pão enorme, de massa de *Brioche*, recheado de panquecas temperadas com aneto, mais uma pasta de grãos de arroz e cogumelos e mais escalopes de salmão fresco, cozidos em vinho branco e especiarias. Insisto, um absurdo. Cometi um *Coulibiac* em três ocasiões. Num dos meus programas de TV e na minha residência, para amigos que eu acreditava dignos de um esforço de três dias. Um deles, revelo o nome, para a punição dos infernos, me cumprimentou assim: "Estava delicioso o seu pastelão de sardinha". Assuma o seu pecado, Fernando Patriani Ferraz, grande neurologista. Carinhosa brincadeira à parte, o prato vem dos confins da Romênia, junto ao mar Negro, onde se chama *Kulibiaka*. Quanto à montagem e a direção da alquimia, eu prometo para ela um livro inteiro.

Coulis – Expressão na ultramoda no Brasil, desde os anos 80. Introduziu o significado por aqui o meu mestre inicial, Roger Vergé, do Moulin de Mougins da França, pertinho de Cannes, o consultor de La Cuisine du Soleil, Maksoud Plaza, final dos 70, quando eu desandei a trocar o jornalismo pela culinária quase cotidiana. Um *coulis* é um simples purê de qualquer vegetal, qualquer legume ou qualquer fruta, que meramente se aquece, de preferência em banho-maria, para servir de reforço a algum molho, de fundo a algum prato, de decoração em uma sobremesa. O nome vem de *couloir*, ou cor. Utilizado na Europa desde o século 17, o *coulis* sumiu da gastronomia no 19 e acabou resgatado pela *nouvelle cuisine*, por volta de 1965, como uma solução bonita para a decoração de certos pratos.

Couvert – Não há freguês que atente para o preço do *couvert* em um restaurante do Brasil ou do planeta. Perdão: meu pai, já definido no começo deste livro, ou recusava a coisa no total ou meramente solicitava duas porções, numa mesa de cinco ou seis. Ainda, poucos clientes sabem que, por lei, o *couvert* de um restaurante é opcional, facultativo. Finalmente, não sei de quem verifique a sua nota fiscal para saber se, de fato, a casa cobrou apenas o que merecia, aquilo que lhe deviam. De todo modo, eu sou a favor do *couvert*. O hábito de utilizá-lo nasceu no século 15, quando as estalagens, em honra da preservação da higiene, levavam os seus pratos à mesa recobertos por um guardanapo – e impunham um preço a tal proteção. Posteriormente, no século 16 e no século 17, quando os albergues e os comedouros de plantão passaram a entregar a sua comida ao lado de uma faca e de uma colher, obviamente estabeleceram um custo correto pelo luxo – praticamente todos os seus visitantes roubavam os apetrechos, que não existiam em suas casas, ou no mercado vendedor. Garfos, então, representavam uma raridade caríssima, exclusividade do restaurante. Nada mais natural e mais aceitável, portanto, do que pagar o privilégio. Hoje, um prato de 35 centímetros de diâmetro, posto na mesa pelo Massimo paulista, por exemplo, vale mais do que uma alquimia de camarões ou de lagosta. Na verdade, o pão, a manteiga e o resto significam as gorjetas que cada ponto devolve ao seu frequentador, antes mesmo do cheque ou do cartão de crédito.

Curry – Também *kari*. Existe na praça. Industrializado. Na sua Índia de origem, entretanto, cada cozinheiro comete o seu próprio *curry*, de acordo com a sua disponibilidade, a sua fantasia e o paladar médio da sua clientela fiel. Um explorador inglês, *sir* Henry Morton Stanley (1841-1904), carregou consigo o espetáculo do Oriente à Europa, em meados do século passado. Enfim, na década de 20, mestres indianos e paquistaneses, espalhados pelo Velho Continente, cuidaram de eternizá-lo, dignamente. Um *curry* vero se comete com canela em lascas, sementes de cravo, folhas de coentro, pó de cominho, pimenta-do-reino, pimenta vermelha, gengibre desidratado e cardamomo. Fórmula exata, por favor, no meu *O Livro dos Molhos*.

Darne – De origem bretã, a expressão corresponde ao italiano *trancio*, uma fatia espessa, no sentido do comprimento, de qualquer peixe de tamanho grande, como um salmão ou um atum. Trata-se de um corte mais grosso do que um filé. Em oposição, a lâmina sutil se denomina *dalle*. O respeito à pureza pede que não se usem *darne* e *dalle* para o boi, o porco ou a galinha. Nas aves e nos mamíferos quadrúpedes os equivalentes corretos são o *steak* e o escalope. Habitualmente se pocheia uma *darne*, enquanto a *dalle* fica bem melhor apenas salteada em uma gordura leve.

Daube – Os cardápios brasileiros geralmente erram na utilização desta palavra, de raízes mediterrâneas, provavelmente do espanhol *dobar*, que significa cozinhar qualquer coisa em pouco líquido, num recipiente bem tampado. *Daube*, enfim, representa um método e não um estilo. Como, por exemplo, o picadão do interior de São Paulo – um *daube*. Ou como os guisados do sul do país – também. Pode-se perpetrar um *daube* com o boi, o carneiro, o porco e mesmo com os peixes maiores, cortados em cubos.

Entrée – Já capturei dezenas de traduções de livros estrangeiros a confundirem *entrée* com entrada. Apesar do parentesco de tais substantivos, uma *entrée* aparece, no mínimo, durante a terceira etapa de uma refeição ritualística ou cerimonial, depois dos aperitivos e da sopa, antes apenas do assado de plantão. Para evitar mais falcatruas e tolices, sugiro que os restaurantes do Brasil eliminem a expressão de seus menus. Eles ficam naturalmente mais claros quando separados por tipo de alimento.

Escabeche – De matriz ibérica, a palavra nasceu de um procedimento secular – a eliminação da cabeça de um pescado antes da sua preparação. Devidamente limpo, o produto é levemente dourado em azeite e então banhado numa mistura úmida do mesmo óleo, já resfriado, com vinagre, cebola ou alho, especiarias várias, por no mínimo 24 horas. A partir dessa base, desse processo, que se intitula *marinada*, qualquer coisa pode se transformar em *escabeche*: aves, carnes rubras e mesmo os legumes.

Escalope – Substantivo proveniente do gaulês arcaico *eschalope*, denominação de um molusco, primo do inglês *scallop* e aparentado com as vieiras do Brasil. Ao se fritarem as lascas de carne muito finas, elas se enrodilhavam e assumiam um formato equivalente ao do molusco. Do substantivo derivou o verbo *escaloper*, que consolidou o método e o termo. Pela sua delicadeza, além de *scaloppo* o italiano rebatizou o estilo de *saltimbocca*, poética imagem para representar a suave dança das lascas entre os lábios do freguês. Um escalope se faz, classicamente, de boi ou de vitelo. Atualmente, todavia, a liberdade literária fala até em berinjelas ou em abobrinhas.

Escargot – O epíteto gastronômico de um componente da família das lesmas e dos caracóis. Na verdade, um dos primeiros alimentos não vegetais do ser humano, que podia capturar o bicho, às pamparras, a cada manhã, pelo rastro fosforescente que os seus batalhões deixavam no leito de pedra das cavernas primitivas. Antes numerosíssimos na natureza, na França já começam a rarear, por causa das mudanças ecológicas. Existem, porém, aqueles criados em cativeiro, de excelente qualidade, até mesmo mais limpos e mais saudáveis, graças ao controle da sua qualidade. Inclusive no Brasil. Tal sistema, fantástica curiosidade, foi idealizado pelos romanos, um século antes de Cristo – e por quase dois milênios imperdoavelmente abandonado. Qualquer que seja a espécie do produto, ao se limpar um *escargot* é imprescindível eliminar a glândula situada em sua cabeça, a produtora do seu véu, o seu rastro, a sua gosma rebrilhante. Informação crucial: uma lesma não expele a sua gosma como uma indicação de caminho, mas porque está com fome.

File Powder – Muitas vezes já gargalhei de irritação e de dor ao ler a tradução da iguaria, impiedosa e burramente transformada em "filé em pó". O efetivo *file* (se pronuncia "file" mesmo, com tônica no i, e não o ridículo "faioul" que já escutei de um restauranteiro famoso) se obtém da casca de uma árvore típica do sudeste dos EUA, o sassafrás. Trata-se de um tempero sensacional, indispensável na cozinha de Nova Orléans, uma descoberta dos nativos daquela região.

Foie Gras – O fígado dos patos e dos gansos engordados na marra, uma outra invenção dos romanos, que forçavam tais aves a comer mais figos do que um glutão qualquer das coortes cesarianas. Hoje, mais economicamente, se usam os grãos de milho na tortura das penosas. Então, abatido o animal, se deposita o órgão multiaumentado numa mistura de leite e mel. O fígado dos patos se torna mais escuro. O fígado dos gansos, mais rosado. Em ambas as situações, contudo, a carne ganha uma textura vaporosa e um paladar requintadíssimo. No processo, para uma penosa de sete ou oito quilos, o fígado chega a pesar entre setecentos e oitocentos gramas. Pode-se desfrutar um *foie gras* fresco ou refogado, geralmente em um *brandy* e especiarias, na manteiga ou sobre um banho-maria bem suave. Não confundir, no entanto, um *foie gras* de fato, o fígado inteiro e intacto, com o seu patê, que se faz moendo e aveludando, com outros ingredientes, as sobras do original, as suas partes mais feias, quebradas e rompidas etcétera e tal.

Fondue – Antes de tudo, fique claro: *a fondue*, e não *o. Fondue*, melíflua palavra do sexo feminino. Merece o respeito dos menus. Como inúmeros prêmios da gastronomia, nasceu da necessidade. Cerca de sete séculos atrás, alguns povos dos Alpes da Suíça produziram mais queijo do que conseguiam vender e consumir. Veio o inverno e o produto se enrijeceu ao ponto do lixo. Na temporada seguinte, de novo diante de um estoque superlativo, a comunidade se reuniu e alguém, brilhantemente, expôs a sua ideia excepcional. O exagero seria derretido. E, para a sua melhor conservação, à massa se acrescentaria algum álcool, vinho e/ou aguardente, o *kirsch*, o destilado local de cerejas. A mistura se reenduraceria com o frio e não mais se estragaria. Depois, bastaria rederretê-la. A operação inaugural aconteceu num gigantesco caldeirão. A fim de experimentar o sabor, um cidadão mergulhou no laticínio borbulhante um espeto com um pedaço de pão na ponta. Hosana! Assim surgiu o prato nacional da Helvécia. O tempo cuidou de implantar outras receitas. Da mesma teoria, por exemplo, despontou a *Fondue Bourguignonne*, de carne frita em óleo, numa mesa coletiva. Aliás, *a fondue* é uma iguaria coletiva, de ritual e de celebração.

Fricassée – Um método de preparação muito comum na França do século 14. François Pierre La Varenne, quase duzentos anos depois, consolidou a alquimia nos seus idos de chefe de cozinha da casa do marquês D'Uxelles e nos livros incrivelmente organizados que redigiu então. Basicamente, uma *fricassée* é um picadão, de carneiro, de galinha ou de vitelo, na companhia de um caldo engrossado com farinha e creme de leite.

Fumê – A expressão significa "aroma". Representa um procedimento básico da culinária profissional: a produção de um líquido qualquer, bastante perfumado, que possa transmitir o seu olor e também algum sabor ao ingrediente fundamental do seu cozimento. Num fumê de pescados, por exemplo, se pocheia um filé ou uma posta, de maneira a acentuar o seu gosto e o seu perfume. Aliás, se usa a palavra quase que incondicionalmente para as coisas do rio e do mar. Vale, porém, o fumê de vegetais, em especial aquele de cogumelos e aquele de cascas de frutas. Trata-se, essencialmente, de um caldo concentrado e muito bem coado.

Gâteau – Símbolo de alegria e de festa na Idade Média, mil anos atrás. O nome serve para designar um produto de confeitaria entre o bolo e a torta – entre a massa mais seca e aquela bem molhada. Deve-se chamar de *gâteau*, também, ao bolo e à torta recobertos de alguma calda ou algum glacê.

Gazpacho – Portugueses e espanhóis reinvidicam a invenção da receita. Porque a versão lusitana é mais singela, as suas referências enciclopédicas bem mais antigas, eu me inclino a plantar a sua raiz na região da Galícia, fronteiriça e quase comum às duas nações. Os portugueses, já no século 10, cometiam uma sopa com pão, azeite, alho e condimentos, que se tomava fria, nos intervalos do trabalho da lavoura. O nome, aliás, vem do árabe e significa, precisamente, "pão ensopado". O tomate dos ibéricos só apareceu na Europa nos arredores do século 16. E o enriquecimento da alquimia, com pepino e com cebolas, apenas no século 17.

Génoise – O pão de ló dos portugueses e dos brasileiros. Habitualmente, uma combinação de massa suave e esponjosa, que se usa como alicerce de um bolo, um *gâteau*, uma torta. Faz-se uma *génoise*, ou *pain-de-Gênes*, ou genovesa, com um banho-maria de ovos e açúcar mesclados a farinha e a manteiga derretida.

Gigot – Um corte francês do cordeiro, consagrado no século 18, fundamentalmente a coxa do animal, que se condimenta com especiarias agridoces e que se braseia até ficar bem crocante por fora e ainda sangrenta em seu interior. Um *Gigot d'Agneau* se serve, normalmente, com feijões brancos e *bacon*.

Glace – Não confundir com glacê, cobertura. Sem o acento, é gelo mesmo. Aproximadamente 4000 a.C., os egípcios já sabiam como cometer os blocos, grandes ou menores, a fim de refrescar as suas bebidas no calor. Os romanos misturavam neve ao seu vinho. Enormes buracos eram abertos no solo, onde o gelo se conservava com serragem e palha de milho.

Goulash – O nome preciso é *Gulyás Hus*. Defeitos de pronúncia e de grafia complicaram a clareza da sua história. O prato data do século 9, um ensopado comuníssimo no cotidiano dos pastores da região da Europa onde hoje se localiza a Hungria. *Gulyás Hus* significa, exatamente, "carne de vaqueiro". Claro que, naqueles tempos, ainda não existia a páprica, uma mercadoria latino-americana, levada ao Velho Continente a partir do século 16. De qualquer forma, já se ensopavam cubos de carne, preferivelmente jovem, com cebolas, no seu próprio caldo. A introdução da páprica, ou o pimentão vermelho em pó, apenas revitalizou a alquimia. Na Áustria, se escreve a denominação um tanto diferentemente, *Goulasch*.

Hambúrguer – A versão grelhada, ou chapeada, do *Tartar Steak* que ainda aparecerá neste miniglossário. Na sua origem, pairam alemães do século 18 que a introduziram nos EUA: se comia o hambúrguer sem nenhum pão, numa refeição normal, com cebolas e com batatas. O sanduíche surgiu na década de 20, nos estádios do beisebol norte-americano, como uma resposta para o *hot-dog*, fartamente consumido nas duas horas e tanto de cada prélio.

Julienne – Ou Juliana. O corte finérrimo de vegetais em tiras mínimas de 1mm de espessura e até 4 ou 5cm de comprimento. Nem o *Larousse* conhece a razão da expressão. Assegura, contudo, que ela já existia em 1722.

Madeleine – Uma espécie de biscoito-bolo, no desenho de uma concha de vieira, a própria *shell* da multinacional do petróleo. Faz-se com manteiga, sumo de limão, açúcar, ovos e farinha. Claro que a iguaria exige um molde apropriado – na verdade uma travessa com dezenas de formas adequadas. A invenção deve datar do exílio, na França, de Stanislas Leszcynski, filho do destronado rei da Polônia e mano de Maria, a esposa de Luís XV, que ostentaria, entre os seus patisseiros, uma garota de nome Madeleine, nos entornos de 1750. Bem viável a versão: se quem me lê voltar atrás algumas paginetas descobrirá que o nobre também gerou o *Baba*.

Maggi – Mais do que uma marca comercial, o sobrenome de um gênio, um cientista-cozinheiro do século 19, suíço, que desenvolveu a técnica de concentrar em sachês o pó de ervilhas desidratadas com mais alguns temperos. Bastava, então, lançar o envelopinho numa certa quantidade de água, ou de caldo em ebulição, para se obter uma sopa imediata.

Magret – Um *steak* do peito do pato. *Magret*, e não *Maigret*, por favor.

Maître d'Hôtel – Uma expressão cunhada na França do século 16, de modo a determinar, na brigada de uma estalagem maior, o seu comandante, encarregado da acolhida dos fregueses. O termo foi oficializado no século 17, e então designava o gerente, bem mais do que a função que hoje indica. Na revolução popular de 1789, os novos donos do poder censuraram a expressão, trocando o *maître d'hôtel* pelo seu *homme de confiance*. O bom senso e a cultura sabem que a luz ganhou a briga da estupidez. Também se denomina de *Manteiga Maître d'Hôtel* aquela combinada com salsinha e sumo de limão.

Margarina – Um cientista da gastronomia, Hippolyte de Mège--Mouriès (1817-1880), perto de 1865, foi contratado por Napoleão III, o derradeiro imperador da França, para inventar uma gordura baratinha capaz de não se estragar nos porões dos navios de seu país. A descoberta rebrilhou em 1869, a partir do toicinho de um carneiro, derretido e multifiltrado. A ela Mège-Mouriès deu o nome de margarina, uma homenagem à sua tonalidade furta-cor – no grego, pérola significa *margaron*. Desde 1872 se vende a margarina do mestre no planeta. Posteriormente, um alemão, cujo batismo se dispersou, encontrou uma composição equivalente a partir de uma gordura vegetal, menos capaz de se tornar rançosa. Hoje, a gordura vegetal é hidrogenada, quer dizer, se eleva, artificialmente, o seu ponto de fusão, inclusive com a introdução de água pura. Por não conter o colesterol ruim e perigoso, se transformou num produto de aceitação universal.

Millefeuilles – Mil-folhas. Gloriosa invenção de Jean Rouget, um patisseiro de Paris, do século 17. Ao cometer uma massa de *Brioche*, Rouget exagerou na manteiga e não conseguiu abrir, como necessitava, a sua bola. Tentou e tentou, dobrando e desdobrando. Desistiu, enfim. Levou a coisa ao forno. E maravilhosamente descobriu que o excesso de gordura havia transformado a sua pasta numa sucessão incrível de camadas bem crocantes, vinte, cinquenta, centenas, talvez mil, quem saberá. O truque está em abrir a massa normal, engordurá-la, reenrolá-la, reapertá-la, reestendê-la, reengordurá-la e assim por diante. Bastam trinta minutos de geladeira. E um bom braço, para repetir e repetir a operação, vá lá, no mínimo sete vezes.

Navarin – A terminologia vem da batalha de Navarino, 20 de outubro de 1827, durante a guerra da independência da Grécia, quando as tropas da França, da Inglaterra e da Rússia czarista trucidaram a frota do Egito e da Turquia. Na comemoração da vitória, os sobreviventes comeram um ensopado de carneiro com muitos vegetais picados, um prato bem mais antigo que acabou recebendo o nome do festim. Depois, inúmeros outros cozidos, com outros produtos, passaram a receber o mesmo termo, *Navarin*.

Nougat – Hoje, é um recheio molenga de muitos bombons. O método, contudo, vem da Idade Média, novecentos anos atrás, do sul da França, a região do Languedoc, onde se condimentavam doces com uma pasta à base de amêndoas ou de pistaches pulverizados, mais mel, claras de ovos, farinha de trigo e a essência das bagas de baunilha. A partir de 1701 se transformou em um produto de antologia, quando os duques da Borgonha e de Berry, netos de Luís XIV, abusaram do seu consumo na festa de coroação de seu mano, Filipe V da Espanha. O enlambuzamento dos garotos atraiu a atenção da nobiliarquia presente e o *nougat* se institucionalizou. A sua existência é pré-romana e o seu nome provém do latim *nucatum*, de *nux*, ou noz.

Papillote – Classicamente, a expressão designa o pedacinho enfeitado de papel que protege a ponta de um osso num assado. Com o tempo, passou a justificar pratos embrulhados em cartuchos de diferentes procedências, em particular o hoje comuníssimo papel aluminizado. O pacote segura os o aromas e alguns dos nutrientes no seu interior. Em italiano, *cartoccio*.

Parmiggiana – Numa frase curta e, perdão, imexível: um *Filet à Parmiggiana* se comete com parmesão ralado e jamais com *mozzarella*.

Pavesa – Uma sopa simples mas magnífica, apenas um caldo de carne com lâminas de pão, um ovo por cima e bastante *parmiggiano* em seu topo. A citação vale pela história da sua oficialização. Em 1525, derrotado numa batalha contra Carlos V da Espanha, o rei da França, Francisco I, se refugiou numa chacareta dos arredores de Pavia, Itália. Generosa, a proprietária lhe serviu, como alimento, o tal caldo, a tal sopa, *Pavesa*, uma tipicidade da sua região. O monarca certamente adorou.

Picalilli – Coisa de duzentos anos, um molho britânico, mistura de mostarda, vinagre, pepinos em conserva e outros vegetais picantes, os *pickles*, a se depositar em carnes várias. *Picalilli*, e não *Picadilly*, como já li numa infinidade de menus pedantes, que não se dobram à correção.

Quenelle – Apesar do batismo francês, uma criação de Heliogábalo, imperador romano pós-Cristo, um estroina e um devasso, tanto que sobreviveu apenas entre 204 e 222, meros dezoito anos. Tão remotamente, o garoto exigia utensílios de prata em sua cozinha e um serviço de pratos de cores diferentes a cada refeição. Coube-lhe, porém, idealizar o *roving dinner* atualmente tão comum nos Estados Unidos – o banquete que se inicia com os aperitivos num lugar e vai circulando, de casa em casa, até chegar ao café final num outro ponto, bem distantezinho. Uma *quenelle* não passa de um prato de aproveitamento, uma espécie de croquete de peixe, ou de outro fruto do mar, com algum creme, ou mesmo claras de ovos, a fim de se mostrar bem leve e delicada. Come-se como entrada, numa sopa ou na forma de escolta para um prato principal. Atualmente, também se faz uma *quenelle* com carne de ave, vitelo ou boi. O celebrado *gefiltefish* dos judeus da Europa Oriental, no fundo, é uma *quenelle* incrementada.

Robert – Até hoje, na França, se vendem molhos com o selo fotogênico de um cidadão simpático, de chapéu escuro e as mãos entrecruzadas na altura de seu peito, supostamente um certo Robert Vinot. O gajo mais parece um gigolô do que um cozinheiro. A História assegura, no entanto, que Robert Vinot idealizou um molho à base de vinho branco e de vinagre, mostarda e cebolas, a escolta ideal dos pratos de porco e de javali. Uma edição do *Larousse* data Vinot do século 16. Outra, do 17. Saio da briga, inclusive porque a formulação das *sauces* do homem, de acordo com a minha investigação, também leva um *Demi-Glace* de nascimento posterior.

Sachertorte – Atenção, patisseiros e restauranteiros, para a composição exata desta poesia: pão de ló, ou *génoise* de chocolate, a massa bem umedecida, com o recheio de abricós – na sua ausência, de damascos. Cobre-se o *gâteau*, sim, um *gâteau* e não uma torta, com calda bem grossa de cacau escuro e amargo. Uma longa controvérsia, porém, compromete a sua história e embaça a sua origem. Sabe-se que o seu criador ostentava o sobrenome Sacher. Seria, porém, Franz ou Eduard? A primeira apresentação da alquimia aconteceu no Congresso de Viena, Áustria, a sua pátria, em 1814, ou durante a inauguração do Sacher Hotel, na mesma cidade, exposta por sua filha Anna, em 1832? Para complicar ainda mais a situação, logo depois um outro confeiteiro da cidade, Edouard Demel, afirmou ter adquirido de Sacher o direito de realizar o doce com exclusividade – e solicitou o nome na Justiça. Uma batalha impiedosa se escorreu até por volta de 1860. Anna Sacher ganhou a pendenga. Demel, contudo, remaquilou a iguaria, provocativamente, sob o apelido de *Ur-Sachertorte*, a "verdadeira". E a guerra continuou até que as gerações posteriores dos seus herdeiros se cansassem da tolice. Hoje, a *Sacher* leva os abricós no meio e a *Demel* recebe as frutas no seu topo, imediatamente abaixo da calda de cacau.

Salpicão – Vem do medieval *saupiquet*, temperado com sal? Ou vem do ibérico *salpicon*, temperado e picado? Outro debate dispensável. O procedimento é muito mais antigo do que a discussão da terminologia. Já no século 14, o mago Taillevent executava com finesse esta entrada fria de peixe ou de carne, num meio cremoso de azeite e ovos ou creme de leite.

Savarin – Uma espécie de *Baba*, um pudim na forma de um grande anel, vazio em seu miolo – e sem passas ou frutas cristalizadas. Como na invenção do príncipe Leszcynski, banha-se a massa em rum ou em qualquer tipo de licor. Então, se cobre tudo com *Chantilly* e se guarda numa geladeira até o momento de servir. Bela obra de dois manos, os parisienses Michel e Auguste Julien, de meados do século 18, em homenagem ao inefável Brillat-Savarin, amigo e mestre do par de rapazes.

Sorbet – O costume de se refrescar uma bebida com gelo ou coisa parecida é anterior aos gregos e aos romanos. Cerca de 500 a.C. o homem da Europa mais setentrional já misturava neve ao seu vinho recém-fermentado, a fim de rebaixar a sua potência. Posteriormente, nos arredores do século 5, alquimistas chineses descobriram uma maneira de conservar sucos de frutas praticamente endurecidos, em torno da temperatura zero, graças às propriedades gelatinosas de certas algas marinhas. Os chineses ensinaram a formulação aos persas, que a transmitiram aos árabes, que a participaram aos sicilianos. Os banquetes do rei Rogério, na Palermo do século 12, ostentavam a novidade em todos os seus menus, entre o prato de peixe e o assado de alguma caça. Do mouro *charab*, ou bebida, e do turco *chorbet*, bebida fria, nasceu *sorbet*. Rogério devolveu a lição à sua terra de origem, onde ela assumiu o apelido de *trou normand*, ou *coup-de-milieu*, terminologias que perduram até hoje, uma separação de paladares entre duas etapas de uma degustação. No século 16, a italiana Catarina de Médicis convenceu Paris a desfrutar o *sorbet* ao final de um repasto. No século 17, doceiros sicilianos experimentaram incorporar o leite e o creme de leite à iguaria. As sorveterias comerciais mais antigas do planeta se abriram em Palermo, Sicília, no século 18.

Tartar – Na cozinha popular da Rússia, foi sempre muito comum o uso da carne crua em qualquer das refeições. A coisa se chama *bitki* e, na sua origem, não recebia condimento nenhum. Aos poucos, outros ingredientes foram se agregando à sua composição. O sal. Alguma pimenta. A cebola bem picada ou raladinha. A salsa verde. Para dar liga, a gema de ovo. De viagem até a França, no século 17, pela dificuldade da pronúncia e da grafia, alguém lhe deu o nome de *tartare*, na suposição de haverem sido os bárbaros mongóis os seus idealizadores. Bem mais tarde, em 1920, nobres moscovitas, refugiados em Paris depois da Revolução Bolchevique, ainda tentaram resgatar a sua terminologia tradicional, via *bitoke*, de jeitão mais atraente. Sem sucesso. A expressão *tartare* estava consagrada. Diante da inevitabilidade, eu apenas solicito aos menus que se utilizem do nome ou em francês ou em inglês, e não um híbrido de ambos os idiomas: *Boeuf Tartare* ou *Tartar Steak*, jamais o crime de *Steak Tartare*. Ainda: o verdadeiro molho tártaro não leva, nunca, pimentões batidinhos como se tornou hábito no Brasil. À sua base de maionese exclusivamente se incorpora um pouco de mostarda e do verde das cebolinhas, nada além.

Vacherin – Em 1265, um monge de nome Vaccarinus se alojou na Espanha, no mosteiro de Montserrat. Provinha da Suíça, mais exatamente de Friburgo, e na sua mochila carregava uma boa provisão de queijo bastante gorduroso. Certa ocasião, em homenagem aos seus abrigadores, o monge lhes ofereceu uma receita preparada com o queijo derretido, algum creme e, ao redor, uma coroa de merengue. A aparente opulência da alquimia estimulou a desconfiança de alguns dos internos do mosteiro. Não seria uma ofensa a Deus a ingestão de tal beleza num ambiente de reclusão e de pobreza autoassumida? O prior de Montserrat, porém, decidiu em favor do visitante, cuja receita foi batizada de *Caseus Vaccarini*. O correr dos séculos modificou a receita original. Hoje o *Vacherin* se recheia de sorvetes de tonalidades e de sabores diferentes e, eventualmente, de frutas cristalizadas. Por cima do merengue se despeja abundante *Chantilly*. Paralelamente, continua existindo o mesmo queijo de Friburgo dos idos do monge, o *Vacherin*, com que se perpetra uma *fondue* picante e singular.

Waffle – Dois ou três séculos antes de Cristo os gregos se encantavam com um tipo achatado e bem fino de massa de farinha e água, que assavam entre duas placas de metal quente. A iguaria, chamada *obelios*, ia à mesa muito quente, coberta de mel ou de frutas em minipedaços. Na França do século 13, já eram populares as *oublies*, sucedâneas dos *obelios*. Então, um artesão mais engenhoso decidiu moldá-las entre placas em baixos-relevos, representando o desenho de uma colmeia, *wafla* ou *gaufre*, dependendo da região do país. O seu comércio se tornou tão formidável que, em 1550, o reinado de Carlos IX estabeleceu uma lei a fim de regulamentá-lo – inclusive impondo uma distância mínima entre os seus pontos de venda. Também vale a expressão *wafer*, embora o purismo peça que ela designe *waffles* de espessura mais fina e, eventualmente, de superfície totalmente lisa, como os cones de sorvete e os bijus que qualquer feira livre do interior do Brasil oferece.

Worcestershire – Provavelmente o mais antigo condimento industrializado e utilizado largamente no universo. A sua fórmula foi descoberta, ou desenvolvida, no começo do século 19, por um cavalheiro britânico, *sir* Marcus Sandys, nascido em Worcestershire e um viajante costumeiro às Índias Ocidentais. Numa de suas ilhas o cidadão aprendeu a combinar os múltiplos ingredientes da alquimia. A seu pedido expresso, amigos da empresa Lea & Perrin's, que então eram meramente merceeiros, tentaram por anos recuperar a textura e o paladar da mistura fantasiada por Sandys. Em 1838, o produto, enfim solucionado, entrou à venda, em Londres, com grande sucesso. Fazem parte, declaradamente, da sua fórmula fundamental: vinagre de malte, melaço, açúcar, cebolinhas verdes, alho, tamarindo, cravo, pasta de anchovas e extrato de carne. Hoje, o mercado está repleto de imitações de baixo nível – à base de essência de soja, caramelo e ácido cítrico.

Zabaglione – Na raiz, uma simplérrima gemada, uma mistura bem batida dos amarelos dos ovos com mel, antigamente, ou com açúcar, a partir do século 18. Mil anos atrás, os sicilianos já incluíam, no conjunto, algumas talagadas de vinho de Marsala. Também servem o Porto, outros fermentados, e até mesmo destilados, como os licores aromatizantes. O truque gastronômico é cozinhar a gemada, lentamente, no banho-maria, sem interromper a rotação da colher no recipiente, eternamente na mesma direção. Catarina de Médicis apresentou o *Zabaglione* aos franceses, no século 16. Em Paris, a denominação virou, primeiro, *Zabaione* e, enfim, *Sabaione* e *Sabayon*. As novas cozinhas introduziram, na década de 70, os *Sabayons* salgados, a gemada mesclada às ervas, ao vinho seco e mesmo ao *champagne*.

BIBLIOGRAFIA

Peço uma licença derradeira aos rigoristas de tocaia – quero dizer, aos mais cartesianos do que eu. Acontece que a relação das minhas referências não vai obedecer às regras e às convenções habituais, a lista balizada pela ordem alfabética dos sobrenomes dos autores. Em minha opinião, isso vale numa tese, num trabalho científico, em que a citação dos assinadores é mais importante do que os títulos das obras coletadas. No caso do meu rol, considero fundamental oferecer ao meu leitor, profissional ou amador, a possibilidade de ele também amplificar a sua biblioteca e o seu conhecimento. Pelos títulos, me parece, a sua procura fica bem mais fácil e bem mais interessante do que pelos sobrenomes. Ainda: evitei esconder os artigos iniciais, o *le* francês ou o *the* inglês, atrás de uma vírgula, depois do conceito principal. Os títulos todos seguem abaixo exatamente como aparecem nas capas dos trabalhos analisados. Informo, finalmente, a editora, a origem geográfica e a data de publicação.

AMERICA, A REGIONAL COOKBOOK, de Mary Brandt Kerr. Chartwell Books, Secaucus, Nova Jersey, Estados Unidos, 1986.
AMERICAN FOOD: THE GASTRONOMIC STORY, de Evan Jones. E.P. Dutton, Nova York, Estados Unidos, 1975.
BREVE CATALOGO DE GLI INVENTORE DE LE COSE CHE SI MANGIANO E SI BEVONO, de Ortensio Landi. (...), Veneza, Itália, 1569.
BUGIALLI ON PASTA, de Giuliano Bugialli. Simon & Schuster, Nova York, Estados Unidos, 1988.

CENT MERVEILLES DE LA CUISINE FRANÇAISE, de Robert J. Courtine, Seuil, Paris, França, 1971.

CLASSIC MENU DESIGN, coordenação de Reynaldo Alejandro. PBC International, Glen Cove, Nova York, Estados Unidos, 1988.

CUISINE ET VINS DE FRANCE, de Maurice Edmond Sailland/Curnonsky. Librairie Larousse, Paris, França, 1974.

DIALOGO DEL MAESTRO DI CASA, de Cesare Evitascandolo. (...), Roma, Itália, 1598.

DICTIONNAIRE DEL'ACADÉMIE DES GASTRONOMES, de vários autores. Éditions Prisma, Paris, França, 1862.

DICTIONNAIRE DES ALIMENTS, de Rosie Maurel. La Table Ronde, Paris, França, 1960.

DIE 100 BERUHMTESTEN REZEPTE DER WELT, de Roland Gööck. Hornemann Verlag, Bonn, Alemanha, 1973.

DIRECTIONS FOR COOKERY, de Eliza Leslie. (...), Filadélfia, Estados Unidos, 1848.

DIZIONARIO GASTRONOMICO, de Elisabetta Neiger. Buffetti Editore, Roma, Itália, 1984.

EATING TOGETHER, de Lillian Hellman e Peter Feibleman. Little, Brown and Co., Boston, Estados Unidos, 1984.

ENCYCLOPAEDIA BRITANNICA, coordenação de William Benton. Encyclopaedia Britannica Inc., Chicago, Estados Unidos, 1968.

ENCYCLOPEDIA OF FISH, de Maurice e Robert Burton. Octopus Books, Londres, Inglaterra, 1975.

ENCYCLOPEDIE DE LA CUISINE FRANÇAISE, de Elisabeth Scotto. CIL, Paris, França, 1983.

EUROPEAN COOKING, de Sonia Allison. William Collins Sons and Co., Londres, Inglaterra, 1977.

FONDUE COOKERY, de Alison Burt. Paul Hamlyn Pty., Feltham, Midlessex, Inglaterra, 1970.

FOOD, de Waverley Root. Simon & Schuster, Nova York, Estados Unidos, 1980.

FOOD IN HISTORY, de Reay Tannahill. Stein and Day Publishers, Nova York, Estados Unidos, 1973.

FOOD IN VOGUE, coordenação de Barbara Tims. Pyramid Books, Londres, Inglaterra, 1988.

FOODS OF ITALY, de Giuliano Bugialli. Stewart, Tabori & Chang, Nova York, Estados Unidos, 1984.

FRANCE IN THE MIDDLE AGES, de Paul Lacroix. Frederick Unger, Nova York, Estados Unidos, 1963.

GASTRONOMIA, UMA BREVE HISTÓRIA ILUSTRADA, de Ariovaldo Franco. Editora Guanabara, Rio de Janeiro, Brasil, 1986.

GRAND ATLAS HISTORIQUE, de vários autores. Librairie Stock, Paris, França, 1968.

GRANDE ENCICLOPÉDIA DELTA LAROUSSE, coordenação de Antonio Houaiss. Editora Delta, Rio de Janeiro, Brasil, 1974.

GREAT COOKS AND THEIR RECIPES, FROM TAILLEVENT TO ESCOFFIER, de Anne Willan. McGraw-Hill, Nova York, Estados Unidos, 1977.

GUIDE GOURMAND DE LA FRANCE, de Henri Gault & Christian Millau. Hachette, Paris, França, 1970.

HIGH & INSIDE, de Joseph McBride. Warner Books, Nova York, Estados Unidos, 1980.

HISTOIRES DE TABLES, de Jacqueline Maillard e Pascal Hinous. Flammarion, Paris, França, 1989.

HONEY FROM A WEED, de Patience Gray. Harper & Row, Nova York, Estados Unidos, 1986.

IL CUOCO PIEMONTESE PERFEZIONATO A PARIGI, de autor anônimo. (...), Torino, Itália, 1766.

IL GRANDE LIBRO DELLA CUCINA ITALIANA, coordenação de Giovanni Nuvoletti Perdomini. Arnoldo Mondadori Editore, Milão, Itália, 1986.

IL LIBRO DEL MACCHERONI, de Félice Cúnsolo. Arnoldo Mondadori Editore, Milão, Itália, 1979.

IL LIBRO DEL RISO, de Antonella Palazzi. Fabbri Editore, Milão, Itália, 1988.

IL LIBRO DELLA CASA CERRUTI, de Pedanios Dioscórides, Pierandrea Mattioli e Castor Durante da Gualdo. Arnoldo Mondadori Editore, Milão, Itália, 1983.

IL LIBRO D'ORO DELLA CUCINA E DEI VINI DI SICILIA, de Pino Correnti. Mursia, Milão, Itália, 1976.

IL MAESTRO DI CASA, de Cesare Pandini. (...), Veneza, Itália, 1666.

ITALIAN REGIONAL COOKING, de Ada Boni. Arnoldo Mondadori Editore, Milão, Itália, 1969.

ITALY, THE BEAUTIFUL COOKBOOK, de Lorenza de Médici. Merehurst Press, Londres, Inglaterra, 1988.

LABORATORI DEL GUSTO: STORIA DELL'EVOLUZIONE GASTRONOMICA, de Osvaldo Bevilacqua e Giuseppe Mantovani. SugarCo, Milão, Itália, 1982.

LA CASA DI LÚCULO, de Júlio Camba. Espasa, Madri, Espanha, 1937.

LA CUCINA DEGLI ITALIANI, de Vincenzo Buonassisi. Idealibri, Milão, Itália, 1988.

LA CUISINE MÉTODIQUE, de François Pierre La Varenne. (...), Paris, França, 1662.

LA GASTRONOMIA NELLA STORIA E NELLA VITA DEL POPOLO SICILIANO, de Pino Correnti. Mursia, Milão, Itália, 1971.

LA GASTRONOMIE INTERNATIONALE, de Doré Ogrizek. Éditions Guy Le Prat, Paris, França, 1952.

LAROUSSE GASTRONOMIQUE, coordenação de Prosper Montagné. Librairie Larousse, Paris, França, 1938.

LAROUSSE GASTRONOMIQUE, coordenação de Robert J. Courtine. Librairie Larousse, Paris, França, 1967.

LAROUSSE GASTRONOMIQUE, coordenação de Robert J. Courtine. Librairie Larousse, Paris, França, 1984.

L'ARTE DELLA CUCINA IN ITALIA, coordenação de Emilio Faccioli. Luigi Einaudi Editore, Torino, Itália, 1987.

L'ARTE DI MANGIARE BENE LA SCIENZA IN CUCINA, de Pellegrino Artusi. Casa Editrice Bemporad, Florença, Itália, 1891.

LE CUISINIER, de Pierre de Lune. (...), Paris, França, 1656.

LE CUISINIER PARISIEN, de Antonin Carême. (...), Paris, França, 1828.

LE GRAND DICTIONNAIRE DE CUISINE, de Alexandre Dumas. Tchou Libres, Paris, França, 1973.

LE GUIDE CULINAIRE, de Auguste Escoffier. Flamarion, Paris, França, 1920.
LE MÉNAGIER DE PARIS, de autor anônimo. (...), Paris, França, 1393.
LE PAROLE DEI MENU, de Allan Bay e Pinuccia Ferrari. Idealibri, Milão, Itália, 1988.
LE PREMIER AMERICAIN, de C.W. Ceram. Fayard, Paris, França, 1972.
LE RÉPERTOIRE DE LA CUISINE, de Louis Saulnier e Édouard Brunet. Leon Jaeggy & Sons, Londres, Inglaterra, 1925.
LES FINS METS DE L'HISTOIRE, de Roger Pourteau. Éditions de l'Humanité, Paris, França, 1988.
LE VENTRE DES PHILOSOPHES, de Michel Onfray. Éditions Grasset & Fasquelle, Paris, França, 1987.
L'HISTOIRE À LA TABLE, de André Castelot. Librairie Académique Perrin, Paris, França, 1972.
MENU FAMOSI, GRANDI RICETTE, de Luigi Carnacina e Enrico Guagnini. Aldo Garzanti Editore, Milão, Itália, 1976.
O LIVRO DOS MOLHOS, de Sílvio Lancellotti. L&PM Editores, Porto Alegre, Brasil, 1996.
PHYSIOLOGIE DU GOÛT, de Anthelme Brillat-Savarin. Librairie Gustave Adam, Belley, França, 1826.
PICCOLO CODICE DELLA PASTA, de Vincenzo Buonassisi. Rizzoli Editore, Milão, Itália, 1973.
RADIO CUISINE, de Édouard de Pomiane. Albin Michel, Paris, França, 1949.
RUSSIAN COOKING, coordenação de Anna Krasheninikova. Mir Publishers, Moscou, União Soviética, 1978.
SPEZIALITATEN DER WELT KOSTILCH WIE NOCH NIE, de Christian Teubner e Anette Wolter. Gräfe und Unzer GMbH., Munique, Alemanha, 1982.
STORIA DELLA GASTRONOMIA, de Maria Luisa Miglari e Alida Azzola. Edipem, Novara, Itália, 1978.
TASTES OF LIBERTY, coordenação de Bob Betz. Chateau Ste. Michelle/Stewart, Tabori & Chang, Nova York, Estados Unidos, 1985.

THE AMERICAN AND HIS FOOD, de Richard Osborn Cummings. University of Chicago Press, Chicago, Estados Unidos, 1940.

THE ART OF EATING, de M.F.K. Fisher. Vintage Books, Nova York, Estados Unidos, 1976.

THE ART OF FOOD, de Claire Clifton. Wellfleet Press, Secaucus, Nova Jersey, Estados Unidos, 1988.

THE BOOK OF INGREDIENTS, de Philip Dowell e Adrian Bailey. Dorling Kindersley, Londres, Inglaterra, 1980.

THE ILLUSTRATED ESCOFFIER, coordenação de Anne Johnson. International Culinary Society, Nova York, Estados Unidos, 1987.

THE MODERN COOK, de Charles Francatelli. (...), Londres, Inglaterra, 1846.

THE PHENICIANS, de Donald Harden. Penguin Books, Harmondsworth, Inglaterra, 1971.

THE WORLD ATLAS OF FOOD, coordenação de Jane Grigson. Mitchell Beazley Publishers, Londres, Inglaterra, 1974.

3.000 ANS À LA TABLE, de Jean François Revel. Rizzoli Editore, Milão, Itália, 1979.

UNE HISTOIRE DE LA CUISINE FRANÇAISE, de Christian Guy. Les Productions de Paris, Paris, França, 1962.

WORLD COOKERY, coordenação de André L. Simon. Octopus Book, Londres, Inglaterra, 1972.

WORLDS IN COLLISION, de Immanuel Velinovsky. Victor Gollancz, Londres, Inglaterra, 1950.

Observação final: as reticências entre parênteses significam que não foi possível detectar o nome exato dos publicadores das obras relatadas. Ou pela antiguidade dos volumes, ou pela falta, mesmo, da informação.

ÍNDICE GERAL DE TERMOS E DE REFERÊNCIAS

A relação dos ingredientes essenciais que participam das receitas deste livro, na companhia dos seus aproveitamentos ótimos e ostensivos, junto da listagem tentativamente integral dos métodos e dos procedimentos de feitura de uma infinidade de alquimias tradicionais, além das nomenclaturas e dos idiomatismos que compõem os fundamentos da Cozinha Clássica.

abobrinha, 39
açafrão, 65,89
açúcar, 26, 27, 32, 39, 46, 56
agnillini, 95
*agnolini,*95
*agnolotti,*95, 100, 115
alamelle, 80
alcaparra, 39, 45, 134
aletria, 93
alfavaca, 132
alho, 40, 53, 56, 65, 132
alho-poró, 67
alumelle, 80
alumette, 80
ameixa, 173
amelette, 80
amêndoa, 172, 181
angiulottus, 95
anchova, 32, 45, 47, 79
anis, 55
anolen, 96

anolini, 95
anôlot, 95, 100
anvèin, 96
aplati, 125, 160, 191
arroz, 62, 63, 67, 69, 184
assiette, 191
assiette de fromages, 191
aspargo, 50, 51
atum, 47, 80, 197
ave-maria, 96
avemarie, 97
azeite, 23, 24, 32, 39, 40, 45, 56, 65
azeitona, 32, 39, 45, 79

baba, 191, 202, 206
babá, 191
bacon, 192
balsamella, 22, 108, 109
banha, 26
barbecue, 192
barbacoa, 192

basilicão, 132
batata, 34, 45, 65, 70
baunilha, 172, 181, 183
bavarois, 170
bavaroise, 170
bavette, 110, 119
bavettine, 110
berinjela, 39
bigné, 185
bignole, 26
bìgoli, 117
biscoito diplomata, 173
biscoito inglês, 173
biscoito *ladyfinger,* 174
bisque, 61, 63
brioche, massa de, 25, 57, 146
bruxelas, couve-de-, 77
bucatini, 97, 104, 109, 113, 119, 120
buffet, 193

cabelos de anjo, 99, 100, 119
Calvados, 193
camarão, 24, 45, 46, 62, 140
canela, 98, 176, 184
cannelloni, 98
capelli d'angelo, 99
capellini, 99
capelvenere, 99,100
capiddi d'ancilu, 99
caponata, 38, 55
cappelletti, 100, 112, 115
carne de boi, 24
carneiro, 200
carolina, massa de, 185
carpaccio, 190
casalinga, alla, 136
casa, moda de, 136
casoncelli, 102
casônsei, 102
casonziei, 102
castanhas-do-pará, 132

cavatelli, 105, 107, 112
cavatieddi, 105, 107, 112
caviar, 80
cebola, 21, 22, 23, 24, 25, 32, 39, 47, 53, 56, 65, 69
cebolinha verde, 51, 55
cenoura, 23, 47, 67, 68
cèpe, 40
cerefólio, 55,65, 141
cereja, 175
cerveja, 37
chá, 186, 188
champagne, biscoito, 173
champignon, 134, 136, 144, 158
Chantilly, creme, 176
charlotte, 173
chateaubriant, 153, 158, 167
chaudrée, 66
Cheddar, queijo, 36
Cheshire, queijo, 36
chocolate, 183
chorizo, 78
choux, pâte à, 25
chowder, 66
cialzons, 102
clam, 66
clara de ovo, 60
clarificação, 21
clarificada, manteiga, 21, 22, 23
clarificado, *consommé,* 66-8
cognac, 24, 46, 62, 158
cogumelo, 25, 40, 46
confiture, 175
consommé, 62
coquille, 51
coralli, 96
cordeiro, 95, 113, 201
coulis, 195
coup-de-milieu, 206
couvert, 196
couve-de-bruxelas, 77

cotriade, 66
cravatte, 103
cravattine, 103
cravo, 176, 184
cream puff, 25
creme de Chantilly, 176
creme de leite, 22, 24, 51, 57, 62, 63
crêpe, 178
crevette, 61
crostata, massa de, 26
crostini, 147
croûtons, 70
culingiones, 102
culurzones, 102
curadduzzi, 96
curadduzzi mínuti, 97
curadduzzi russi, 97
curry, 196

dalle, 197
damasco, 205
darne, 197
daube, 197
demi-glace, 25, 62, 145-6, 159, 167
ditali, 96
diplomata, biscoito, 173

éclair, 185
eliche, 95, 118
Emmenthaler, 73, 169
entrée, 197
ervas, 115, 131
ervilhas, 71, 202
escabeche, 197
escalope, 168, 198
escargot, 53, 198
estragão, 24, 42, 55, 79, 141

faisão, 145
farfalle, 103
farfalline, 103

farinha, 22, 24, 26, 32, 57, 60, 65
favas, 44
feijões, 82, 84
fettuccine, 103, 110, 112, 119, 124, 133, 191
fidelini, 117
fideuà, 118
file, pó de, 198
flamande, 77
flamenca, 77
foie gras, 146, 161, 167, 168, 199
forati, 97
framboesa, 149, 182
frango, 142, 147, 150
fricassée, 200
fumê, 21, 62, 63, 136, 137, 141, 200
fusiddi, 95, 118
fusilli, 95, 97, 118

garganelli, 104, 114
gâteau, 200, 205
gefiltefish, 205
gelatina, 171, 172
geleia, 175
gema, 23, 26, 42, 60, 146, 192
gigot, 201
glace, 201
glacê, 201
Gloucester, queijo, 36
gnocchi, 104, 105, 106, 112
Gorgonzola, 87, 107
gravatinhas, 103, 116
Gruyère, queijo, 52, 57, 60, 73, 129, 141
guanciale, 122

hambúrguer, 200
Helix pomathia, 53
hot-dog, 29, 200

julienne, 201

ketchup, 46
kirsch, 182, 191, 199
ladyfingers, biscoitos, 174
laganelle, 107, 109
laganum, 92, 98, 107
lagosta, 24, 137, 140
lamelle, 80
laranja, 39, 65
lasagne, 107
lasagne festonate, 107
lasanhas, 92, 108
leite, 22, 26, 60
limão, 23, 40, 47
lingue-di-pàssero, 110
linguine, 110
linguiça, 29, 149
luganega, 29

maçã, 49, 186
macaroni, 105, 107
macarrones-a-ferritus, 95, 118-9
maccherone alla chitarra, 98
maccheroni, 97
Madeira, vinho da, 44, 158
madeleine, 202
magret, 202
maionese, 46, 47, 49
maître d'hôtel, 202
maître d'hôtel, manteiga, 202
malloreddus, 105, 107, 112
maltagliati, 113
manjericão, 23
manjericão-dos-jardins, 132
manteiga, 21, 22, 24, 26, 32, 36, 40, 51, 52, 53, 55, 57, 60, 62, 69
manteiga clarificada, 21, 22, 23, 135, 150
margarina, 201
marinada, 155
marinara, 127
mariscos, 54

marmelade, 175
marmelo, 175
Marsala, vinho de, 44
marubini, 102, 103
marzipã, 180
Mascarpone, queijo, 87
massa de *brioche,* 25, 161, 185, 203
massa de carolina, 184
massa de *crostata,* 26, 185, 187
massa podre, 185
massas, 91-119
mel, 93
melão, 43
meurotte, 57
mexilhões, 54
millerighe, 116
milho, 85
moda da casa, 136
morango, 170, 173
mostarda, 37, 157, 164
muria, 164

nidi, 100
ninhos, 100
nozes, 39, 46, 49, 132, 204

orecchie-di-prete, 110
orecchiette, 110
orecchino, 110
orecchioni, 112
orelha de Amman, 111
orelha de padre, 111
orelhinha, 111
ostra, 55, 63
ovo (ver clara e gema), 57, 60, 67
ouzo, 85

paglia-e-fieno, 103-4
paiolo, 86, 87
pancetta, 57, 120, 126
panciuti, 114

pansòuti, 114, 116
pão, 30, 31, 37, 65
papard, 112
paparele, 112
papillote, 204
pappardelle, 112
páprica, 140
parafusos, 95, 121
parigina, 128
parisienne, 174
parisiense, 128
parmesão, 22, 60, 89, 132
parmiggiana, 204
paternostri, 96
paysanne, 136
pecorino, queijo, 120, 122, 132
peixe, 65, 134, 150
penne, 113, 125
pepinos em conserva, 204
pera, 182
perciateddi, 97
perciatelli, 97
peru, 147
pêssego, 173, 181
pesto, 93, 131-2
pesto genovese, 132
pesto siciliano, 132
petit-gris, 53
petit-pois, 105
picea, 31, 94
pickle, 204
piemontesa, 90
piemontese, 90
pimenta, 21, 32, 37, 40, 42, 45, 47, 52, 53, 56, 57, 60, 63, 65, 69
pimentão, 39, 56, 67
pinol, 132
pinoli, 132
pirciateddi, 97, 109
pisarei, 105
piselli novelli, 71

pizza, 31, 103
pistou, 132
plati, 125, 160, 191
poivre, 162
poltos, 85
Porto, vinho do, 44, 208
presunto, 43, 56, 76
puls, 86
puls julia, 86
puls punica, 86
puttanesca, 129

queijos, 36, 59
quenelle, 204
quiche, 57

rabiola, 114
rabiolini, 114
ragù, 109, 125-6
ratatouille, 39, 55
raviêu, 114
ravioli, 95, 100, 106, 114, 116
ravioli ignudi, 106, 116
ravioli nudi, 106
raviou, 114, 116
recchie, 110
recchietelle, 110
reginella, 110
revesset, 66
ricchielle, 110
rigati, 97
rigatoni, 116
risotto, 87
riz, 184
rôti, 62, 157, 160
rum, 174, 191

sagu, 92
sal grosso, 53, 55, 132
salmão, 125, 150, 197
salsão, 23, 25, 47, 49, 55, 126

salsicha, 29, 30
salsinha, 21, 23, 25, 40, 47, 51, 53, 62, 65, 67
sanduíche, 30
sassafrás, 198
savarin, 14, 15, 33, 36, 37, 44, 80, 206
sedani, 97
snoubar, 132
sorbet, 206
sorvete, 182, 183, 186
soufflé, 58
spaghetti, 94, 109, 117, 120
spaghettini, 99, 100, 117
spago, 117
spavo, 118
steak, 159, 194, 201

tagghiarine, 103
tagliatelle, 103, 110, 119
taglierine, 103, 133
taglioline, 103
tajarin, 103
talharim, 103
tocconi, 116
toicinho, 23, 57, 71, 84, 126, 144, 155
tomate, 23, 45, 46, 56, 65, 94
tomilho, 23, 149
torliglioni, 95, 98, 118
tortelli, 102
tortellini, 100, 112, 115

tortelloni, 100
Touloumisso, queijo, 85
tournedos, 165
trenette, 119, 131
trenette avvantaggae, 119
trenette avvantaggiate, 119
trofie, 107
troffie, 105
trou normand, 206
trujje, 93, 94, 97, 99, 109, 117, 119
trujje bastarde, 117
turtlein, 100
tutano, 89

umbigo-de-vênus, 101
uvas passas, 85

vermicelli, 109, 117, 120
vermicellini, 100, 117
vieira, 52
vinagre, 39, 42, 45, 164, 192
vinho, 21, 24, 25, 46, 47, 55, 62
vitelo, 47, 147, 168

wafer, 208
waffle, 208
Worcestershire, 157, 160, 208

xerez, 141

zitelli, 104

ÍNDICE DE ALQUIMIAS E DE RECEITAS

A relação dos pratos apresentados e descritos neste livro, quase todos minuciosamente, alguns poucos mais depressa, assim como dos seus sucedâneos e das suas variações eventuais.

Ammogghiu Trapanisi, 109
Aquapatys, 153
Arboulastres d'Oeufs, 80
Arroz à Grega, 84
Arroz-Doce, 184
Asperges à la Crème, 50
Aspargos ao Creme, 50
Assassunata, 94

Babá ao Rum, 191
Baba au Kirsch, 191, 206
Batatas Anna, 34
Batatas Bayonne, 35
Batatas Berny, 35
Batatas Dauphine, 35
Batatas Duchesse, 35
Batatas Fritas, 32
Batatas Lorette, 35
Batatas Saint Florentin, 35
Batatas Suflês, 35
Bavarês de Morangos, 170
Bavarian Cream, 170
Bavarois aux Fraises, 170

Beef and Braised Garlic, 152
Bisque de Camarões, 61
Bisque de Crevettes, 61
Bisque d'Huîtres, 63
Bisque de Ostras, 63
Blanc Manger, 172
Bocado de Queijos Picantes à Moda Galesa, 36
Boeuf à la Bourguignonne, 154
Boeuf Stroganov, 155
Boeuf Tartare, 207
Boston Baked Beans, 82-3, 84
Bouillabaisse, 64
Boullinade, 66
Bourride, 66
Bucatini alla Carbonara, 120
Bucatini all'Amatriciana, 121-2
Bucatini alla Matriciana, 122
Bucatini à Maneira de Amatrice, 121
Bucatini à Moda dos Carbonários, 120

Cachorro-Quente, 29
Caldo de Peixes à Moda de Marselha, 64
Camarões à Grega, 140
Camarões à Newburg, 140
Caponata alla Siciliana, 38, 55
Caracóis à Moda da Borgonha, 53
Carpaccio, 190
Catsup, 46
Champignons à la Provençale, 40
Charlotte, 173
Charlotte à la Parisienne, 174
Charlotte avec le Chantilly, 173
Charlotte Russe, 173-4
Chateaubriant no Molho de Madeira e Cogumelos, 158
Chateaubriant Sauce Madère et Champignons, 158
Chaudrée, 66
Chop Suey, 194
Choux Pâte, 25
Clam Chowder, 66
Coe Chap, 45-6
Cogumelos à Moda da Provença, 40
Confiture de Cerises, 175
Consommé à Moda de Escoffier, 66
Consommé Escoffier, 66
Coq au Vin, 143, 154
Coquetel de Camarões, 45
Coquille Saint-Jacques au Gratin, 51
Coulibiac de Salmão, 195
Coulibiac de Saumon, 195

Coulis de Frutas, 195
Coulis de Vegetais, 195
Cotriade, 66
Cream Puff, 25
Creme Chantilly, 176
Creme de Batatas à Moda de Parmentier, 69
Creme de Cenouras à Moda de Crécy, 68
Creme de Ervilhas à Moda de Versalhes, 70
Crème de Chantilly, 176
Crepes Suzette, 178
Crêpes Suzette, 178
Crevettes à la Newburg, 139
Cubos de Filé à Moda da Borgonha, 154

Diana Steak, 125, 159

Eggs Benedict, 76
Eggs Bénédictines, 76
Embolada de Legumes à Siciliana, 38
Escabeche, 197
Escalopes de Vitelo Cordon Bleu, 168
Escargots à la Bourguignonne, 53

Faisan Suvarov, 145
Faisão Suvarov, 145
Feijões Assados à Maneira Norte-americana, 82
Féouse, 57
Fettuccine alla Papalina, 123
Fettuccine à Moda de Eugênio Pacelli, 123

Fettuccine Paillarde, 123, 191
Filé à Diana, 159
Filé à Moda de Wellington, 161
Filé de Peixe à Moda da Moleira, 134
Filé de Peixe à Moda de Casa, 135
Filé de Peixe Walewska, 137
Filé do Moraes, 153
Filé com Alho Frito, 152
Filé no Molho de Pimenta, 162
Filé no Molho de Mostarda, 164
Filé Stroganov, 155
Filet à la Wellington, 161
Filet à Parmiggiana, 204
Filet au Poivre, 162
Filet de Poisson à la Belle Meunière, 134
Filet de Poisson à la Meunière, 134
Filet de Poisson Bonne Femme, 135
Filet de Poisson Walewska, 137
Filet Sauce Moutarde, 164
Filetto di Pesce alla Mugnaia, 134
Fondue aux Fromages, 199
Fondue Bourguignonne, 199
Frango à Marengo, 146
Fricassée de Carneiro, 200
Fricassée de Galinha, 200
Fricassée de Vitelo, 200
Fumê de Peixe, 21

Galinho no Vinho, 143
Garidés, 84
Gazpacho, 200

Gefiltefish, 205
Geleia de Cerejas, 175
Génoise, 200, 205
Gigot d'Agneau, 201
Goulash, 201
Gulyás Has, 201

Hambúrguer, 201
Hot-Dog, 29
Huevos à la Flamenca, 77

Ketchup, 46
Küchen, 57
Kugelhopf, 191
Kulibiaka, 195

Lagosta à Thermidor, 140
Langouste Thermidor, 140

Madeleine, 202
Maionese, 41
Manjar Branco, 172
Manteiga Clarificada, 21
Manteiga Maître d'Hôtel, 202
Marinada, 155
Marmelade, 175
Marzipã, 180
Marzipan, 180
Massa de Brioche, 25, 185, 195
Massa de Carolina, 185
Massa de Crostata, 26, 185
Massa Podre, 185
Massepain, 180
Matelote Bourguignonne, 58
Mayonnaise, 41
Melão com Presunto, 43
Melon et Jambon, 43

Migaine, 57
Mil-Folhas, 203
Millefeuilles, 203
Mirepoix, 23
Molho à Americana, 24
Molho à Armoricana, 24, 140
Molho à Moda Bersagliera, 128
Molho à Maneira de Amatrice, 121-3
Molho a Maneira de Trapani, 108
Molho à Maneira dos Carbonários, 120
Molho à Maneira Parisiense, 128
Molho à Marinara, 127
Molho à Moda de Eugênio Pacelli, 123
Molho à Moda de Marie Walewska, 137
Molho à Moda Genovesa, 131
Molho à Puttanesca, 130
Molho ao Creme de Salmão, 125
Molho Apurado à Bolonhesa, 125
Molho Apurado à Verdadeira Moda Napolitana, 127
Molho Béarnais, 192
Molho Béchamel, 22
Molho Bercy, 141
Molho Choron, 194
Molho Colbert, 194
Molho com a Assassunata Siciliana, 94
Molho com o Pesto Genovês, 93, 131-3
Molho de Madeira e Cogumelos, 158
Molho de Mostarda, 164-6
Molho de Pimenta, 162
Molho de Tomates, 23
Molho Coe Chap, 45-6
Molho Demi-Glace, 25, 62
Molho Duxelles, 25
Molho Holandês, 23
Molho Meurette, 58
Molho Mornay, 22
Molho Napolitano Verdadeiro, 127
Molho Newburg, 139
Molho Picalilli, 204
Molho Robert, 205
Molho Rôti, 24, 62, 160
Molho Tártaro, 207
Molho Worcestershire, 157
Morangos com Chantilly, 171
Moscovite, 171
Moules à la Bourguignonne, 54

Navarin, 203
Nougat, 203

Oeufs Mirabeau, 78
Omelete nas Ervas Finas, 79
Omelette Fines Herbes, 79
Ostras à Moda dos Rockefeller, 54
Ova Melitta, 79, 80
Ovos à Moda dos Benedict, 76
Ovos Assados à Espanhola, 77
Ovos Assados à Moda de Mirabeau, 78
Oysters Rockefeller, 54

Pain-de-Gênes, 201
Pão de ló, 200, 205

Pêche Cardinal, 182
Pêche Melba, 181
Penne al Salmone, 125
Penne no Molho de Salmão, 125
Pera Belle Hélène, 182
Perna de Cordeiro ao Forno, 201
Peru Assado à Maneira Americana, 148
Pêssego Cardinal, 182
Pêssego Melba, 181
Pesto Genovese, 132
Picalilli Sauce, 204
Pilaf, 85
Pilafi, 84
Pilau, 85
Pimentões à Moda de Béarn, 55
Piperade, 55
Pissaladière, 31
Poire Belle Hélène, 182
Polenta, 85-6
Pollo alla Marengo, 146
Pommes Anna, 34
Pommes Bayonne, 35
Pommes Berny, 35
Pommes Dauphine, 35
Pommes Duchesse, 35
Pommes Frites, 32
Pommes Lorette, 35
Pommes Saint Florentin, 35
Pommes Soufflées, 35
Potage Clamart, 71
Potage Crécy, 68
Potage Parmentier, 69
Potage Saint-Germain, 70
Pudim de Chá, 188
Puls Julia, 87
Puls Punica, 87

Purê de Batatas, 70, 107

Quenelle de Poisson, 204
Quiche Lorraine, 57

Ragù alla Bolognese, 125
Ragù alla Marinara, 127
Ragù del Guardaporta, 127
Ragù Napoletano Verace, 127
Ratatouille, 39, 55
Revesset, 66
Risoto à Milanesa, 87
Risoto à Piemontesa, 90
Risotto alla Milanese, 87
Risotto alla Piemontese, 90
Riz au Lait, 184
Roasted Turkey, 148

Sabaione, 209
Sabayon, 209
Sachertorte, 205
Saint-Honoré, 185
Salada à Moda de Nice, 44
Salada Waldorf, 48
Salade Niçoise, 44
Salpicão, 206
Salsa Balsamella, 22
Saltimbocca, 198
Saupiquet, 206
Savarin, 14, 15, 33, 36, 37, 44, 80, 206
Sauce à la Americaine, 24
Sauce à la Armoricaine, 24
Sauce à la Parisienne, 128
Sauce au Poivre, 162
Sauce Béarnaise, 183, 192
Sauce Béchamel, 108

Sauce Bercy, 141
Sauce Choron, 194
Sauce Colbert, 194
Sauce Demi-Glace, 25, 62
Sauce Duxelles, 25
Sauce Espagnole, 160
Sauce Hollandaise, 23
Sauce Madère et Champignons, 158
Sauce Meurette, 58
Sauce Mornay, 22
Sauce Moutarde, 164-6
Sauce Newburg, 205
Sauce Robert, 205
Sauce Rôtie, 24, 62, 160
Sauce Tartare, 207
Sauce Walewska, 137
Shortcrust, 26
Shrimps Cocktail, 45
Sopa de Batatas e Alho-Poró, 74
Sopa Gratinada de Cebolas, 72
Sopa Pavesa, 204
Soufflé aux Fromages, 58
Soupe Gratinée à l'Oignon, 72
Spaghetti alla Bersagliera, 128
Spaghetti alla Parigina, 128
Spaghetti alla Puttanesca di Ischia, 129
Spaghetti à Maneira Parisiense, 128
Spaghetti à Moda Bersagliera, 128
Spaghetti à Moda das Putanas de Ischia, 129
Suflê de Queijos, 58
Sundae Hélène, 183
Suprême de Volaille Kiev, 150

Suprême de Volaille Pojarski, 150
Supremo de Frango à Moda de Kiev, 150
Supremo de Frango Belle Hélène, 183
Supremo de Frango à Moda de Pojarski, 150

Tartare Sauce, 207
Tartar Steak, 201, 207
Tarte Tatin, 186
Tea Cream, 188
Torta à Moda da Lorena, 57
Torta de Cebolas da Provença, 31
Torta de Maçãs Caramelizadas, 186
Tournedos à Moda de Rossini, 166
Tournedos Belle Hélène, 183
Tournedos Rossini, 166
Trenette col Pesto Genovese, 131
Trenette com Molho à Moda Genovesa, 131
Ttoro, 66

Ur-Sachertorte, 205

Vacherin, 207
Veau Cordon Bleu, 168
Vichyssoise, 74
Vieira Gratinada em sua Concha, 51
Vitello Tonnato, 47
Vitelo Marinado em Atum, 47
Vitel Tonné, 47

Waldorf Salad, 48
Waterzooï, 66
Welsh Rarebit, 36
Windbeutei, 26
Worcestershire Sauce, 208

Zabaglione, 208
Zabaione, 209
Zuppa Pavese, 204

ÍNDICE DE NOMES

A relação dos autores e dos escritores, historiadores e pesquisadores, gastrônomos corretos ou falcatrueiros, criadores de alquimias, inventores de pratos de verdade ou surrupiadores da idealização alheia, inspiradores de homenagens justas ou equivocadas, hoteleiros e restauranteiros, gerentes, *maîtres*, chefes de cozinha, patisseiros, rainhas e reis, além de nobres e de proletários em geral, deuses e sábios, personagens da lenda ou da ficção, sujeitos ou predicados de alguma forma envolvidos, pelo bem ou para o mal, com a grande aventura do desenvolvimento das receitas mais clássicas e mais famosas do planeta.

Academia Italiana de Cozinha, 126
Alciatore, Jules, 55
Alexandre I, 16
Alexandre II, 34
Alexandre III, 34
Ali-Baba, 191
Alighieri, Dante, 114
Amman, 111
Apicius, Marcus Gavius, 29, 1, 80
Apolo, 101
Assuero, 111
Astor, John Jacob, 48
Audiger, Jean, 194-5
Avice, Jean, 191

Baco, 101
Balzac, Honoré de, 154, 180
Beccaro, Jacopo Bartolomeo, 94
Béchameil, Louis de, 22
Beckendorf, Viktor, 125
Benedict, LeGrand, 76
Berry, duque de, 203
Blazer, Albert, 187
Bonalcosi, Rinaldo, 116
Bonaparte, Napoleão, 96, 137, 146, 161
Borgonha, duque da, 203
Bourbons, família dos, 130
Boutiaut, Antoinette, 81
Braibanti, Giuseppe, 95
Braibanti, Mario, 95

Brentazzol, Minghein, 101
Brillat-Savarin, Jean-Anthelme, 14, 15, 33, 36, 37, 44, 80, 206
Brunet, Edouard, 136
Bugialli, Giuliano, 15, 88, 106, 116, 121
Buonassisi, Vincenzo, 15, 38, 88, 89, 90, 121, 122, 130, 131

Cange, Charles du, 114
Carbonários, falange dos, 120
Carême, Marie-Antoine, 16, 17, 34, 41, 42, 59, 170, 174, 175, 189, 191
Carlos Magno, 152
Carlos II, 188
Carlos III, 130
Carlos V, da Espanha, 204
Carlos V, da França, 20
Carlos VI, 19, 88
Carlos IX, 208
Carpaccio, Vittorio, 190
Castelli, Castello, 102
Castelot, André, 37, 66, 143
Catarina de Bragança, 188
Catarina de Médicis, 15, 42, 112, 113, 206
Ceri, Giuseppe, 101
Charles, príncipe, 162
Charlotte, 173
Charpentier, Henri, 178, 179
Chateaubriand, René de, 158
Chaveau, Henri, 186
Chevalier, Marie, 17
Chevreuil, Paul, 167
Chiboust, Marcel, 185
Child, Lydia Maria, 83

Chesterfield, lordes de, 189
Choron, Pierre, 194
Cipriani, Arrigo, 190
Clayborne, Craig, 195
Colbert, Jean-Baptiste, 194-5
Colman, Jeremiah, 163
Colombo, Cristóvão, 82, 86, 192
Condé, príncipes de, 146
Cordon Bleu, Ordem do, 168-9
Cornuché, Eugène, 186
Costet, Thierry, 156
Curnonsky (Maurice-Edmond Sailland), 17, 65, 66, 73, 145, 146, 158, 193
Cussy, Louis de, 178
Demel, Edouard, 205
Diderot, Denis, 33
Dioscórides, Pedanios, 174
Dorgan, T.A. (Tad), 30
Drake, Francis, 33
Dugléré, Adolphe, 34
Dumas, Alexandre, 148, 154
Dunand, Denis, 146-7
D'Uxelles, marquês, 25, 200

Echenard, Jean, 18
Eduardo III, 68
Eduardo VII, 178
Elisabete I, 33
Elizabeth II, 162
Escoffier, Auguste, 17, 18, 20, 36, 44, 48, 66, 67, 80, 136, 137, 150, 158, 179, 181, 182, 183
Ésquilo, 91
Everaert, Georges, 186

Ferencsarosz, Karòly, 185
Ferdinando II, 118
Filipe Augusto, 72
Filipe de Valois, 68
Filipe V, 203
Francisco I, 204
Franklin, Benjamin, 148
Freda, Secondino, 121
Frederico II, 92

Gaillard, Maxime, 186
Garibaldi, Giuseppe, 31
Gifton, Claire, 143
Giroud, Antoine, 141
Goodwin, Archie, 139
Guilherme I, 34
Guilherme II, 18

Habsburgos, família dos, 130
Helena de Troia, 183
Heliogábalo, 204
Henrique III, 168
Hipócrates, 162
Horácio, 91

Idrìs, Abu Abdallàh, 93
Imoda, Gavril, 186
Incas, 32
Iroqueses, índios, 83

Jasão, 145
João XXII, papa, 164
João Paulo II, papa, 123
Joliveau, Auguste, 160, 163
Jorge III, 173
Jorge IV, 16
Jovanella, 92

Julien, Auguste, 206
Julien, Michel, 206
Júlio César, 143, 144

Kerr, Mary Brandt, 74, 140, 148
Kublai Khan, 92

La Chapelle, Vincent, 189
Lagny, abade de, 88
La Marmora, Alessandro, 129-30
La Reynière, Grimod de, 18
La Varenne, François Pierre, 19, 25, 50, 200
Lea & Perrins, indústria, 208
Lebdacus, Septanus, 131
Leith, Prue, 36
Leszcynski, Maria, 202
Leszcynski, Stanislas, 191, 202, 206
Levraina, 102
Lincoln, Abraham, 148
Lucarini, Ostílio, 101
Luís XIV, 22, 50, 71, 177, 191, 194, 203
Luís XV, 23, 59, 71, 189, 191, 202
Luís XVI, 34
Lune, Pierre de, 154
Lutrell, Geoffrey, 152, 153

Maggi, 202
Magny, Marcel, 167
Maintenon, marquesa de, 71
Malakov, Charlotte, 173
Maria, irmã de Moisés, 192
Maria, Virgem, 179, 192
Marsh, Malcolm, 33

Marte, 101
Mayenne, duque de, 42
Mège-Mouriès, Hippolyte, 202
Melba, Nellie, 181-2
Meleagro, 148
Mellet, Oswald, 80
Michelângelo, 183
Milier, Leslie, 36
Minerva, 101
Mirabeau, Honoré-Gabriel, 78, 79
Mirepoix, duque de Lévis-, 23
Mohammad, sultão, 181
Moisson, Casimir, 171
Montagné, Prosper, 41, 42
Montagu, John, 30
Montmireil, Pierre de, 158
Mornay, Philippe de, 141
Mortillaro, Vittorio, 115
Mourier, Leopold, 141
Mouros, 86, 88

Napoleão I, 178
Napoleão III, 137, 202
Nicolau II, 125, 150, 151
Nignon, Edouard, 160

Offenbach, Jacques, 182
Orléans, duque de, 181

Pacelli, Eugênio, 123
Paillard, Antoine, 124
Parmentier, Antoine Augustin, 34, 69, 70
Pedro, o Grande, 156
Pelleprat, Henri-Paul, 171
Penobscotes, índios, 83

Pesenti, Anna, 16
Pichon, barão Jérome, 20
Pignatello, Freda, 38
Pio XII, 123
Pirulein, 101, 102
Pizarro, Francisco, 33
Plautus, Marcius, 131
Poisson, Jeanne, 189
Poissonet, Jean, 165
Pojarski, Dmitri, 150, 151
Polo, Marco, 91, 92, 93
Pompadour, marquesa de, 189
Pons, Jacques, 43
Potato, 33
Poulard, La Mère, 81
Pourteau, Roger, 143, 144
Profondavalle, Valério de, 89
Prunier, Alfred, 140
Prunier, Émile, 140
Pueblos, indios, 83

Ramusio, Giambattista, 92
Reboul, Jean-Baptiste, 64
Richelieu, cardeal, 42
Ritz, Cesar, 17
Riviére, Michel de la, 180
Rockefeller, John D., 55, 178
Rogério I, 206
Rogério II, 93, 94
Root, Waverley, 88, 148, 152
Rossini, Gioacchino, 166, 167, 168
Rothschild, família dos, 16, 34
Rouget, Jean, 203
Rouff, Marcel, 17
Roxbughe, duque de, 136

Sacher, Anna, 205
Sacher, Eduard, 205
Sacher, Franz, 205
Saini-Germain, conde de, 71
Saint-Honoré, 25
Salaparuta, Leonardo Regazzoni di, 15, 39, 176
Salimbeni, Niccolò de, 114, 115
Sandwich, lorde de, 30
Sandys, Marcus, 208
Santo Espírito, Ordem do, 168
Santo Honório, 185
Sardou, Victorien, 141
Saumier, Louis, 136
Seminoles, índios, 82
Sênecas, índios, 83
Serao, Matilde, 92
Shawn, Bob, 155
Spadaccini, Gennaro, 118
Stanley, Henry Morton, 196
Stevens, Harry M., 30
St. Georges, Alain, 137
Stout, Rex, 139
Stroganov, família, 155, 156, 157
Suey, Joseph, 194
Suvarov, Aleksandr, 145
Suzette, 178-80

Taboureau, 20
Taillevent (Guillaume Tirel), 19, 20, 80, 88, 162-3, 172, 183, 184, 206
Talleyrand-Périgord, Charles Maurice, 16, 17
Tártaros, povos, 207
Tatin, irmãs, 186, 187
Toye, Francis, 167

Tschirsky, Oscar, 48
Twining, Thomas, 188

Ursulinas, ordem das freiras, 180

Vaccarinus, 207
Van Camp, indústria, 84
Vatel, Fritz Karl, 176-7, 178
Vaudable, Oscar, 187
Vênus, 100, 101, 102
Vercingetórix, 143, 144
Vergé, Roger, 195
Vicaire, Gabriel, 20
Vinot, Robert, 205
Visciano, Antonine, 64, 66
Visciano, Jeanne, 64, 66
Vítor Amadeu, 96
Vítor Emanuel I, 96
Viviani, Antonio, 117, 118
Voiron, Joseph, 22, 141
Voiron, Mornay, 22

Wagner, Richard, 181
Walewska, Marie, 137
Walewski, Jean, 137
Weinstock, Herbert, 167
Wellington, Arthur Wellesley, 161
Wells, Patricia, 58
Wenburg, Thomas, 139
Wittelsbach, príncipes de, 171
Wolfe, Nero, 139

Zola, Émile, 141, 154

lepmeditores
www.lpm.com.br
o site que conta tudo

IMPRESSÃO:

PALLOTTI
GRÁFICA

Santa Maria - RS | Fone: (55) 3220.4500
www.graficapallotti.com.br